Tourism and Airlines Practice

SABRE Reservation & Ticketing

관광항공실무

세이버 예약·발권

나상필·변효정

지식인

Profile

나상필

경기대학교 관광학 박사
아세아항공전문학교 교수

변효정

경기대학교 관광학 박사
경기대학교 학술연구 교수

관광항공실무

2019년 6월 2일 초판 1쇄 인쇄
2019년 6월 7일 초판 1쇄 발행

지은이 | 나상필 · 변효정
펴낸이 | 김종욱 · 명사동
펴낸곳 | 지식인
등 록 | 제301-2013-134호
주 소 | 서울시 도봉구 도봉로 180길 20 투웨니퍼스트 102동 602호
전 화 | 02)2266-8606 (대)
팩 스 | 02)2266-8607
E-mail | jisikin2013@naver.com
홈페이지 | www.jisikinbook.co.kr

ISBN 979-11-88105-38-0 (93320)

값 19,000원

관광항공실무

PREFACE

우리나라는 삼면이 바다와 접하고 있는 반도지형을 가지고 있는 국가이다. 위로는 북한과 군사대치 상황이므로 현실적으로는 섬 국가의 특성을 가지고 있으며, 이와 같은 원인으로 인해 국제관광객의 94% 이상이 항공편을 이용하여 타국으로 이동하는 상황이다. 일반적으로 관광 및 항공 부문은 일정부분 공동가치를 추구하는 것으로 볼 수 있으므로 우리나라에서의 관광 및 항공의 상호 영향력은 경쟁국가에 비해 더욱 크다고 볼 수 있다.

따라서 국제관광 및 항공시장 규모가 지속 확대되는 상황에서 우리나라의 관광과 항공의 수요 증대 및 산업경쟁력 강화 실현을 위해 관광 및 항공정책의 격차를 축소시켜야 할 것이다. 이에 우리나라의 항공운송사업은 1996년 대한항공공사가 민영화된 이후 1988년 국제선 수송실적 세계 10위권 달성이라는 발전을 거듭해 왔다. 또한 세계화 추세에 맞춰 저비용항공사의 국적기가 늘어남에 따라 우리나라의 항공시장이 점점 커져가고 있다.

항공기는 현대 과학기술의 총체라 일컬어진다. 이러한 항공기를 활용하는 산업은 크게 두 부분으로 구분할 수 있다. 항공기 개발 및 유지 관리를 위한 부품 생산 등의 항공기 제조업과, 제작된 항공기를 이용하여 운송업을 영위하는 항공운송업이 그것이다. 항공운송업은 「항공법」 제2조26항에 의해 "항공운송사업이라 함은 타인의 수요에 응하여 항공기를 사용하여 유상으로 여객 또는 화물을 운송하는 사업을 말한다."고 정의하고 있다. 항공기 제조업은 고도의 기술과 과학적 데이터를 기반으로 한다. 현재는 미국의 보잉사와 맥도날 더글라스社, 그리고 유럽의 에어버스社가 과점하고 있다고 할 수 있다. 여기에 추가로 항공운송업 관련 부대사업을 들 수가 있다. 항공운송업 관련 부대사업은 공항산업, 여객화물주선업, 항공기운송에 필요한 부대 업무를 수행하는 각종 업무들을 가리킨다. 물론 현대는 우주산업의 비약적 발전에 따라 항공우주산업이라 통칭하여 일컫는 경우가 많다.

그러므로 특정 산업을 역사적으로 고찰해 보는 것은 의미가 적지 않다. 그리고 〈포춘지〉에서 세계적 기업을 연구한 결과를 볼 때, 1955년의 글로벌기업 상위에 랭크된 기업이 현재도 상위 기업에 랭크되어 있다는 점, 제2차 세계대전 후 기업의 글로벌화가 급속히 이루어졌는데, 1950년대에 매출액을 많이 올린 기업이 현재까지도 그 자리를 지키고 있다는 점 등에서 기업 및 산업의 역사적 연관성을 찾아볼 수 있다는 점이다. 이와 같이 항공운송사업의 비약적 발전과 함께 항공운송사업의 종사자 수도 비약적으로 증가하게 되어 항공운송사업 관련 교육기관 또한 대학교 및 전문학교, 학원 등에서 예비 항공운송사업 관련 종사자들을 배출하고 있다.

이 책은 날로 최신화, 대형화, 세분화되고 있는 항공운송사업에 대한 이론과 실무적인 내용을 다루고, 더 나아가 산업 전반에 이르는 지식·기술·태도를 다루고자 한다. 총 4장으로 구성하였으며, 크게 이론 부분과 실습 부분으로 나누었다. 제1장은 '이론 부분'으로 항공운송사업을 이해하는 장으로 구성하였다. 전반적인 항공운송사업의 개념과 역사, 항공운송사업의 종류 및 특성, 국제항공기구, 항공종사자 등에 대해 알아보았다. 제2장에서는 공항과 여객운송업무를 다루었으며, 공항의 정의 및 시설, 기능 등과 여객운송업무와 관련한 내용으로 구성하였다. 제3장과 제4장은 '실습 부분'으로 항공예약시스템(GDS) 중 세이버의 예약과 발권을 다루었다.

끝으로, 이 책이 항공운송 분야에 관련한 관심 있는 학생들에게 학문적으로 조금이나마 도움이 되었으면 하는 바람과, 항공운송 및 관광업계에 취업을 목표로 하는 학생들에게 실질적인 도움이 되기를 바란다. 그리고 이 책이 출판되기까지 출판과 편집을 맡아주신 지식인 관계자분들에게 진심으로 감사드린다.

저자 일동

CONTENTS

이론편

CHAPTER 1 한국운송사업의 이해 ······ 011

01. 항공운송사업의 개념 ······ 013

02. 항공운송사업의 역사 ······ 013
1. 세계 항공운송사업의 발달 ······ 013
2. 우리나라 항공운송사업의 발달 ······ 017

03. 항공운송사업의 종류 ······ 019
1. 사업 형태에 따른 분류 ······ 019
2. 운송 객체에 의한 분류 ······ 023
3. 운송 지역에 의한 분류 ······ 023
4. 국내항공운송사업 면허체계 ······ 023
5. 국제항공운수권 ······ 024

04. 항공운송사업의 특성 ······ 025
1. 기능과 역할 ······ 025
2. 항공운송사업의 특징 ······ 028
3. 여객의 분류 ······ 035
4. 항공기 운항 형태 ······ 036
5. 항공협정 ······ 037

05. 국제항공기구 ······ 038
1. 국제항공운송협회 ······ 038
2. 국제민간항공기구 ······ 039
3. 동양항공사협회 ······ 040

06. 항공사의 전략적 제휴 ······ 041
1. 전략적 제휴의 개념 ······ 041
2. 항공사의 전략적 제휴 목적 ······ 041
3. 전략적 제휴의 유형 ······ 042
4. 전략적 제휴의 분야 ······ 043
5. 전략적 제휴의 효과 ······ 044
6. 글로벌 제휴 ······ 045

07. 항공종사자 ··· 055
1. 항공종사자의 정의 및 구분 ··· 055
2. 여객 운항승무원 ··· 055
3. 항공사 지상서비스 ··· 056

08. 항공운임 ··· 059
1. 운임 및 할인제도 ··· 059
2. 항공 결제방식 ··· 061

CHAPTER 2 공항과 여객운송 ··· 065
01. 공항 ··· 067
1. 공항과 공항청사 ··· 067
2. 공항의 역사 및 현황 ··· 069
3. 공항의 시설 ··· 070
4. 공항의 기능 ··· 074
5. 공항의 역할 ··· 076
6. 인천국제공항 ··· 078
7. 세계의 공항 순위 ··· 081

02. 여객운송업무 ··· 082
1. 여객운송업무의 정의 ··· 082
2. 여객운송업무 ··· 082
3. 운송제한 승객 ··· 087
4. 인천공항 출국경로 ··· 088

실습편

CHAPTER 3 항공예약 실무 ········· 091

01. 세이버 들어가기 ········· 093

1. 세이버 초기화면의 이해 ········· 093
2. 키 보드와 특수기호 ········· 094
3. SIGN 입력과 작업장 ········· 094
4. 각종 코드의 조회 ········· 096
5. 주요 코드 요약정리 ········· 098

02. 항공 예약하기 ········· 102

1. 가능편 조회 ········· 102
2. 운항 스케줄 조회 ········· 109
3. PNR 만들기 ········· 110
4. 기본 PNR 만들기 ········· 111
5. 선택사항 입력하기 ········· 132
6. DIVIDE(PNR 분리) 하기 ········· 151

▶ 연습문제 ········· 156

CHAPTER 4 항공운임 및 발권 ········· 165

01. 항공권의 이해 ········· 167

1. 항공운송증표의 종류 ········· 167
2. BSP 여행사용 전자항공권의 구성과 항목별 기능 ········· 170
3. 항공권 사용의 일반 규정 ········· 173

02. 항공지리와 방향지표 ········· 174

1. 항공지리 ········· 174
2. 방향지표 ········· 175

03. 여정의 종류와 운임의 적용 방향 ········· 178

1. 여정의 종류 ········· 178
2. 운임의 적용 방향 ········· 181
3. 운임 사용의 선택 ········· 182

04. 항공운임의 결정과 통화 규정 ······ 183
1. 항공운임의 결정요소 ······ 183
2. 항공운임의 분류 ······ 184
3. 통화규정의 이해 ······ 186
4. 각종 정보의 조회 ······ 188

05. 공시운임의 조회 ······ 193
1. 공시운임 조회의 개요 ······ 193
2. 공시운임 조회 ······ 193

06. 마일리지제도의 이해 ······ 204
1. 마일리지제도의 개요 ······ 204
2. 지시어를 이용한 할증률 계산 ······ 208
3. EMS를 이용한 공시운임 계산절차 ······ 209

07. 루팅제도의 이해 ······ 213
1. 루팅제도의 개요 ······ 213
2. 루팅운임의 사용절차 ······ 214

08. 여정운임계산 ······ 217
1. 여정운임계산의 특징 ······ 217
2. 여정운임계산 기본절차 ······ 218
3. 여정운임계산의 활용 ······ 223

09. PNR 자동운임계산 ······ 223
1. PNR 자동운임계산 기능의 특징 ······ 223
2. PNR 자동운임계산 진행 ······ 224

10. 항공권 관리와 항공사 정보조회 ······ 234
1. IATA와 BSP의 이해 ······ 234
2. 항공권 신청과 배정 ······ 235
3. 발권을 위한 준비 ······ 235
4. ET 항공사 정보조회 ······ 236

11. 항공권의 발행 ······ 240
1. 항목별 기능 입력 형태 ······ 240
2. 세부 항목별 기능 ······ 240
3. 항공권 발행절차와 사례 ······ 244
4. ETR의 조회 ······ 250

12. 여정 변경 및 발권내역 관리 ······ 255
1. 여정 변경과 Revalidation ······ 255
2. VOID(판매 취소) ······ 256
3. REFUND(환불) ······ 258
4. DSR의 조회 ······ 259
▶ 연습문제 ······ 261

부 록 ······ 271
01. 해외여행객을 위한 동·식물 검역 안내 ······ 273
02. 필수 항공실무 용어 ······ 279
03. 항공사코드 ······ 285

▶ 참고문헌 ······ 287

Tourism and Airlines Practice

CHAPTER 01
한국운송사업의 이해

01 항공운송사업의 개념

항공운송사업은 항공기를 이용하여 타인의 수요에 유상으로 여객 및 화물 그리고 우편을 운송하는 사업을 말하며(「항공법」 제2조 제31호), 이러한 항공운송사업을 하는 주체를 항공운송사업자(항공회사, 항공기업)라 한다. 즉 항공운송과 관련한 서비스를 생산하여 판매하는 기업이라 할 수 있으며, 공간적 이동을 위해 서비스 상품을 구매하는 소비자와 원활한 시장 기능을 돕는 정부 등의 시장 주체들에 의해 독립된 산업이 형성되어 시장으로 운영될 때 이를 항공운송사업이라고 한다.

항공운송사업은 넓은 의미에서 흔히 말하는 항공사뿐만 아니라 개인적으로 운송활동을 하는 자가용이나 소형 항공기와 같이 상업 목적 외에 항공운송 활동을 하는 일반 항공과, 항공기를 사용하여 사진 촬영이나 화재 진압 또는 인명구조 활동 및 교육 훈련에 사용되는 항공기 사용사업 등 모든 종류의 항공기 관련 사업을 포함하지만, 좁은 의미의 항공운송사업은 일반 항공과 항공기 사용사업 등을 제외한 상업적인 운송을 목적으로 하는 항공사의 운송사업만을 그 대상으로 한다.

따라서 시장에서 일반적으로 말하는 항공운송사업이란 항공기에 의해 사람과 화물 및 우편물을 운송하고 그 대가를 받는 상업적 목적의 항공운송사업을 의미한다. 전 세계적으로 약 760여 개의 기업이 항공운송사업을 하고 있으며, 우리나라도 여객 및 화물운송사업을 하고 있는 기업이 약 20여 개가 넘는 것으로 나타났다.

02 항공운송사업의 역사

1. 세계 항공운송사업의 발달

1) 태동기 : 하늘 정복의 시도

인간이 하늘을 날고 싶은 욕망은 태곳적부터 시작되었으며, 많은 선구자들의 도전

끝에 1783년 몽골피에Montgolfier 형제가 종이로 만든 열기구를 통해 공개 비행을 시도하여 인류 최초의 유인비행을 성공시켰다. 그리고 그 이후에도 많은 시도가 있었으나, 최초로 엔진 장치 비행기에 의한 안정된 상태의 직선비행에 성공한 것은 1903년 12월 미국의 라이트Wright 형제로 동력에 의해 하늘을 나는 비행기라는 기계를 최초로 발명하고 1906년에 특허를 획득했다.

그로부터 8년 후 1914년 러시아는 최초의 여객기를 개발하여 16명의 승객을 태우고 상업적인 운항을 시작했으며, 독일의 제펠린Zepplin은 1914년까지 총 100대가 넘는 비행선을 제작하며 성능을 향상시켰고, 이후 자신이 만든 비행선으로 사람이나 짐을 수송하여 수익을 올리기 위해 설립한 회사가 세계 최초의 상업항공회사인 '도이치 비행선 주식회사Deutsche Luftschiffahrt A.G'가 만들어졌다.

2) 초창기 : 전쟁이 발달시킨 항공기술

전쟁은 과학과 기술의 발달을 가져왔다. 1914년 제1차 세계대전은 상업항공 발달에 큰 계기가 되었으며, 교전국 사이에는 공중전투 비행도 벌이는 등 항공기술 발전의 초석이 되었다. 제1차 세계대전 종전 무렵 각국의 항공업계에서는 전시 중에 축적된 항공기술 및 잉여항공기, 장비, 인력 등을 민간용으로 전환하여 항공운송사업 발전의 토대가 되었다. 1921년 KLM은 민간항공 사상 처음으로 항공 예약을 시작하고, 항공기 발착지에서 음료수를 제공하는 등 각종 서비스를 선보였으며, 1925년에는 기내에 냉방 장치를 만들었다. 초기의 세계 항공운송사업은 유럽을 중심으로 발달하기 시작했으며, 당시 후발주자였던 미국은 1926년 팬암항공사Pan America World Airways가 설립되어 국제정기항공운송 업무를 시작했다.

3) 발전기 : 민간항공운송의 성장

1925년 미국은 여객운송을 위한 최초의 정기노선을 개설하였다. 정기항공노선 개설로 항공여객 수요의 급격한 증가와 여객기의 대형화·고속화 등 항공기술의 발달을 촉진하는 계기가 되었다. 1927년 노스웨스트항공사NWA가 설립되는 것을 기점으로,

1930년 트랜스월드항공사TWA, 1934년 아메리칸에어라인AA 및 유나이티드항공UA이 설립됨으로써 항공여객운송 시장의 모습을 갖추기 시작했다. 이후 1954년 보잉사가 최초로 제트 엔진을 이용한 B707을 등장시키고, 1963년에 초음속기 개발을 진행하였다.

한편 1952년 영국 항공사는 최초의 코멧Commet이라는 상업용 제트 여객기를 생산하여 런던-요하네스버그 구간을 취항하게 되었고, 1969년 프랑스-영국 합작으로 초음속기의 일종인 콩코드Concorde 비행기를 개발하기에 이르렀다. 이 시기의 항공운송기구는 1945년에 민간 항공사들이 항공운송의 질서 확립 및 편의 도모를 위해 25개국 41개 항공사가 참여하여 최초의 민간항공국제기구를 창설하기에 이르렀는데, 이것이 현재의 국제항공운송기구IATA : International Air Transport Association이다. 그 후 1947년 시카고조약의 발효와 함께 국제민간항공기구IACO : International Civil Aviation Organization가 설립되어 UN 산하의 전문기구로 오늘날에 이르고 있다.

콩코드 여객기

세계대전이 끝난 후 최초의 초음속 전투기 및 세계 여객기 시장이 발전해 나갔다. 이 시기는 미국의 비행기 산업이 급속도로 팽창하던 시기이다. 이때 영국항공기법인과 프랑스 쉬드-아비아시옹社는 미국의 항공 산업의 독주를 막기 위해 1962년 11월 29일 양국 정부의 지원을 받아 초음속 여객기를 개발하기로 결정했다. 당시 샤를드골 프랑스 대통령은 조화·협력·화합이라는 의미를 지닌 단어 콩코르드(Concorde)를 제안했고, 영국의 의견을 반영해 결국 끝의 e가 빠진 영어 단어 콩코드(Concord)로 확정됐다가 나중에 다시 e가 붙었다. 그러나 1968년 12월에 러시아의 초음속 여객기 투폴레프 TU-144가 140명의 승객을 태우고 음속보다 2배 빠른 마하 2의 속도를 돌파하자, 콩코드 연구진의 마음이 급해졌다. 개발을 서두른 끝에 1969년 10월에 마하를 돌파하고 11월에는 마하 2에 도달할 수 있었다. 정식 항공기는 1971년 9월에 등장했다. 두 대의 버전 중 '콩코드 101'은 영국에서, '콩코드 102'는 프랑스에서 사이좋게 제작되었으며 1973년 시험비행도 나란히 무사통과 했다. 이름 그대로 양국의 조화와 협력 하에 최고의 초음속 여객기가 탄생한 것이다.

- 콩코드 여객기의 장점 : 일반 비행기보다 2배 높이 날아올라, 파리에서 뉴욕까지 8시간 걸리던 비행시간을 3시간대로 단축시켰다.
- 콩코드 여객기의 단점 : 비행기 좌석이 적고 좁았지만, 운영 수익을 내기 위해 일반 이코노미 클래스의 비행기 가격의 15배 요금을 부과하였으며, 이에 극소수층만 승객으로 탑승할 수 있었다.
- 운항 위기와 중단 : 2000년 7월 25일 파리 샤를드골 공항을 출발하던 뉴욕행 콩코드 여객기가 이륙 중 갑작스레 폭발하여 100명의 승객과 9명의 승무원 전원이 사망하였다. 100명의 고위층과 부자들이 사망한 이 사건은 세계 언론의 관심은 물론 부정적인 시각으로 바라보는 시선이 많았다. 이 사건 후 1년이 지나 운항을 재개하였으나 승객 수는 늘지 않았고, 항공기 유지비를 감당못하고 2003년 마지막 상업 운행을 하고 문을 닫게 되었다.

4) 성숙기 : 규제완화와 경쟁의 심화

소위 제트기시대를 맞이하면서 제1차 석유파동이 있기까지 항공운송사업은 비약적인 발전을 이루었다. 미국의 보잉사는 연료절감형, 저소음형 항공기 개발 요구에 발맞추어 B747 점보 시리즈, 에어버스사의 A300 시리즈 등의 항공기 출현으로 세계 항공운송은 대량 수송에 의한 공급 능력의 확대와 항공기술의 발달로 본격적인 항공운송사업의 성숙기를 맞이하게 되었다. 이로써 인간 교류의 큰 장애 요인이었던 시간과 공간적 제약으로부터 인간을 해방시키는데 큰 역할을 하였다.

그러나 1973년에 이은 1978년의 석유파동에 의해 항공여객 수요의 성장세는 둔화되었다. 항공기의 공급 능력은 오히려 증가하게 되어 공급 과잉에 의한 과다 경쟁으로 경제적 변화, 수익성 악화 등 항공운송사업 자체가 불황의 위기에 처하게 되었다. 특히 미국에서는 국가 기간산업으로 보호되고 육성되었던 항공운송산업이 항공운송시장의 질서가 깨졌을 뿐만 아니라 심지어 도산이 속출하였고, 항공사 간의 통합 및 흡수합병으로 항공시장의 일대 변혁기를 거치게 되었다. 이에 따라 항공운송산업의 보호와 육성을 위한 새로운 정책이 필요하게 되었기 때문에, 1978년에 항공운송산업 전반에 대한 규제완화 조치를 취할 수 있는 「규제완화법Derequlation ACT」을 제정하여 다음과 같은 규제완화 조치를 단계적으로 실시하였다.

항공규제완화법

- 1981년 : 항공사의 모든 국내노선과 운항 스케줄에 대한 규제 철폐
- 1983년 : 국내선 항공운임에 대한 규제 철폐
- 1985년 : 소규모 지역 항공운송서비스에 대한 주정부의 보조금 지급을 운수성에 위임하고, 운수성의 국제항공정책은 주정부와 협의하여 결정, 민간항공위원회(CAB)를 해산하고 그 업무는 운수성에 이관

이러한 「규제완화법」 제정은 미국 내의 항공운송업계가 소형 항공사들이 대형 항공사에 흡수 통합되는 M&A 현상으로 초대형 항공사가 탄생하였으며, 1980년대에 세계 각국의 항공정책과 항공시장에 많은 영향을 미치기 시작했다. 또한 이 규제완화

정책은 각국의 영공 개방을 의미하는 오픈스카이 정책Open Sky Policy으로 유도하면서 대규모 항공사들의 입지를 강화시킬 수 있는 자유경쟁체제로 변화시키려는 정책으로 평가되었으며, 이로 인해 국제항공운송 환경에도 근본적인 변화를 가져오게 되었다.

2. 우리나라 항공운송사업의 발달

1) 초기 민간항공시대

우리나라의 정기항공노선이 최초로 개설된 것은 1936년 10월 조선항공사업사Korean Aviation Company가 서울-이리 간 정기항공노선이다. 이 항공사를 모체로 신용욱은 1946년 3월 대한국제항공사를 설립한 후 1948년 10월 대한국민항공사Korea National Airlines; KNA를 창설하게 되었는데, 이것이 초기의 민간항공이다. 1949년 외국항공사들도 국제선에 처음으로 정기취항을 하게 되었으며, 1954년 8월 서울-대만-홍콩 간을 운항하게 됨으로써 최로 동남아 국제노선을 취항하게 되었다. 1961년까지 적자 운영을 하다가 1962년 결국 KNA는 해산되었으며, 그리고 1962년 3월 26일 대한항공 공사법의 공표에 따라 6월 19일 국영 대한항공공사Korean Air Lines Co, Ltd가 설립되었다.

2) 국영항공시대

1962년 3월 공포된 「대한항공공사법」에 따라 설립된 대한항공공사Korean Air Lines; KAL는 대한국민 항공사를 인수하고 근대화된 민간항공의 체제를 갖추기 시작했다. 정부가 국영항공사인 대한항공공사를 설립한 것은 도산 직전 상태에서 허덕이는 대한국민항공사를 흡수하고, 우리나라 민항사업이 급속하고 영구적인 발전을 위해서였다. 그러나 대한항공공사의 경영은 날로 악화되었으며, 결국 정부는 1967년 민영화를 계획하였고 1969년 2월 28일 한진상사에 매각함으로써 국영화 7년만에 다시 민영화가 되었다.

3) 민영항공시대

대한항공공사를 인수한 한진상사의 주중훈 회장은 회사명을 (주)대한항공으로 바꾸고 총 514명의 대한항공공사 직원을 그대로 인수하였다. 그동안의 문제점을 해결하고 극복하기 위해 5개년의 투자계획을 수립하였고, 1971년에는 새로운 항로를 신설하여 나갔다. 민영화 4개월 후인 1969년 6월에는 수송 실적이 2배가 늘어났으며, 4년 후인 1972년에는 처음으로 흑자를 기록하였다. 한편 민영화 10주년을 맞은 1979년 3월에는 15개국 23개 도시에 취항하였으며, 1979년에 국제민간항공기구ICAO의 가입국 145개국 중 국제선 총 수송 실적 순위에서 10위를 달성하기도 하였다.

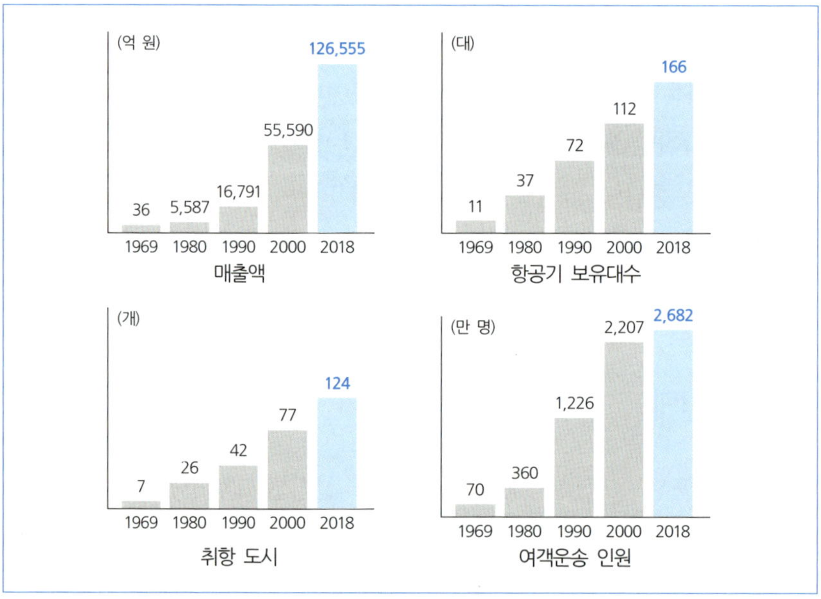

출처 : https://www.koreanair.com(대한항공 50년 실적)

그림 1.1 민영항공의 대한항공 사례

4) 복수민항시대

1969년 대한항공공사가 민영화된 이후 1988년에 이르기까지 우리나라 항공운송산업은 대한항공을 중심으로 이루어져 왔다. 1988년 2월 정부는 항공운송사업에 있어 자유경쟁체제의 도입과 함께 증가하는 항공 수요에 대처하려는 일환으로 제2민항을 허가하게 되었는데, 이것이 바로 금호그룹의 (주)아시아나항공의 시작이다. 이에 우리나라도 세계적인 규제완화 추세와 거대 항공사 출현 등의 세계 항공업계의 변화 속에서 복수민항시대를 맞이하며 큰 변화를 겪게 된다.

한편, 2000년대에 이르러 9·11 테러 이후 증가한 사회불안, 고용불안정 등의 상황에서 단지 수송이라는 항공기의 기본 업무에만 충실한 저비용항공이 전면에 등장하게 되었다. 국내에서도 2005년 한성항공 출범을 시작으로 저비용항공사가 운항을 시작하였고, 현재 제주항공, 에어서울, 에어부산, 진에어, 이스타항공, 티웨이항공, 플라이강원 등이 국내·국제여객 수송에 중요한 자리매김을 하고 있다.

표 1.1 우리나라 항공운송 현황

구분	항공사
대형항공사(FSC)	대한항공, 아시아나항공
저비용항공사(LCC)	에어부산, 에어서울, 이스타항공, 제주항공, 진에어, 티웨이항공, 플라이강원, 에이필립, 에어프레미아, 에어로케이
소형항공운송 사업자	코리아익스프레스에어, 에어포항
화물항공사	대한항공카고, 아시아나항공카고, 에어인천
항공기사용 사업자	블루에어라인, 에어팰리스, 에이스항공, 통일항공, 헬리코리아, 홍익항공, 신한항공
설립추진 항공사	프라임항공, 에어대구, 경남에어
폐업 및 무산된 항공사	극동항공, 대한국민항공, 범한항공, 세기항공, 에어울산, 영남에어, 이스트아시아에어라인, 인천타이거항공, 코스타항공, 유스카이항공

03 항공운송사업의 종류

1. 사업 형태에 따른 분류

1) 정기항공운송사업Scheduled Revenue Flights

사전에 공시된 운항시간표에 따라 계획대로 정기적·연속적으로 이루어지는 유상비행이라 할 수 있으며, 특정한 두 지점 간에 항공노선을 개설하여 일정시일에 정기적으로 항공기를 운행하는 사업이다. 국제민간항공기구ICAO는 다음 사항을 포함해야 한다고 규정하고 있다.

첫째, 항공사들은 자사 항공기의 모든 운항시간표를 일반 대중에게 미리 알리고 이를 OAGOffical Airline Guide에도 수록·공지해야 한다. 둘째, 항공사는 세계 민간항공사들에 의해 조직·운영되는 국제항공운송협회IATA로부터 항공사코드Airline Code와 항공기 운항도시코드City Code 등을 지시받아야 한다. 셋째, 항공사는 공공성이 강조되는 사업이므로 운항시간표대로 항공기를 투입·운항해야 하고(운항계속의 의무), 이용객들이 쉽게 읽을 수 있는 장소에 운항 조건(운송약관)을 제시해야 하며, 경영 사정을 이유로 임의로 사업을 중지하거나 노선운항을 휴항해서는 안 된다. 이상과 같은 전제조건은 정기항공운송사업의 운용에서 꼭 필요한 부분이다.

- 임시유상비행(Extra Revenue Flights) : 정기항공운송만으로는 수송이 불가능한 초과수송량을 수송하기 위한 임시운송이다.
- 예비유상비행(Preliminary Revenue Flights) : 새로운 항공서비스를 제공하기로 계획된 운송이다.

2) 부정기항공운송사업Non-Scheduled Revenue Flights

정기항공운송 외의 모든 유상비행을 말하며, 정기항공운송을 위한 위치이동Positioning Flight과 경항공기, 헬기 및 기타 목적(기술착륙, 훈련비행 등)의 운항을 제외시킨 사업 형태이다. 즉 정기항공운송사업은 정기성과 공공성이 강조되지만, 부정기항공운송사업은 그렇지 못하다. 이 사업은 두 지점 간을 불특정한 시일에 채산성에 기초해서 운영하거나 특정 지정의 항공 수요가 공급을 초과할 때 전세기를 운영한다.

전자는 대부분 항공 요금을 미리 공시하고 일정수가 모객이 되면 운항하는 것이고, 후자는 수요자가 지정된 구간을 운용할 목적으로 항공 좌석 전체를 임차해서 운용한다. 특히 후자는 항공기의 수송력을 최대한 활용할 수 있어 저렴한 요금에 의한 대량 운송이 가능하여 급속히 성장하고 있다.

이 부정기항공운송사업 중 대표적인 것이 전세항공운송업이다. 정기항공운송사가 전세항공기를 운영하기도 하지만, 전세항공시장의 대부분은 민간 소유의 대형 신형 항공기들을 보유한 전세항공 전용항공사나 정기항공운송사의 독립된 전세항공 자회사가 운영하고 있는데, 최근 선진국에서는 항공여객운송 분담률이 35% 수준까지 이를 정도로 이 사업은 번창하고 있다.

표 1.2 항공운송 관련 사업의 분류

구 분	내 용	사업체 수
국내항공운송사업	국내 정기편 운항 : 국내공항 ↔ 국내공항 사이 일정한 노선을 정하고 정기적인 운항 계획에 따라 운항하는 항공기 운항	10
	국내 부정기편 운항 : 국내에서 이루어지는 국내 정기편 운항 외의 항공기 운항	
국제항공운송사업	국제 정기편 운항 : 국내공항과 외국공항 사이 또는 외국공항과 외국공항 사이에 일정한 노선을 정하고 정기적인 운항 계획에 따라 운항하는 항공기 운항	
	국제 부정기편 운항 : 국내공항과 외국공항 사이 또는 외국공항과 외국공항 사이에 이루어지는 국제 정기편 운항 외의 항공기 운항	
소형항공운송사업	국내항공운송사업 및 국제항공운송사업 외의 항공운송사업	8
항공기사용사업	항공운송사업 외의 사업으로서 타인의 수요에 맞춰 항공기를 사용하여 유상으로 농약 살포, 건설 또는 사진 촬영 등 국토교통부령으로 정하는 업무를 하는 사업	54
항공기취급업	항공기에 대한 급유, 항공화물 또는 수하물의 하역, 그 밖의 정비 등을 제외한 지상 조업을 하는 사업	39
항공기정비업	항공기 등 장비품 또는 부품의 정비 등을 하는 사업과 기술 관리 및 품질 관리 등을 지원하는 사업	40
상업서류송달업	타인의 수용에 맞추어 유상으로 「우편법 제1조 제7호 단서에 해당하는 수 · 출입 등에 관한 서류와 그에 딸린 견본품을 항공기를 이용하여 송달하는 사업	660
항공운송총대리점업	항공운송사업을 경영하는 자를 위해 유상으로 항공기를 이용한 여객 또는 화물의 국제운송계약 체결을 대리하는 사업	179
도심공항터미널업	공항 구역이 아닌 곳에서 항공여객 및 항공화물의 수송 및 처리에 관한 편의를 제공하기 위해 이에 필요한 시설을 설치 · 운영하는 사업	1
항공기대여업	다른 사람의 수요에 맞추어 유상으로 항공기, 경량항공기 또는 초경량비행 장치를 대여하는 사업	9
항공레저스포츠사업	타인의 수요에 맞추어 유상으로 비행선, 활공기, 경량항공기 또는 초경량비행 장치를 사용하여 조종 교육, 체험 및 경관 조망, 항공레저스포츠를 위해 대여, 이를 통한 정비, 수리 또는 개조 등의 서비스를 제공하는 사업	99
초경량비행장치사용사업	다른 사람의 수요에 맞추어 국토교통부령으로 정하는 초경량비행 장치를 사용하는 유상으로 농약 살포, 사진 촬영 등 국토교통부령으로 정하는 업무를 하는 사업	1,105
합 계		2,204

출처 : 국토교통부, 서울지방항공청, 부산지방항공청, 제주지방항공청

표 1.3 정기노선 및 부정기노선 공항별 운항 실적

공항	구분	정기									부정기		
		여객기			화물기			계			여객기		
		도착	출발	계	도착	출발	계	도착	출발	계	도착	출발	계
인천	국내선	2,365	2,366	4,731				2,365	2,366	4,731	397	17	414
	국제선	146,935	146,960	293,895	16,287	16,267	32,554	163,222	163,227	326,449	2,794	2,765	5,559
	계	149,300	149,326	298,626	16,287	16,267	32,554	165,587	165,593	331,180	3,191	2,782	5,973
김포	국내선	61,828	62,349	124,177				61,828	62,349	124,177	871	706	1,577
	국제선	10,227	10,224	20,451				10,227	10,224	20,451	42	19	61
	계	72,055	72,573	144,628				72,055	72,573	144,628	913	725	1,638
김해	국내선	22,979	22,965	45,944				22,979	22,965	45,944	171	161	332
	국제선	25,950	25,996	51,946				25,950	25,996	51,946	572	564	1,136
	계	48,929	48,961	97,890				48,929	48,961	97,890	743	725	1,468
제주	국내선	75,804	75,323	151,127				75,804	75,323	151,127	927	1,517	2,444
	국제선	91,06	9,144	18,250				9,106	9,144	18,250	473	438	911
	계	84,910	84,467	169,377				84,910	84,467	169,377	1,400	1,955	3,355
대구	국내선	5,926	5,916	11,842				5,926	5,916	11,842	148	151	299
	국제선	1,827	1,832	3,659				1,827	1,832	3,659	651	638	1,289
	계	7,753	7,748	15,501				7,753	7,748	15,501	799	789	1,588
청주	국내선	6,380	6,358	12,738				6,380	6,358	12,738	147	124	271
	국제선	1,657	1,648	3,305				1,657	1,648	3,305	547	557	1,104
	계	8,037	8,006	16,043				8,037	8,036	16,043	694	681	1,375
무안	국내선	353	362	715				353	362	715	11	3	14
	국제선	421	420	841				421	420	841	379	381	760
	계	774	782	1,556				774	782	1,556	390	384	774
양양	국내선	1	1	2				1	1	2	9	4	13
	계	49	49	98				49	49	98	251	257	508
	국제선	50	50	100				50	50	100	260	261	521
광주		5,385	5,384	10,769				5,385	5,384	10,769	13	10	23
여수		2,402	2,401	4,803				2,402	2,401	4,803	5	5	10
울산		2,444	2,445	4,889				2,444	2,445	4,889	1	1	2
사천		911	911	1,822				911	911	1,822			
포항		451	451	902				451	451	902	7	7	14
군산		714	712	1,426				714	712	1,426		1	1
원주		350	349	699				350	349	699			
합계	국내선	188,293	188,293	376,586				188,293	188,293	376,586	2,704	2,704	5,408
	국제선	196,172	196,273	392,445	16,287	16,267	32,554	212,459	212,540	424,999	5,712	5,622	11,334
	계	384,465	384,566	769,031	16,287	16,267	32,554	400,752	400,833	801,585	8,416	8,326	16,742

2. 운송 객체에 의한 분류

운송 객체에 의한 분류는 크게 여객운송사업과 화물운송사업, 그리고 우편물운송사업 세 가지로 나눌 수 있다. 여객운송사업은 1930년대 중반에 본격적으로 발전하였으며, 공항과 공항을 연결하는 중요한 역할을 하고 있다.

화물운송사업은 일반 교통이라고 칭하며, 시장의 상황에 따라 수송의 흐름도 불규칙하다. 운영 형태는 항공회사, 대리점, 육상운송업자, 공항 보세창고업자 등의 협조와 상호 제휴를 통해 이루어지며, 종합적 운송사업의 형태를 가지고 있다.

3. 운송 지역에 의한 분류

항공운송사업은 운송 지역을 기준으로 국내항공운송사업과 국제항공운송사업으로 구분할 수 있다. 국내항공운송사업은 자국의 「항공법」에 따라 규제되므로 공공성 면에서나 운항노선과 항공요금 등에서 국가의 통제가 후자보다 많다. 국제항공운송사업은 항공기 제조기술의 향상과 세계 경제발전 등의 영향으로 많은 국가의 항공사들이 참여하고 있다. 그러나 국제항공운송사업은 운항 당사자 국가 간에 각각 항공협정의 체결을 전제하고 있다.

4. 국내항공운송사업 면허체계

1961년 「항공법」 제정 후 48년 만에 (정기/부정기로 나뉘어져 있던)기존의 항공운송사업 면허체계가 국제와 국내, 소형 항공운송사업 면허체계로 개편되어 2009년 9월 10일부터 시행되었다.

표 1.4 항공운송사업의 면허체계

	사업면허	항공기	자본금
변경 전	정기운송사업	5대(5.7톤 이상)	200억
	부정기운송사업	5대	50억
	항공기사용사업	5.7톤 이하	10억
변경 후	국제항공운송	3대	150억
	국내항공운송	1대	50억
	소형 항공운송(19인승 이하)	1대	20억(등록제)
	소형 항공운송(9인승 이하)	1대	10억(등록제)

국내항공운송사업 면허체계의 개편 배경으로는 첫째, 지역항공사의 등장과 지방공항의 침체로 인해 돌파구를 마련하고자 하였으며 둘째, 국내 항공시장 발전에 역행하는 기존 면허체계를 보완하기 위해 셋째, 면허체계 개편으로 항공운송산업 저변 확대와 기회 확보를 위해 개편되었다. 이에 기대 효과로는 사업별 면허(등록) 기준이 세분화되어 시장 진입이 촉진될 것으로 전망했으며, 사업자에 따라 국제 · 국내운송사업을 선택할 수 있게 되어 국제경쟁력이 강화되리라 예상된다. 또한 소형 항공운송시장의 활성화가 이루어지리라 예측하였다.

5. 국제항공운수권

국제항공운수권이란, 상업운송을 목적으로 타국에서 항공기로 여객, 화물을 탑재 및 하역할 수 있는 권리를 말하며, 외국과의 항공 회담을 통해 노선 구조, 공급력(항공기 주당 운항 횟수, 좌석 수) 등을 설정하는 것이다.

1) 국제항공운수권 배분

양 국가 간 항공 회담에서 합의한 운항 지점, 운항 횟수, 운항 방식 등의 운수권을 항공사에 배분하여 운항할 수 있도록 하는 것으로서 노선 배분이라고 하며, 배분 대상 항공사 수보다 배분을 신청한 항공사 수가 많은 경우에는 항공교통심의위원회 평가 결과에 따라 높은 점수를 획득한 항공사 순서로 배분 대상 항공사를 선정한다.

2) 국제항공운수권의 배분 기준

국제항공운수권의 배분 기준은 신규 운수권과 증대 운수권으로 나눌 수 있다. 신규 운수권이란, 항공사가 운항할 수 없던 외국 지역에 새로운 운수권을 뜻하며, 여객 주 5회(화물 주 1회)인 경우 1개의 항공사를 선정하고, 여객 주 6회(화물 주 2회) 이상인 경우 2개 이상의 항공사를 선정하여 배분하는 것을 말한다. 그리고 증대 운수권이란, 기존 항공사 수 및 보유 운수권 등을 고려하여 배분하는데, 1개 항공사 취항노선인 경우 기존 운수권과 증대 운수권을 합하여 여객 주 6회(화물 주 2회) 이상인 경우 항공사를 신규 선정 배분하고, 2개 이상 항공사 취항노선인 경우 항공사의 운수권 보유 현황과 소비자 편익 등을 고려하여 신규 항공사 선정 여부를 정책적으로 결정하는 것을 말한다. 이에 신규 운수권은 복수항공사 선정 시 각각 균등한 횟수를 배분한 후 나머지 운수권은 평가점수가 높은 항공사 순으로 주 1회씩 배분하고, 증대 운수권은 신규 항공사를 선정하지 않은 경우에는 평가점수 순으로 기존 항공사에 순차 배분한다.

04 항공운송사업의 특성

1. 기능과 역할

기업의 존재는 이윤 창출을 목적으로 하며, 이 세상에 존재하는 모든 기업들은 시장을 대상으로 한다. 따라서 항공사에서도 시장은 본질적으로 중요하다. 항공운송사업이 어떤 비즈니스를 하는 곳인가에 대해 다음과 같이 두 가지로 말할 수 있을 것이다. 첫째는 특정 분야에 참여하는 관점에서 보는 것으로, 하늘을 비행하는 운송 비즈니스Aviation Business의 담당자로서의 존재이다. 이 정의는 운송사업에 많은 항공사들이 참여하고 있어 본질적으로 항공사 간의 경쟁 상황을 전제하고 있다. 둘째는 경쟁에 직면한 상황에서도 항공 고객을 만족시키는 역할과 기능을 중시하는 조직으로서의 관점이다.

이러한 입장에서 항공운송사업은 다음과 같은 영역의 업무를 수행하게 된다.

1) 운송 기능

항공운송사업은 무엇보다 인적·물적 운송에 참여하는 사업으로서의 기능이 중요하다. 이 운송 기능에 대한 사회적 필요성과 운송의 경제성은 여러 곳에서 확인되고 있고, 인적 및 물적 교류의 원활화, 시간과 운송 경비의 절약을 가능하게 하는 과학적이고 체계적인 운송시스템의 도입과 활용은 현대생활에서 필수적이라 할 수 있으며, 운송에 참여하는 분야는 해상, 육상, 항공의 세 분야로 나눌 수 있다.

이 세 분야는 운송 분야에서 현대사회와 경제를 유지하는 근간으로 자리 잡고 있으며, 특히 육상운송은 단거리 여행과 문전 여행Door to Door Journey에서 항공운송보다 시간절약의 측면과 안락성의 제공 측면에서 유리하고, 장거리 여행에서는 항공운송의 가치가 높이 평가되고 있다. 그러나 향후 이들 운송기관 간의 경쟁은 더욱 치열할 것으로 보인다. 이는 특히 각국에서 철도와 같은 지표교통수단의 개선을 위해 많은 투자를 하고 있는 것에서 확인할 수 있다. 우리나라는 삼면이 바다로 둘러싸여 있으며, 북으로는 갈 수 없는 지리적 한계가 있기 때문에 외국으로의 철도 연결은 그 한계성을 가지고 있지만, 향후 북한과의 관계 개선의 여지는 먼 미래에 철도운송의 발전에 희망을 걸어본다.

2) 커뮤니케이션 기능

항공운송사업은 먼 거리에 있는 사람과 사람과의 만남, 사람과 커뮤니케이션 수단의 기회를 제공하고 가능하도록 지원한다. 서로 멀리 떨어져 있는 사람들이 만나려면 여행은 필수적이다. 그러나 최근 비즈니스 측면에서는 이런 대면 만남의 기회가 많이 축소되고 있다. 즉 비디오 컨퍼런스라는 정보 매체의 등장으로 감소 현상을 보이고 있다. 향후 미래에 이 매체는 더욱 저렴한 비용과 우수한 영상 품질을 제공함으로써 이용이 확대될 것이며, 이와 함께 컴퓨터의 보급 확대와 웹 카메라가 장착된 제품의 등장 등은 모두 운송사업에 위기를 불러일으키고 있다. 이로써 항공운송사업은 정보통신사업과도 경쟁해야 하는 상황에 직면했고, 미래에 있어 경쟁은 더욱 치열해질 것이다. 그러나 친지 방문이나 관광의 목적성을 가지고 있을 시에는 대체할 수 있는 수단이 없기 때문에 항공이 차지하는 비중은 크다고 할 수 있다.

3) 레저 활성화 지원 기능

현대사회에서 항공운송사업의 범위는 광범위하게 레저산업과 연관되어 있으며, 서로를 연계하여 밀접한 연관성을 지닌다. 날로 증가는 여가시간과 개개인의 가처분소득 증가로 인해 더욱더 삶의 질을 향상시키기 위한 활동이 다변화 · 다각화되고 있으며, 이에 사용 방법을 결정해야 하는데 있어서 가처분소득은 항공을 이용한 여행과 다양한 레저 활동에 이용된다. 즉 항공운송사업은 레저 관련 사업의 연계성에 큰 영향을 미치고 있다.

4) 서비스 지원 및 판매 기능

세계적인 항공사들은 선진화된 기술을 앞세워 항공운송사업을 발전시켜 나가고 있으며, 이미 개발된 기술이나 기능에 만족하지 않고 사업 관련 분야의 새로운 기술 개발에 노력하고 있다. 이렇게 연구 · 개발된 기술들은 항공사의 주요한 수입원이 되고 있으며, 항공기의 전자 및 기계 정비기술의 개발과 컴퓨터 예약시스템CRS 프로그램 개발 등이 대표적인 사례이다. 그리고 항공사는 공항에서 이 · 착륙하는 자사 항공기는 물론이고 타사 항공기들에 대해 승객의 수하물을 항공기에 싣거나 내리는 작업을 지원하고 항공유를 급유하는 서비스를 제공하기도 한다. 이러한 서비스 이외에 대표적인 것으로는 인적서비스를 빼놓을 수 없으며, 기내 식음료서비스 및 면세물품 판매의 기능을 함께 수행한다.

2. 항공운송사업의 특징

1) 항공운송사업으로서의 특징

항공운송사업은 영리를 목적으로 하는 사업이지만, 다른 산업과는 달리 국가의 경제적 목적 또는 방위산업 차원에서 국가 차원의 육성산업으로 발전시키거나 공공 교통기관으로서의 기능이 있어 수익성이 크게 높지 않다. 여행업의 파생적 수요 산업, 서비스의 차별화가 곤란한 산업, 제품의 생산과 판매의 동시성, 주로 여객운송에 치중하는 산업으로서의 특성을 지니고 있다.

(1) 공공성이 강한 사업

항공운송사업 중에서 정기항공운송사업은 기상 악화나 천재지변 등 불가항력적인 사유가 있는 경우를 제외하고는 다른 교통산업과 마찬가지로 정부로부터 인가받은 운송 계획대로 운송서비스를 제공해야 하는 의무가 있다. 즉 항공운송은 하나의 교통수단이므로 국민 다수의 사회적 생활을 위한 공공성을 가진다고 할 수 있다. 그러므로 철도, 지하철, 버스 등의 다른 교통수단과 마찬가지로 항공운송산업도 항공운송 조건을 공시하고 이용자 차별 금지와 영업계속의 의무가 부여된다.

(2) 자본집약적 사업

국제선 항공사를 운영하기 위한 정기항공운송사업은 면허 기준에서 정하고 있는 바와 같이 납입자본금이 150억 원 이상의 법인으로서 항공기는 3대 이상을 보유해야 하기 때문에 정기항공사를 경영하기 위해서는 초기 투자비만 해도 수천억 원이 소요될 뿐만 아니라, 조종사와 정비사 및 지상영업 요원 등 많은 인력과 정비시설 및 운항지원 장비를 필요로 하기 때문에 그 운영비도 막대하다. 이에 국내선 항공사 운영에 필요한 자금은 50억 원 이상, 항공기 1대 이상 보유해야 한다. 또한 항공사는 규모의 경제가 작용하는 산업으로서 항공기 보유대수가 일정수준 이상으로 유지되어야만 경제적 효율성을 유지할 수 있는 산업이다.

(3) 낮은 생산탄력성

항공운송사업은 성수기와 비수기에 따라 시즌별로 항공 수요가 급증하거나 급락하는 현상이 나타나며, 항공 수요가 급격히 증가할 경우에도 항공기 도입이 주문생산 형태를 취하고 있기 때문에 늘어나는 항공 수요 충족을 위한 공급 능력을 신속히 확보할 수 없는 특성이 있다. 뿐만 아니라 항공기의 좌석 판매는 여유 좌석이 있을 경우에 이를 재고로 보관하여 나중에 팔 수 없는 생산과 소비의 동시성으로 인해, 수요의 증가나 감소에 맞춰 공급 능력을 신속히 증가시키거나 축소할 수가 없어 생산탄력성이 매우 낮은 사업이다.

(4) 파생적 수요사업

항공운송사업의 고객은 관광레저 여행이나 비즈니스 여행을 목적으로 하는 승객이 대부분이고, 특히 우리나라와 같은 경우에는 국제관광객의 95% 정도가 국제항공 여객이기 때문에 수요창출 측면에서 보면 항공운송사업은 관광산업인 파생적 수요산업으로 볼 수가 있다. 이처럼 항공운송사업이 가지는 수요창출의 특성 때문에 항공기의 좌석 예약이나 항공권 판매에 있어서 항공사의 대리점이 바로 여행업을 겸하고 있어 항공사와 여행사는 사업적으로 불가분의 관계에 있다.

(5) 상품의 생산과 소비의 동시성

항공사의 운송 상품은 형태가 있는 제품이 아니고 항공기의 좌석을 판매하는 서비스 상품이므로 상품이 생산과 동시에 판매되어야만 상품의 경제적 가치를 발휘할 수 있고, 판매되지 않은 상품은 재고로 보관하여 나중에 판매할 수 없는 즉시재로서의 특성이 있다. 따라서 항공사에서는 특정한 운송 구간에서 특정한 날짜와 시간에 제공하는 항공기 좌석을 제때에 판매해야만 좌석 판매의 효율을 높일 수 있기 때문에 정확한 수요 예측에 의한 항공노선의 개발과 투입 기종 및 운항 횟수와 운항 시간대를 결정하는 것이 경영활동의 최대 과제가 된다.

(6) 장거리 운송에 유리한 사업

다른 교통수단에 비해 장거리 수송이나 국제 수송에 매우 유리한 특성이 있다. 항공기 운항은 그 특성상 이륙과 착륙 구간에서의 항공기가 상승하거나 하강할 때에 단위거리 당 연료가 많이 소모되고, 수평으로 운항하는 순항 구간에서의 연료 소모가 매우 적을 뿐만 아니라 장거리 운항일수록 지상 1만 미터 정도의 고공 운항을 하기 때문에 공기저항이 적어 연료 소모는 적고 속도는 빨라지는 특성이 있다.

2) 항공운송서비스 산업으로서의 특징

(1) 고도의 안전성 확보와 유지

모든 교통기관은 안전성을 최대 과제로 삼고 있다. 항공운송은 하늘의 비행을 통해 이루어진다는 점에서 안전성이 더욱 강조되고 있지만, 작은 결함에도 대형 사고로 이루어질 수 있는 단점을 보유하고 있다. 상업 항공운송이 시작된 초창기에는 항공기와 항로 선정 등의 기술적인 문제와 기상과 같은 자연적 요인으로 안전성이 비교적 낮았지만, 항공운항의 안전성이 확보된 것은 1945년 이후이다.

안전성을 높이기 위한 항공기 제조사의 노력은 지금도 계속되고 있지만, 하늘을 비행하는 만큼 항공기는 항상 안전성의 문제를 가지고 있다는 대중의 인식에는 변화가 없다. 비행기 사고는 한 번 발생하면 대형 사고의 위험도가 높기 때문에 심리적으로 불안감을 가지고 있는 사람들이 많으나, 우리가 매일 이용하는 버스나 택시, 자가용에 비교한다면 상대적으로 항공운송의 안전성은 항공기 제조 및 정비기술의 발전, 항공기 유도시스템의 진전, 공항 활주로의 개선 등으로 그 사고율은 현저히 낮으며 그 안정성은 예전에 비해 점점 발전하고 있다.

(2) 고속성의 발휘

항공운송의 가장 큰 장점 중 하나를 꼽는다면 고속성을 들 수 있다. 이 고속성은 여행객들로 하여금 항공기를 이용하도록 하는 유인요소이자 타 교통기관의 추월을 불허하는 요소이기도 하다. 항공기의 고속성 발휘는 전 세계 주요 도시 간에 존재하는 시간적 · 공간적 장애를 극복하게 함으로써 이용객 증대를 가져왔고, 그에 따라 항공사 발전과 함께 교통체계의 변화를 유도하였다. 또한 이러한 고속성이 신규 관광지의 출현과 관광지의 융성을 도모한 배경이었음을 주목할 필요가 있다.

(3) 높은 운항정시성의 확보

항공기의 안전성은 어느 정도 잘 실천되고 있다고 평가되는 반면, 항공운항의 정시성 유지 문제에 관한 우려를 표명하는 경우가 많이 있다. 최근 여행객들은 항공사의 운항정시성 확보 유 · 무와 함께 이를 위한 노력 정도를 항공사 선택 기준으로 삼는 경향이 있다. 이는 운항정시성의 확보 유 · 무가 곧 항공사의 신뢰성과 결부됨을 의미한다.

항공운송에서 운항정시성의 기준은 공표된 시간표Time Table이고, 정시운항의 여부는 실제로 항공기가 발착한 시각에 의해 평가된다. 항공사가 운항정시성을 확보하지 못하면 신뢰성이 낮아지고 여러 구간을 운항할 경우 접속편 연결 의무를 포기하는 결과를 초래한다.

(4) 쾌적성의 향상

여행객들은 좁은 기내 좌석과 제한된 공간에서 항공여행을 하므로, 항공사는 그들의 정신적인 만족감이 최대화 되도록 배려해야 한다. 여행객들에게 이러한 쾌적성과 안락감을 최대한 느끼도록 하는 일은 곧 항공운송서비스 품질을 제고시키는 지름길이라는 점에서 중요하다.

최근 대부분의 항공사들은 보잉사나 에어버스사가 제작 · 판매하는 같은 종류의 항공기종을 보유 · 운용하므로, 항공기만으로는 서비스 차별화를 도모할 수 없다고 판단하고 있다. 이에 따라 항공사들은 저마다 쾌적성과 안락감을 향상시킬 특정한 시설들을 기내에 추가함으로써 서비스 경쟁에서 우위를 차지하려 노력하고 있다.

항공여행은 장기간 대양을 항해하는 호화 여객선의 크루즈여행과는 달리, 비행시간을 고려하여 여객들이 최대한 하늘의 여행을 즐길 수 있도록 배려해야 한다. 이에 따라 항공사들은 자사의 독특한 기내서비스를 제시함으로써 여객들이 마치 하늘의 라운지에서 비행하고 있다는 느낌을 갖도록 노력하지만, 기내 공간의 제약으로 여러 어려움에 직면하고 있는 것도 사실이다.

(5) 염가성 발휘

항공운송산업에서 LCC가 차지하는 비중이 점점 높아지고 있다. 이는 염가성을 찾는 이용객들의 기대와 맞물려 점점 다양화 · 대형화되고 있는 추세이다. 그리고 가치 또는 효용은 요금의 저렴성인 경제성에도 발견할 수 있다.

최근의 경향이지만 항공요금은 여타 교통기관과 비교하여 대량 운송에 의한 경제성의 발휘, 그리고 이로 인한 원가 인하 현상으로 저렴화의 길을 가고 있다. 이러한 항공요금의 저렴화 추세, 여타 교통기관과 비교하여 상대적인 요금 저렴성, 그리고 항공운송에 의한 시간절약의 효과를 감안한다면 항공운송의 염가성은 최대한 발휘된다고 할 수 있다. 이 염가성은 장거리 국제선 노선에서 더욱 발휘된다. 이러한 경제적 가치를 설명하는 이론적 배경은 고속성에서 이미 언급한 시간절약에 근거하며 또한 국제선 항공요금의 염가성은 해외여행 대중화에 따른 각종 단체요금의 운영과 무관하지 않다.

(6) 공공성

항공운송은 하나의 대중교통 수단이므로 국민 다수의 사회적 생활을 위한 공공성을 가진다고 할 수 있다. 그러므로 철도, 지하철, 버스 등의 다른 교통수단과 마찬가지로 항공운송산업도 항공운송 조건을 공시하고 이용자 차별 금지와 영업계속의 의무가 부여된다.

이코노미

- 기존 시트에서 불필요한 부분을 줄임으로써 1인치 가량 좌석 두께가 얇아져 34인치 같은 넓은 공간을 제공한다.
- 11인치의 더욱 크고 선명해진 개인용 모니터를 통해 다양한 기내 엔터테인먼트 프로그램을 즐길 수 있다.

비즈니스

- 자유로운 동선으로 넉넉한 공간에서 여행의 여유로움을 느낄 수 있다.
- 옆사람에게 방해받지 않고 개인시간을 보낼 수 있는 독립 공간을 제공한다.

퍼스트스위트

- 풀 플랫 침대로 침실처럼 편안함을 제공한다.
- Duck Down을 넣어 만든 가볍고 따뜻한 침구 세트
- 명품 브랜드 코스메틱과 다양한 편의용품으로 구성된 Traveler's Kit
- 부드러운 감촉의 편의복 서비스
- 화장실 내 고급 코스메틱 구비
- 최고 품질의 Noise Canceling 헤드폰
- 슬리퍼, 필기도구, 편지지 세트, 간단한 의약품 구비

출처 : 아시아나항공 홈페이지(flyasiana.com)

그림 1.2 아시아나항공 좌석 종류

이코노미

〈인체공학적 디자인의 좌석〉

- 슬림한 인체공학적 설계의 좌석을 도입해 보다 넓은 공간을 확보
- 좌석 간 간격 81cm, 좌석 너비 44~45cm의 넓은 공간, 118도까지 젖혀지는 등받이로 보다 편안한 여행
  - B737-900 : 좌석 간 간격 76~79cm
  - B737-800/900/900ER 좌석 기울기 : 113도

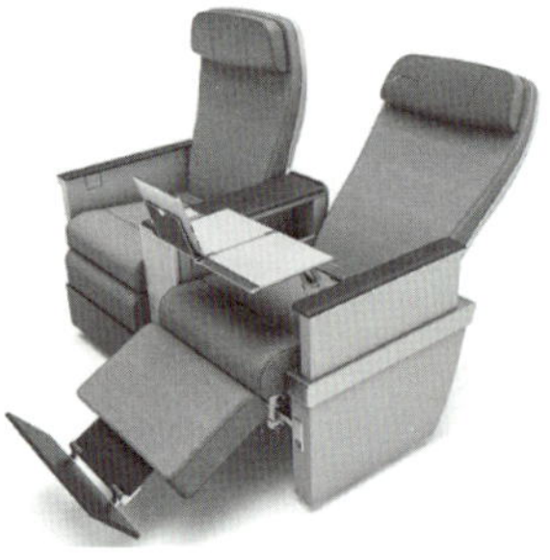

비즈니스

- AVOD(Audio & Video On Demand, 주문형 오디오/비디오) 시스템을 장착하여 소형 항공기에서도 다양한 콘텐츠를 즐길 수 있음
- 중 · 대형기 수준의 넓은 좌석 폭(53cm)과 좌석 쿠션에 부착된 다리 및 발받침대가 있어 편안하게 휴식을 취할 수 있음

퍼스트클래스

- 좌석 간 간격 188cm, 좌석 너비 51~53cm의 넓은 공간은 편안하고 자유로운 휴식 공간을 제공
  - B777, A330-200 : 좌석 간 간격 188cm, 좌석 너비 51cm
  - A330-300 : 좌석 간 간격 198~203cm, 좌석 너비 51cm
  - A380-800 : 좌석 간 간격 188cm, 좌석 너비 53cm

출처 : 대한항공 홈페이지(www.koreanair.com)

그림 1.3 대한항공의 좌석 종류

3. 여객의 분류

1) 여객Passengers

대가를 지불하고 항공기를 이용하는 승객을 의미하며, 항공사 직원 등 관계자에만 통용되는 할인운임을 적용받는 이 여객Passengers은 일반여객에 포함하지 않으며, 운임 및 항공기 이용 형태에 따라 유상, 무상, 환승, 통과여객으로 구분한다.

2) 유상여객Revenue Passengers

항공사가 상업적인 대가를 받고 운송하는 여객 중 무상여객을 제외한 여객을 뜻하며, 마일리지 이용 여객도 유상여객Revenue Passengers으로 본다.

3) 무상여객Non-Revenue Passengers

24개월 이하의 영아가 이에 해당하며, 간혹 24개월 이하의 영아가 좌석요금을 지불하는 경우가 있다. 이는 부모의 편의에 의해 이루어지며, 요금을 지불하기 때문에 유상고객으로 보아야 한다.

4) 환승여객Transfer Passengers

경유하는 공항에서 다른 편명의 운항편으로 여행을 계속하는 여객을 말한다.

대한항공 KE 탑승 ▶ 타이항공 TG 탑승

5) 통과여객Direct Transit Passengers

경유하는 공항에서 같은 편명의 운항편으로 여행을 계속하는 여객을 말한다.

대한항공 KE 탑승 ▶ 대한항공 KE 탑승

4. 항공기 운항 형태

1) 순항Cruising

항공기의 정해진 출발시간에 출발하여 아무 일 없이 순조롭게 목적지까지 정해진 시간 안에 도착하는 것을 말한다.

2) 비정상운항Irregular Operations

항공기가 기상 악화, 천재지변, 항공기 접속 및 정비, 항공 사정 등의 이유로 비행 계획대로 정상운항하지 못하고 지연, 결항, 회항 등이 발생하는 경우를 비정상운항이라고 한다. 지연Delay은 정기여객기 운항편 중 운항이 지체된 운항편이며, 결항Cancellation은 정기여객기 비행 계획편 중 항공사가 여러 가지 사정으로 인해 항공기 운항을 취소한 운항편이다. 항공운항의 지연 및 결항의 원인 중 가장 빈번하게 나타나는 현상은 기상 악화에 따른 것이며, A/C 접속(항공기 접속), A/C(항공기 정비) 정비, 여객처리 지연, 지상조업 지연, 활주로 상태, 항공 보안 등의 원인으로 인해 발생한다.

3) 회항Return/Divert

비행 중인 항공기가 기상이나 항공기 사정 등의 이유로 목적 공항 이외의 타 공항으로 운항하는 경우를 말한다.

(1) Return

출발 공항으로 돌아가는 것이며, 출발 공항에 최종 착륙하는 경우와 운항을 재개하여 목적 항공에 최종 착륙하는 경우로 구분할 수 있다.

(2) Divert

출발 공항 이외의 교체 공항으로 운항하는 것이며, 교체 공항에 최종 착륙을 하는 경우, 운항을 재개하여 출발 공항에 최종 착륙하는 경우, 운항을 재개하여 목적 공항에 최종 착륙하는 경우라고 할 수 있다.

5. 항공협정

1903년 미국의 라이트 형제가 노스캐롤라이나 주에서 인류 역사상 최초로 동력항공기에 의한 비행에 성공한 이후 두 차례의 제1차, 제2차 세계대전을 치르면서 항공기와 항공기술은 비약적으로 발전해 왔다. 세계 여러 나라의 항공기와 항공기술이 발전하다보니 공역에 대한 국제적인 법적 규제가 절실하다고 판단했다. 이에 따라 1919년 파리국제항공협약Convention for the Regulation of Aerial Navigation 및 1944년 국제민간항공협약Convention on International Civil Aviation, 이하 '시카고협약'이 채택되었으며, 이를 바탕으로 양자 간 항공협정이 체결되었다.

양자 간 항공협정은 국제항공서비스의 허용 범위와 조건을 규정함으로써 양국 간 항공서비스 수행을 위한 법적 기반을 제공했으며, 국제항공서비스 산업은 국가 간 여객 및 화물의 운송을 담당하는 산업으로서 인적 · 물적 교류 증진을 통한 양국 간 우호관계 증진에 매우 중요한 역할을 하고 있다.

양자 간 항공 협정은 그 유형에 따라 내용에 차이가 있기는 하지만, 대개 항공사 지정, 노선 설정, 운항 횟수, 항공운임 등에 관해 규정함으로써 양국 간 정기민간항공노선 개설 및 운영을 보장하여, 국가 간 교류의 요건을 조성하고 이를 통한 항공산업 발전의 기반을 마련한다.

05 국제항공기구

1. 국제항공운송협회

국제항공운송협회IATA : International Air Transport Association의 시초는 1919년 헤이그에서 설립된 국제항공수송협회International Air Traffic Association이다. 제2차 세계대전 이후 국제 민간항공 질서를 확립하기 위해 58개 회원사의 협의에 의해서 정관을 채택하고, 캐나다 의회의 특별법에 의해 법인 인가를 받아 1945년 4월 19일 쿠바 하나바Habana에서 IATA가 설립되었다. 본부는 캐나다 몬트리올과 스위스 제네바에 위치하고 있으며, 2019년 6월 기준 전 세계 53개국 54개의 사무소를 운영하고 있다. 또한 120개국의 287개 민간 항공사들이 가입되어 있다.

우리나라에서는 IATA Korea가 1990년 설립되었으며, 대한항공이 1989년 1월에 정회원으로 가입하고, 아시아나항공이 2002년 5월 정회원으로 가입하였다. 그리고 최근 저운임항공사LCC로는 티웨이항공, 이스타항공, 제주항공, 진에어가 정회원으로 가입하였다.

IATA 설립 전에는 항공기에 독극물, 가연성 물질, 부식성 물질을 싣고 항공운항이 불가능했다. 1995년 IATA는 위험물질 규정을 만들었고, 1965년에는 동물도 항공운송을 할 수 있는 규정을 만들었다. 또한 1979년에는 조직을 무역과 운임으로 나누어 무역 부문에서는 기술, 법률, 재정, 교통서비스, 기관업무 등을 다루고, 운임 부문에서는 여객운임, 화물운임, 위탁업무 등을 담당할 수 있도록 나누었다.

IATA 조직의 주요 의사결정은 연차총회, 집행위원회, 분야별 위원회 등의 회의체를 통해 이루어진다. 매년 1회 개최되는 연차총회는 회원사 경영진, 제작사 등이 참석해 결의안 채택이나 주요 의사결정 승인 등을 논의한다. 본 연차총회에서는 항공운송 발전과 제반 문제 연구, 안전하고 경제적인 항공운송, 회원 업체 사이의 우호 증진 등을 목적으로 하고 있으며, 국제민간항공기구ICAO와 협력을 통해 국제항공운임을 결정하고 항공기 양식 통일, 연대운임 청산, 일정한 서비스 제공 등의 활동을 한다. 이번 IATA의 연차총회는 제75차로 2019년 6월 2일 서울 강남구 코엑스 컨벤션센터에서 3일간 진행되었다.

항공사	정 부	소비자
• 단일항공사로서 해결할 수 없는 문제의 공동해결 모색, 사무국의 경험과 정보 제공	• 업무표준 & 적정운임 설정을 위한 토론의 장 제공 • 항공운송의 안전, 공공편익 증진에 기여	• 여행절차 간소화에 기여 & 편의 제공 등 서비스의 표준화 도모

그림 1.4 다양한 측면에서 바라본 IATA의 역할

2. 국제민간항공기구

미국이 1944년 항공수송의 문제를 논의하기 위해 연합국 및 중립국 55개국을 초청하여 회의를 개최하였다(국제민간항공조약 · 시카고조약). 이를 기초하여 국제민간항공의 평화적이고 건전한 발전을 도모하기 위해 1947년 4월 4일에 26개국이 협약을 비준함에 따라 정식으로 발족된 유엔국제연합 전문기구이다. 주요 업무는 항공기 · 비행장 · 공항과 항로시설 관리 등에 대한 세계적 기준 마련, 「국제민간항공법」의 통일 및 법제화, 국제민간항공의 운임 설정 및 부정기항공기 운항 조정 등을 들 수 있다. 본부는 캐나다 몬트리올에 있고 현재 189개국이 가입되어 있으며, 우리나라는 1953년 12월에 가입하였다.

국제민간항공기구ICAO : International Civil Aviation Organization의 설립 목적은 국제항공운송의 원칙과 기술을 발전시키고 국제항공운송의 계획과 발전을 도모하기 위해서이다.

- 안전하고 질서 있는 국제항공운송의 성장
- 항공기의 설계기술 및 정화적 목적의 운항기술의 발전
- 국제민간항공을 위한 항공, 공항, 운항시설 등의 발전
- 안전, 정확, 능률, 경제적인 항공운송에 대한 전 세계인의 요구 부응
- 불합리한 경쟁으로 인한 경제적 소모 방지
- 회원국 간의 권리 보호, 존중 및 국제항공을 운영할 수 있는 공정한 기회 확립
- 회원국 간의 차별 제거
- 국제항공운송의 안전 및 모든 부분의 발전 촉진

3. 동양항공사협회

1966년 필리핀의 수도 마닐라에서 대한항공을 포함한 아시아·태평양 지역 6개 항공사(KE, OZ, CX, JL, CA, SQ)의 대표들이 아시아 지역 내 항공사 간 협력을 목적으로 OARBOrient Airlines Research Bureau 설립을 결의하였고, 1970년 10월 16일 제9차 회의를 계기로 명칭을 동양항공사협회OAA : Orient Airline Association로 변경하였다. 그리고 동남아 및 대양주 지역의 항공사가 가입하여 이 지역의 항공운송상 모든 문제에 대한 협의 및 해결을 담당하고 있다.

OAA의 조직은 사장단, 집행위원회, 분과위원회, 비상설위원회로 나누어져 있으며, 사장단 회의는 매년 1회의 회의를 개최하며 OAA의 모든 권한을 행사하고 모든 문제의 안건을 인가한다. 즉 최고 의결기관이자 최고 감독기관을 말한다. 집행위원회는 사장단 회의를 보조하기 위한 자료 준비, 정책 및 의사결정을 용이하게 하기 위한

출처 : www.iata.org

출처 : www.icao.int

그림 1.5 IATA 및 ICAO 로고

조직이며, 분과위원회는 경영정보위원회, 영업위원회, 기술위원회로 구성되어 있다. 마지막으로 비상설위원회는 회원사의 수입 제고를 위한 IMPIntra-orient Marketing Program를 운영하고 있다.

06 항공사의 전략적 제휴

1. 전략적 제휴의 개념

전략적 제휴Strategic Alliance는 둘 이상의 기업이 경쟁력 제고를 목표로 경영 자원을 공유하거나 업무 협력을 일정기간 지속하는 협력 관계를 의미한다. 항공사의 전략적 제휴란, 개별 항공사가 자신들이 보유하고 있는 자산의 활용 능력을 극대화시키기 위한 정책으로써 자신들이 취항하는 운항 지역을 제휴를 통해 확대시킴으로써 제휴 항공사의 경쟁력을 향상시키는 것이다. 항공사 간의 상업적 제휴인 마케팅 제휴는 각각의 항공사가 자산을 독립적으로 운용하고 독립적인 경영활동으로 자신들의 기업 목표를 추구하면서 타 항공사와 마케팅 관련 제휴를 체결하는 것이다.

항공기의 공동운항 및 항공기 좌석 공동판매와 이윤 배분, 공동지상 조업과 코드 쉐어링 등이다. 또한 제휴항공사 간에 공동의 기업 목표를 설정하고 이를 달성하기 위해 자사 인력이나 운송 권한 등 인적·물적 자산을 통합하여 공동으로 운영하는 제휴 형태이다.

2. 항공사의 전략적 제휴 목적

항공사 간의 전략적 제휴 목적은 국제 운송시장에서 영향력을 행사하는 대형 항공사들이 기존의 영향력을 유지하기 위한 수단으로 활용되고 있다. 전략적 제휴의 구체적인 목적은 다음 다섯 가지로 정리해 볼 수 있다.

- 첫째, 타 항공사의 노선망을 이용한 운항 횟수 및 운항노선의 증대
- 둘째, 경쟁우위를 통해 타 항공사의 시장 진입을 견제
- 셋째, 기업 간의 제휴는 노선 확대와 타 항공사의 시장 진입을 견제함으로써 각 항공사의 수익 증대와 비용절감
- 넷째, 기존 고객 유지 및 고객 수용 창출
- 다섯째, 항공사의 브랜드 이미지 강화 및 마케팅 능력 강화

3. 전략적 제휴의 유형

1) 수평적 제휴

항공사 간의 제휴로써 스케줄링과 마케팅에 대해 공동으로 풀Full 계약을 체결하는 형태이다. 풀 계약이 과거에는 대부분 동일 노선을 운항하는 항공사 간에 이루어졌으나, 최근에는 상이한 노선까지도 포함하고 있다. 항공사 간 전략적 제휴의 가장 중요한 목적은 고객에게 다양한 운송서비스의 제공과 새로운 항공운송시장의 개척이다.

2) 수직적 제휴

수직적 제휴는 항공사 업무와 유관한 산업체, 즉 호텔, 렌터카, 여행사, 면세점 중 고객 친화기업과의 제휴를 말한다. 대부분의 항공사들은 세계 각국의 주요 호텔, 렌터카 업체와 제휴를 체결하고 있으며, 적립되는 마일리지의 사용 범위가 항공사의 무료항공권 제공 이외에 제휴호텔 숙박 할인 및 무료이용권으로 사용되고 있으며, 대한항공과 아시아나 등 우리나라 대형 항공사들도 외국 주요 호텔 체인 등과 제휴를 체결하고 있다.

3) 외부적 제휴

다른 유형의 산업체와의 제휴를 말하며, 항공사가 신용카드사, 은행, 보험사, 증권

사 등의 금융기관 및 통신사, 백화점, 정유사 등과 제휴를 맺는 것을 의미한다. 이들 제휴사의 상품을 구매하면 회원에게 마일리지가 제공되고, 적립된 마일리지를 제휴사 간에 사용할 수 있는 형태이다.

4. 전략적 제휴의 분야

항공사의 전략적 제휴의 큰 범주는 노선 제휴Route-By-Route Specified Alliance, 노선 제휴를 포함하면서 마케팅까지 협력의 대상으로 하는 포괄적 마케팅 제휴Broad Based Commercial Alliance 지분 투자를 포함하는 자본 제휴Equity Alliance가 있다.

노선 제휴 및 마케팅 제휴의 대표적인 유형은 다음과 같다.

1) 코드 공유Code Sharing

2개의 서로 다른 항공사 간에 동일한 운항번호를 공동 사용함으로써 연계 수송을 효율화시키는 방법이다. 항공사가 자사의 항공기를 직접 운영하지 않고도 좌석 수요가 많은 구간에 대해 이미 그 구간을 운항하고 있는 다른 항공사와 제휴를 맺은 후 그 항공사의 좌석 중 일부를 구입하고 자사의 항공편명을 사용하여 승객을 운송하는 것을 의미한다.

2) 좌석 할당Block Spacing

좌석할당(임대)협정은 운항항공사가 제휴항공사에게 자사 항공기 좌석의 일부를 임대해 주는 것을 의미한다. 2개의 항공사가 동일한 노선을 운항하는 경우, 항공기 이용객들은 양사의 노선 가치를 동일한 것으로 간주하여 서로 좌석을 교환하게 된다. 항공사 입장에서 보면 과잉 공급에 따른 항공사 간의 경쟁을 완화하여 운항의 효율화를 기할 수 있고 계약이 단기적이기 때문에 장기적으로 특정 노선에 매달려 있을 필요가 없는 운항의 유연성을 확보할 수 있다.

3) 공동운항Joint Operation

이는 양국의 항공 기업이 운항노선 중 특정의 공동 운항노선을 결정하고, 그 노선에 대해 계산상의 운항 원가를 결정함과 동시에 그 노선 운영으로 생긴 수입이 운항 원가를 상회할 경우 일정한 배분 방식에 의해 이윤을 항공기업 간 분배하는 것이다.

4) 수입금 풀 협정

운항노선, 운항 횟수, 투입 기자재, 비용을 항공사 간에 공유하는 내용을 포함한다. 수입금 풀 협정은 경쟁력이 약하거나 규모가 작은 제휴항공사가 시장에서 지배력이 강한 경쟁사로부터 적정 수입을 보장받는 방법이다.

제휴항공사 간의 경쟁력이 비슷할 경우, 항공기 회전율을 적정히 설정하여 탑승률을 높이는 방법이 된다. 이러한 제도가 없다면 항공사들은 항공 수요가 집중되는 시간대에 항공기를 배치하여 상대적으로 탑승률 저조 현상을 초래할 것이다. 아울러 수입금의 공유는 항공사 측면에서 비선호 시간대의 운항도 꺼리지 않게 하므로 해당 노선의 항공기 출발시간을 적절하게 배분하여 항공기 운항의 효율성을 기할 수 있다.

5. 전략적 제휴의 효과

1) 노선망 확장

공사는 제휴를 통해 상대 항공사가 기존에 확보하고 있는 운송 노선을 제휴를 통해 자사의 항공노선과 연계시킴으로써 기존 시장에서 더욱 강화되고 새로운 지역으로 노선망을 확대하고 운항 빈도를 증대시킴으로써 경쟁력을 더욱 증대한다.

2) 운항편 수 증가

제휴항공사들은 실질적으로 자사의 증편 없이 제휴사가 이미 취항하고 있는 항공노선의 운항 실적을 공유할 수 있고, 이로 인한 인지도 상승 효과를 누릴 수 있다.

3) 비용절감 효과

항공사가 홍보를 위해 공동판촉 활동 및 라운지 등의 공항시설을 공동으로 사용하면 관리 비용의 절감 효과를 달성할 수 있다. 비용의 절감을 통한 수익 개선, 수요 증대를 통한 수입 개선과 기자재 등 시설 공동활용으로 효율적인 경영 관리에 기여한다.

4) 선진 운영기법 습득

전략적 제휴를 통해 상대 항공사의 공항 운영기법, 항공기 정비, 마케팅 전략 및 체계화된 운송 능력을 공유 또는 전수받을 수 있는 이점이 있다.

6. 글로벌 제휴

항공사 간의 전략적 제휴 중 가장 대표적인 것이 항공동맹체Alliance이며, 제휴를 통해 소속된 개별 항공사들은 상호 간 코드쉐어를 통한 네트워크 확장 및 상용고객 프로그램 등 고객서비스 제도를 공유하고 공동개발하는 영업적 측면과 인사, 광고, 홍보, 운항, 객실 등 항공사 전 부문에 걸쳐 협력함으로써 경영 효율성을 증대시키고 있다.

표 1.5 주요 항공 동맹

항 목	내 용
여객 부분	TUI 항공 매니지먼트, 원월드, 스카이팀, 스타얼라이언스, 바닐라 얼라이언스, 밸류 얼라이언스, U-플라이 얼라이언스, 에티하드 항공파트너
화물 부분	DHL 항공, 스카이팀 카고, 와우 얼라이언스

출처 : ko.wikipedia.org

1) 주요 항공동맹체

(1) 스타얼라이언스

1997년 5개 항공사가 최초의 글로벌 항공동맹체인 스타얼라이언스를 설립했다. 2019년 현재 스타얼라이언스의 회원 항공사는 28개에 달하며, 각 항공사마다 고유한 문화와 서비스 스타일을 지니고 있다. 본사는 독일 프랑크푸르트공항에 위치하고 있으며, 약 20개국 이상의 국가 출신인 60여 명의 직원이 근무하고 있다. 스타얼리이언스의 임무는 "공통의 프로세스를 사용한 서비스 및 얼라이언스 포트폴리오 관리에 대한 리더십 실행"이다.

출처 : www.staralliance.com

그림 1.6 스타얼라이언스 항공동맹사

(2) 스카이팀

2000년도에 설립한 스카이팀은 19개 회원 항공으로 이루어져 있으며, 스카이팀 네트워크는 175개국 1,150개 취항지에 일일 14,500회에 이르는 항공편을 운항한다. 또한 연간 총 승객 수는 6억3천만 명 이상이며, 라운지의 수만도 750개에 이른다.

출처 : www.skyteam.com

그림 1.7 스카이팀 항공동맹사

(3) 원월드

1999년 아메리칸항공, 영국항공, 캐세이퍼시픽, 콴타스항공 등 4개의 항공사가 항공 동맹으로 결성하여 세계 두 번째로 만들어졌으며, 총 13개국으로 이루어졌다. 총 150개국의 1,000여 개의 공항에 취항하고 있다.

출처 : www.oneworld.com

그림 1.8 원월드 항공동맹사

2) 마일리지 프로그램

항공사 마일리지 프로그램은 1978년 미국의 「항공규제완화법Airline Deregulation Act」의 시행 이후 심한 경쟁체제 상황에서 항공사들의 비가격 출구 전략의 하나로 시행되었다. 항공사 중에는 1980년 웨스턴에어라인Western Airline이 최초로 마일리지 프로그램을 시행했으며, 항공 탑승객에게 할인쿠폰을 발행하여 다음 이용 시 할인하는 방법으로 탑승객의 큰 호응을 얻었다. 이후 1981년 아메리칸항공American Airlines은 컴퓨터 예약 시스템을 기반으로 한 'AAdvantage'라는 마일리지 프로그램을 선보였으며, 이에 유나이티드항공United Airlines, 트랜스월드항공Trans World Airlines, 델타항공Delta Airlines, 노스웨스트항공Northwest Airways 등 미주 전역으로 급속히 확장되었고, 유럽과 아시아로 빠르게 확산되었다.

우리나라는 1983년 대한항공이 마일리지 시스템을 개발하여 1984년 4월 KAL VIP 클럽 회원 6,000명을 시작으로 'FTBSFrequent Traveler Bonus System'라는 명칭으로 아시아에서 최초로 마일리지 제도를 시행하였고 1995년 '스카이패스Skypass'로 개정하였다. 회원의 규모는 1989년 16만 명의 회원에서 2013년 11월 약 2,000만 명으로 성장하였다. 아시아나항공은 1989년 '아시아나 보너스클럽Asiana Bonus Club'을 도입하였다가 현재는 '아시아나클럽Asiana Club'이라는 명칭으로 운영하고 있으며, 대한항공보다 4년 늦은 2017년 약 2,000만 명의 회원이 가입하였다.

그리고 2000년대에는 항공 동맹 결성이 활발해졌으며, 항공 분야를 넘어 호텔, 렌터카, 카드회사, 은행, 백화점, 쇼핑몰, 통신회사와 같은 다양한 분야에서 '제휴 마일리지 프로그램'이 활성화되었다. 또한 신용카드사와의 제휴를 통해 한국은 카드 사용 금액 1,000원~1,500원 사용 시 1마일 제공, 미국은 USD 1$ 사용 시 1마일을 제공하고 있다.

3) 마일리지 제휴의 특성 및 종류

항공 상품의 특성상 자사 항공편만으로 충분한 서비스를 제공하기 어렵기 때문에 항공사 간의 연결수송이 이루어지고 있다. 이에 항공사 간 전략적 제휴를 맺고 있으며 이를 얼라이언스Alliance라고 한다. 대표적인 항공 동맹은 스카이팀, 스타얼라이언스, 원월드 등이 있다. 얼라이언스를 맺은 파트너 간에는 마일리지를 공유하는 것이 기본이며, 고객의 입장에서는 본인이 가입한 항공사 FFPFrequent Fliers Program 계좌에 타 항공사 이용 실적도 적립할 수 있고, 본인의 마일리지로 타 항공사의 무료항공권, 좌석 승급Upgrade 등의 서비스를 받을 수 있다.

요즘은 같은 얼라이언스에 속하지 않고도 고객 확보를 위해 마일리지 제휴를 맺고 있다. 예를 들면, 대한항공의 경우 같은 스카이팀 파트너社인 델타항공, 에어프랑스, 알이탈리아, 중국남방항공, 중국동방항공 외에도 타 얼라이언스 가입 항공사 또는 얼라이언스 미 가입사인 에미레이트항공, 가루다항공, 하와이안항공과도 마일리지 제휴를 맺고 있다.

4) 국내 취항 항공사

항공사명	국적	대표연락처	공항연락처	IATA	ICAO	터미널	출발현황	도착현황
FedEx FedEX항공	미국	080-023-8000	032-744-6114, 6230	FX	FDX	T1		
S7 Airlines S7항공	러시아	080-729-0882	NIL	S7	SBI	T1		
AEROFLOT ㈜ 아에로플로트 러시아항공	러시아	080-822-0244	032-744-8672	SU	AFL	T2		
Garuda Indonesia 가루다인도네시아	인도네시아	02-773-2092	032-744-1990	GA	GIA	T2		
KOREAN AIR 대한항공	한국	1588-2001	1588-2001	KE	KAL	T2		
DELTA 델타항공	미국	0079-8651-7538	032-744-7072	DL	DAL	T2		
Lao Airlines 라오항공	라오스	02-6262-0808	032-743-3585	QV	LAO	T1		
ROYAL BRUNEI AIRLINES 로얄브루나이항공	브루나이	02-777-7556	032-743-6935	BI	RBA	T1		
Lufthansa 루프트한자 독일항공	독일	02-6022-4228	070-8686-2560	LH	DLH	T1		
malaysia airlines 말레이시아 에어라인스	말레이시아	02-3483-4849	032-743-0883	MH	MAS	T1		
MIAT 몽골항공	몽골	02-756-9761	02-756-9761	OM	MGL	T1		
SOUTHERN AIR 미국남부화물항공	미국	032-742-9257	032-742-9257	9S	SOO	T1		

항공사명	국적	대표연락처	공항연락처	IATA	ICAO	터미널	출발현황	도착현황
베트남항공	베트남	1577-9908	1577-9908	VN	HVN	T1		
비엣젯항공	베트남	032-743-0370	032-743-0370	VJ	VJC	T1		
사천항공	중국	+86-28-8888-8888	032-743-5211	3U	CSC	T1		
산동항공	중국	032-743-8202	032-743-8202	SC	CDG	T1		
상하이항공	중국	1661-2600	032-744-3780	FM	CSH	T1		
샤먼항공	중국	02-3455-1666	02-3455-1666	MF	CXA	T2		
세부퍼시픽항공	필리핀	02-6105-2037	02-6105-2037	5J	CEB	T1		
스카이 앙코르 항공	캄보디아	02-752-2633	02-752-2633	ZA	SWM	T1		
스쿠트타이거항공	싱가포르	023-483-5423	032-743-2537	TR	TGW	T1		
실크웨이웨스트항공	아제르바이잔	02-779-8864	02-779-8864	7L	AZQ	T1		
심천항공	중국	0086-755-8881-4023	032-744-3258	ZH	CSZ	T1		
싱가포르항공	싱가포르	032-744-6500	032-744-6500	SQ	SIA	T1		
아메리칸항공	미국	02-3483-3909	032-743-7260	AA	AAL	T1		
아시아나항공	한국	1588-8000	032-744-2135	OZ	AAR	T1		

항공사명	국적	대표연락처	공항연락처	IATA	ICAO	터미널	출발현황	도착현황
아에로멕시코	멕시코	02-754-6336	032-743-6620	AM	AMX	T2		
아틀라스항공	미국	02-752-6310	032-743-5220,3	5Y	GTI	T1		
알리탈리아	이탈리아	02-2222-7890	02-2222-7890	AZ	AZA	T2		
에미레이트항공	아랍에미리트	02-2022-8400	032-743-8100	EK	UAE	T1		
에바항공	대만	032-744-3512	032-744-3512	BR	EVA	T1		
에어 아스타나	카자흐스탄	02-3788-9170	032-743-2620	KC	KZR	T1		
에어 재팬 주식회사	일본	02-2661-6337	02-2661-6337	NQ	AJX	T1		
에어 프랑스	프랑스	02-3483-1033	032-744-4900	AF	AFR	T2		
에어로로직	독일	032-744-0884	032-744-0884	3S	3SX	T1		
에어마카우	중국	02-779-8899	032-743-8999	NX	AMU	T1		
에어브릿지 화물항공	러시아	02-712-5803	032-744-1419	RU	ABW	T1		
에어서울	한국	1800-8100	032-744-6532	RS	ASV	T1		
에어아시아엑스	말레이시아	050-4092-00525	032-743-4333	D7	XAX	T1		
에어인디아 리미티드	인도	02-752-6310	032-743-0321	AI	AIC	T1		

항공사명	국적	대표연락처	공항연락처	IATA	ICAO	터미널	출발현황	도착현황
에어인천	한국	032-719-7890	032-719-7890	KJ	AIH	T1		
에어홍콩	중국	032-744-6766	032-744-6766	LD	AHK	T1		
에티오피아항공	에티오피아	02-733-0325	032-743-5704	ET	ETH	T1		
에티하드 항공	아랍에미레트	02-3483-4888	02-3483-4888	EY	ETD	T1		
영국항공	영국	02-3483-3337	02-3483-3337	BA	BAW	T1		
오로라항공	러시아	032-741-6035	032-741-6035	HZ	SHU	T1		
우즈베키스탄항공	우즈베키스탄	02-754-1041	02-754-1041	HY	UZB	T1		
유나이티드항공	미국	02-751-0300	032-744-6666	UA	UAL	T1		
유니항공	대만	032-744-3512	032-744-3512	B7	UIA	T1		
유피에스항공	미국	1588-6886	032-744-3000, 3041	5X	UPS	T1		
이스타항공	한국	1544-0080	070-8660-8174	ZE	ESR	T1		
제주항공	한국	1599-1500	070-7420-1701	7C	JJA	T1		
중국국제항공	중국	001-80086-100-999	032-744-3258	CA	CCA	T1		
중국남방항공	중국	1899-5539	032-743-3455	CZ	CSN	T1		

항공사명	국적	대표연락처	공항연락처	IATA	ICAO	터미널	출발현황	도착현황
중국동방항공	중국	1661-2600	032-744-3780	MU	CES	T1		
중국우정항공	중국	032-744-4785	032-744-4785	CF	CYZ	T1		
중국화물항공	중국	02-518-0330	032-744-3793	CK	CKK	T1		
중화항공	대만	032-743-1513	032-743-1513	CI	CAL	T2		
진에어	한국	1600-6200	032-743-1504	LJ	JNA	T1		
천진항공	중국	+86-10-95350	02-772-5440	GS	GCR	T1		
청도항공	중국	02-2039-0737	02-2039-0737	QW	QDA	T1		
체코항공	체코	1544-9474	1544-9474	OK	CSA	T2		
춘추항공	중국	032-743-6990	032-743-6990	9C	CQH	T1		
카고룩스항공	룩셈부르크	02-2663-8200	032-744-3711	CV	CLX	T1		
카타르항공	카타르	032-744-3370	032-744-3370	QR	QTR	T1		
칼리타항공	미국	02-775-2333~4	032-744-0888	K4	CKS	T1		
캐나다항공	캐나다	02-3788-0100	032-744-0898~9	AC	ACA	T1		
캐세이패시픽항공	중국	032-744-6777	032-744-6777	CX	CPA	T1		

항공사명	국적	대표연락처	공항연락처	IATA	ICAO	터미널	출발현황	도착현황
케이엘엠네덜란드항공	네덜란드	02-3483-1033	032-744-4900	KL	KLM	T2		
타이에어아시아엑스	태국	050-4092-00525	032-743-4333	XJ	TAX	T1		
타이항공	태국	02-3707-0114	032-744-3571	TG	THA	T1		
터키항공	터키	02-6022-4270	032-744-3737	TK	THY	T1		
티웨이항공	한국	1688-8686	1688-8686	TW	TWB	T1		
팔익스프레스 항공	필리핀	1544-1717	032-744-3720~2	2P	GAP	T1		
팬퍼시픽항공	필리핀	1588-1308	032-743-8700	8Y	AAP	T1		
폴라에어카고	미국	02-3211-3185	032-744-4215	PO	PAC	T1		
폴란드항공	폴란드	02-3788-0270	032-743-9798	LO	LOT	T1		
피치항공	일본	02-2023-6764	032-743-5699	MM	APJ	T1		
핀에어	핀란드	02-730-0067	02-730-0067	AY	FIN	T1		
필리핀에어아시아	필리핀	050-4092-00525	032-743-5015	Z2	APG	T1		
필리핀항공	필리핀	1544-1717	032-744-3720	PR	PAL	T1		
하와이안 항공	미국	02-775-5552	032-743-7482	HA	HAL	T1		
홍콩익스프레스	중국	007-988-523-8014	007-988-523-8014	UO	HKE	T1		
홍콩항공	중국	032-743-1012	032-743-1012	HX	CRK	T1		

출처 : 인천국제공항(www.airport.kr)

그림 1.9 국내 취항 항공사

07 항공종사자

1. 항공종사자의 정의 및 구분

항공종사자란, 항공기의 운항과 관련된 업무를 수행할 수 있는 자격을 갖춘 사람을 말하며, 국제민간항공기구ICAO의 시카고협약에서 국제항공운송에 종사하는 모든 항공기의 조종사 및 기타 승무원은 항공기가 등록되어 있는 국가가 발급한 유효한 자격증명이나 면허를 소지해야 한다고 규정하였다.

우리나라는 국토교통부장관으로부터 항공조종사 면허증을 발급받으며 운송용 조종사, 사업용 조종사, 자가용 조종사, 항공기관사, 항공교통관제사, 항공정비사, 항공공장정비사, 운항관리사로 구분한다. 항공기 한 대를 띄우는 데는 평균 156명의 직원들이 필요하며, 그들은 운항승무원, 공항지상요원, 화물, 마케팅 등의 부서에서 근무한다.

2. 여객 운항승무원Cockpit and Cabin Crew

1) 조종실 승무원Cockpit Crew

운항승무원은 항공기 운항을 직접 담당하는 항공종사자로 기장, 부기장, 항공기관사로 구성되며, 항공 기종에 따라 기장 1명만 탑승하는 경우와 부기장과 함께 탑승하는 경우가 있다. 운항승무원은 조종사의 비행 경력, 신체 조건을 엄격히 하고 있으며 12개월마다 추가적으로 신체검사를 받아야 한다. 또한 근무시간, 휴식시간 등에 대한 제한은 기본적으로 항공기의 착륙 횟수와 비행시간에 따라 결정되며, 근무시간과 승무시간, 비행근무시간을 구분한다.

2) 객실승무원

객실승무원은 특별한 자격을 취득하도록 규정되어 있지는 않지만, 항공기 기내에 탑승한 승객을 안전하고 쾌적하게 여행할 수 있도록 각종 서비스 및 제반 업무를 수행하며 운항 시 안전운항을 위해 운항승무원 및 지상의 관련 부서와 긴밀한 협조체계를 유지하고, 직급체계는 객실사무장, 객실승무원, 수습승무원 등으로 구성된다.

객실승무원은 승객과 가장 많은 시간을 대면하기 때문에 항공사를 대표하는 서비스 제공자이며, 필요한 능력으로는 대인접촉능력, 교양과 인격, 업무 지시, 예의범절 등에 대한 사회적 · 인성적 능력이 필요하다. 또한 투철한 직업의식과 소명의식, 위기대처능력, 냉철한 판단력이 필요한 전문직업인이다.

3. 항공사 지상서비스

1) 공항서비스 직원Airport Service Staff

(1) 탑승수속Check-in Counter

공항 체크 - 인 카운터는 항공 여행객들이 비행기 탑승을 위해 구입한 항공권을 탑승수속 카운터 직원에게 전달하고 탑승권Boarding Pass을 받는 장소이다.

- 항공권 확인 후 탑승권 발행
- 승객의 여권 확인
- 여행 목적지 국가의 비자 확인
- 승객의 수하물 체크
- 장애인, 거동불편 승객, 어린이, 노약자 등 특별서비스 승객 지원 등

(2) 라운지Lounge

항공사는 1, 2등석 승객을 위해 공항에 편의서비스 시설이 완비된 라운지를 운영한다.

- 라운지 내의 편의서비스 시설의 관리

- 음료, 스낵 등의 준비
- 출발시간 확인 후 승객에게 탑승 안내
- 비즈니스 승객의 용무 지원 등

(3) 탑승게이트Gate

탑승게이트는 직원들이 승객의 탑승권 확인 절차를 거쳐 원활한 기내 탑승을 위한 서비스를 제공하는 장소이다.

- 탑승 및 지연 안내방송
- 특별서비스 승객들을 위한 탑승서비스 제공
- 탑승권 확인
- 항공기의 정시 출발 관련 관계기관 및 객실승무원과의 업무 협조
- 탑승 시 좌석 재배정 등

(4) 수하물 담당Lost and Found

수하물 부서는 승객 수하물의 연착, 분실, 도난, 파손 등의 문제 발생 시 승객의 입장에서 적절하고 신속한 서비스를 제공하는 부서이다.

- 수하물의 연착 시 필요한 서비스 제공
- 수하물의 파손 및 분실 시 필요한 서비스 제공
- 입국장에서 필요한 통역서비스 제공
- 세관 직원들과 승객들의 원활한 입국을 위한 업무 협조 등

(5) 항공정비사Maintenance

항공정비는 항공기운항에 필수적인 업무로서 항공기의 안전운항을 위한 정비 업무를 담당하는 직업을 항공정비사라고 한다. 항공정비사는 「항공법」에 의해 국토교통부장관이 행하는 항공정비사 자격시험에 합격한 자를 말한다. 정비 부서는 항공기

의 기본적인 기계 정비는 물론 기내의 모든 편의시설물 등의 점검 및 보수를 담당한다.

- 항공기 엔진 점검 및 보수
- 항공기 내의 편의시설물 점검 및 보수
- 항공운항에 필요한 모든 기계 점검 및 보수
- 안전운항을 위한 조종사들과 긴밀한 협조 등

(6) 항공화물Cargo

항공화물을 담당하는 카고 직원은 화물을 보다 빠르고 안전하게 수송하기 위한 제반 서비스를 제공하는 부서이다.

- 일반 항공화물서비스 제공
- 특수 화물(위험물, 동물, 부패성 화물 등)서비스 제공
- 화물 운송문제 발생 시 부대서비스 제공 등

(7) 기타

앞서 언급한 부서 이외에도 공항에는 많은 업무 부서가 있다. 항공기 기내식을 제공하는 케이터링Catering서비스, 항공기 객실 내를 정리/정돈하는 그루밍Grooming서비스 등 승객들이 직접 접할 기회가 많지 않은 부서에서 많은 항공사 직원들이 안전하고 원활한 항공운송서비스를 위해 근무하고 있다.

2) 영업 부서

(1) 예약직원Reservation

- 항공여정 예약
- 목적지의 기후, 시간, 시차, 비행시간 등의 항공여행 정보의 제공
- 특별승객에 대한 서비스 예약(OSI, SSR, PRS, FF 등)

(2) 발권직원Ticketing

- 항공권의 발행
- 항공 여정에 대한 운임 산출
- 환불, PTA 등의 서비스

(3) 영업 및 마케팅Sales and Marketing

- 항공 상품(좌석)의 판매
- 대리점(여행사) 관리
- 경쟁항공사의 영업전략 조사 및 대응 등

(4) 인사Human Resources

- 직원 채용
- 직원들의 업무능력 평가
- 회사의 대·소 행사 준비 및 진행 등

(5) 관리Ticket Administration

- 공항 및 시내 카운터에서 발권되는 자사 항공권 관리
- 여행사에서 발권되는 티켓 관리 및 항공 커미션 관리
- BSP 티켓 관리
- IATA 관련 업무 처리

08 항공운임

1. 운임 및 할인제도

항공요금에는 인천공항세, 출국세, 관광진흥기금, 전쟁보험료, 현지공항세가 모두

포함되어 발권이 이루어진다. 또한 2005년 7월 1일부터 모든 항공사가 유류할증료를 부과하여 항공사별 · 목적지별 다양한 할증료가 항공권 발권시점 환율을 기준으로 적용되어 부과되므로 사전에 확인해야 한다.

1) 성인 운임ADT : Adult Fare

성인 요금으로 만 12세 이상(탑승일 기준)에게 적용되는 요금으로, 일반 표준항공요금이 100% 적용되는 요금을 말한다.

2) 소아 운임CHD : Child Fare

어린이 대상 요금으로, 만 2세에서 만 12세 미만에게 적용되는 요금으로 일반 성인요금의 75% 정도가 적용된다. 성인과 동일한 무료수하물이 허용된다.

3) 유아 운임INF : Infant Fare

최초 항공기 탑승일에 생년월일 기준 만 14일 이상~만 24개월 미만의 유아에게 적용되며, 성인 요금의 10% 정도가 적용되고 항공좌석No-seat은 별도로 제공되지 않는다. 성인 1명당 1명의 유아 운임이 적용된다.

4) 학생 운임STU : Student Fare

최초 항공기 탑승일 기준 만 12세 이상~만 26세 미만의 성인에게 적용된다. 목적지 국가의 정규 교육기관에 6개월 이상 등록되어 있는 학생 신분이어야 하며, 재학증명서, 학생증, 합격증 등의 증빙서류가 필요하다.

5) 대리점 직원 할인 운임AD : Agent Discount

여행사 직원 할인 요금으로 정상 요금의 75% 정도의 할인율이 적용된다. 모든 여행사 직원이 다 이용할 수는 없으며, 대형 여행사의 임원급이 주 대상이 된다.

6) FOC Free of Charge

단체여행을 인솔하는 국외여행인솔자TC에게 제공되는 티켓으로, 일반적으로 15+1 (15명 유료, 1명 무료)을 제공한다. 그러나 TAX와 유류할증료는 별도로 지불해야 한다.

2. 항공 결제방식

1) BSP Billing and Settlement Plan

BSP는 IATA에서 시행하는 항공여객판매대금 집중결제 및 판매보고 절차 표준화로서 항공사와 대리점 간의 거래에서 발생하는 국제선 항공 여객운임을 다자간 개별적으로 직접 결제하는 방식이다. 대신 BSP에서 발행한 통합 인보이스Invoice에 의거 정산은행을 통해 일괄 정산하여 비용절감은 물론 업무의 표준화와 효율화를 주는 IATA의 표준항공여객운임 정산제도이다. 또한 BSP를 하기 위해서는 담보금을 설정해야 하며, 담보에 따라 발행할 수 있는 금액 한도가 달라지고 최소 담보금은 2억이다.

항공사 ▶ BSP 여행사 ▶ 소비자

(1) ATR Air Ticket Request

여객대리점 중에서 담보 능력이 부족하여 항공권을 자체적으로 보유하지 못하고 항공권 구매의사가 있는 고객으로부터 요청을 받은 항공권을 해당 항공사의 발권 카운터에서 구입하는 대리점의 티켓팅Ticketing 방식을 말한다. 요즘은 인터넷으로 항공권 구매를 많이 하기 때문에 ATR의 의미가 없어지는 추세이다.

항공사 ▶ BSP 여행사 ▶ ATR 여행사 ▶ 소비자

(2) GTRGovernment Transportation Request : 정부운송 의뢰

우리나라에서 1980년대 공무원이 출장을 갈 때 자국의 항공산업을 발전시키기 위해 국적기를 이용하도록 하면서 도입된 공무원 전용 티켓이다. 일반 항공권의 경우 발권 시기에 따라 요금 차이가 많이 나고 취소나 일정 변경 시 수수료가 발생하지만, GTR은 일반 항공권에 비해 비싼 대신 환불, 일정 변경이 자유롭고 마일리지 100% 적립, 좌석승급 혜택도 누릴 수 있다.

GTR 도입 당시에는 항공권 예매, 일정 변경, 환불 등이 어려워 효용 가치가 있었으나, 제도가 도입된 지 30여 년이 지난 지금은 일정 변경과 환불이 수월하고 수수료도 싸져 일반 항공권보다 최대 4배가량 비싼 GTR이 비효율적이라는 비판이 있다.

(3) TASFTravel Agent Service Fee

2010년 국제항공운송협회IATA와 한국여행업협회KATA의 추진으로 도입된 여행업무 취급 수수료TASF이다. TASF는 2010년 항공권 발권수수료가 폐지되면서 여행사들이 새로운 수익 창구로 시행되고 있는 제도적 장치이며 현재 시점에서 안정화되어 있다.

(4) OTAOnline Travel Agency

회사 가치가 30조 원이 넘어간다는 에어비앤비를 비롯하여 익스피디아, 프라이스라인, 트립어드바이저, 씨트립 등을 흔히 5대 OTA라고 한다. 외국계 OTA의 수수료는 16~17% 정도인 것으로 알려져 있으나 20%가 넘는 곳도 있다.

5대 OTA 외에도 흔히 알고 있는 아고다, 부킹닷컴, 호텔스닷컴 등도 호텔 상품을 많이 팔고 있는 OTA 기업들이다. 이러한 OTA 기업들은 스마트폰의 발달과 함께 엄청난 성장을 하고 있다. 성장을 하면 할수록 부작용도 만만치 않은 실정이다. 수수료율을 최초 계약과는 다르게 계속해서 올리는 것이 가장 큰 부작용으로 꼽는 호텔들이 많다. 최초에 6~7%로 계약하지만, 점차 올라가 10% 넘게 올린다는 것이다.

이는 관광업계뿐만 아니라 우리나라 인터넷 은행들인 케이뱅크나 카카오뱅크도 처음에는 이자가 싸 메기효과를 나타냈지만, 이제 시중은행과 다름없는 이자를 받고 있는 것과 비슷한 양상이다. 자신들의 좋은 플랫폼을 쓰도록 하여 회원을 다량으로 확보한 후 비용을 점차 늘려나가는 전형적인 방식이다. 마땅히 준비가 안 된 회사들은 울며 겨자 먹기로 높은 수수료나 이자를 줄 수밖에 없다.

(5) Easy PAY

최근에 IATA에서는 새로운 정산 방식을 추진하고 있다. 바로 IATA EASY PAYIEP라는 방식으로, 가상계좌를 활용하여 BSP와 ATR을 가상계좌라는 시스템으로 섞어놓은 방식이다. ATR 방식과 같이 지정된 가상계좌에 현금을 입금하면 발권할 수 있도록 고안된 방식으로 현재 국적사만 가입되어 있다.

물론 항공사는 현금을 빨리 받아서 좋고 여행사는 담보에 따른 스톡Stock 걱정을 덜어서 좋기는 하지만, 예전처럼 현금유동성이 떨어지는 경영상의 문제점은 있다.

Tourism and Airlines Practice

CHAPTER 02
공항과 여객운송

01 공 항

1. 공항과 공항청사

1) 공항의 정의

공항 및 비행장의 관리 및 운영을 법적으로 알아보면, 국토교통부장관에 의해 공항시설을 유지 · 관리 · 사용료를 징수할 수 있는 권리를 설정할 수 있으며, 저당권이 설정된 공항시설 관리권은 저당권자의 동의가 없으면 처분할 수가 없다. 또한 공항의 시설을 관리 · 운영하는 자는 관리대장을 갖추어 두어야 하며, 국토교통부령으로 정하는 기준에 따라 관리해야 한다.

그리고 공항시설의 유지 · 보수, 항공기에 대한 급유, 항공화물과 수하물의 하역 등 항공업무 수행자는 안전사고의 예방과 차량 및 장비의 안전운행을 위해 공항시설 보호구역에서 차량을 운전하거나 장비 등을 사용하려는 경우, 공항 운영자의 사전 승인을 받아야 한다. 국토교통부장관은 항공교통 업무가 효율적으로 수행되고 항공안전에 필요한 정보 · 자료가 항공 통신망을 통해 편리하고 신속하게 제공 · 교환 · 관리될 수 있도록 업무를 수행해야 한다.

공항은 정부가 건설 · 운영 · 관리하지만 항공사 경영에 억제와 기회를 동시에 제공하는 중요한 인프라의 하나이다. 그리고 공항은 운송시스템의 능률 문제와 관련되므로 공항운영 당국과 항공사의 주요 관심사가 된다. 공항의 중요성은 여행객들에게 접근성을 용이하게 해주는 입지 문제, 항공기 이 · 착륙을 잘 보장해 줄 제반 설비, 여객들의 출입국 처리 능력이 확보되어야 한다는 점에서 강조된다.

공항의 사전적 의미를 보면 "항공 수송을 위해 사용하는 공용비행장, 주로 민간 항공기와 같은 성기 항공기의 이 · 착륙에 사용하며 일반 여객과 화물의 수송을 주 목적으로 하는 활주로, 유도로, 관제탑, 격납고, 급유 및 정비시설, 여객 · 수하물 · 화물을 처리하는 시설 따위를 갖추고 있는 장소"를 뜻한다. 그러나 공항은 단순히 항공운송기의 이 · 착륙 장소만 제공해 주고 관리하는 단순한 장소로서의 의미만 가지고 있는 것은 아니다. 또한 국제공항은 위의 기능 외에도 출입국관리의 3대 업무인 세관·출입국관리·검역CIQ : Customs, Immigrations, Quarantines을 위한 시설과 기능이 추가되어야 하며, 더 나아가 공항은 한 국가의 관문으로 외국인 관광객들에게 방문국에 대한 첫인상을 결정짓는 중요한 가교 역할을 한다. 이에 편리하고 청결한 부대시설은 물론 친절하고 품격 있는 인적서비스가 동반되어야 한다.

2) 공항청사Airport Terminal와 여객청사

항공교통과 지상교통의 연결점으로 출입국 승객의 편의를 위해 항공사, 공항공단, 정부기관 등이 복합적으로 구성 운영된다.

여객청사는 공항의 핵심 시설이며 승객과 항공기를 중심으로 여러 가지 기능이 복합적으로 작용하는 지역이다. 국제선 여객청사의 경우, 출발 승객은 청사 내에서 평균 1시간 이상을 머무르고, 도착 승객은 평균 30분 이상을 청사 내에 머물게 된다.

여객청사의 대표적인 기능과 역할은 여객서비스 기능, 수하물처리 기능, 출입국관리 기능 등으로 분류할 수 있다.

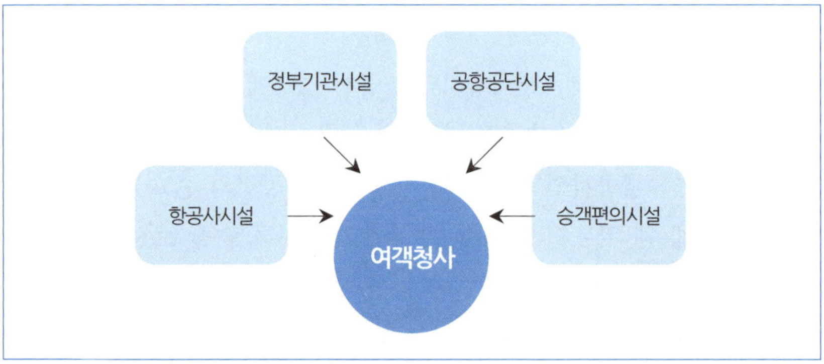

그림 2.1 공항청사의 구성요소

2. 공항의 역사 및 현황

1) 국내공항의 역사

1916년 서울 여의도 비행장이 우리나라 최초의 비행장이며, 김포공항은 1939년 일본군의 전투 및 군사물자 수송을 위해 활주로를 건설하면서 만들어졌다. 이에 1932년부터 경성, 함흥, 청진 등 신항로를 건설했으며, 일본군이 철수할 때까지 약 40여 개의 군 겸용 비행장이 들어섰다. 이후 1949년 한국과 미국 간 김포비행장 운영협정을 체결하여 항공종사자 양성과 시설 확충이 본격화 되었으며, 1957년 9월부터 김포비행장이 국제공항이 되었다. 그 다음해인 1958년 여의도공항의 기능을 김포공항으로 이전하고 1971년 폐쇄하였다. 한강의 잦은 범람으로 공항이 제 역할을 충분히 발휘하지 못하여 이전한 것이다.

그 후 김해국제공항을 시작으로 지방에도 비행장이 설치되었다. 김해국제공항은 1940년 일본 육군비행장으로 만들어졌으며, 부산 수영비행장에서 출발했다. 1950년 임시국제공항으로 운영하다가 전쟁이 끝난 후 여의도공항이 임시국제공항으로 지정되면서 수영임시국제공항은 폐지되었다. 이후 1958년 부산비행장으로 명칭이 바뀌었다가 1963년 국제공항으로 승격되었다.

제주국제공항은 1942년 육군 비행장으로 시작하였다. 1958년 여객청사와 활주로 보수공사가 완료되면서 제주는 우리나라 제일의 관광지로 각광을 받기 시작하여 지금은 국제공항으로서 그 역할을 훌륭히 수행하고 있다. 광주비행장은 1946년 미군이 한국 민간인을 수송하면서 개설되었으며, 강릉비행장은 전란으로 소실된 시설의 보수가 마무리된 1958년 정식으로 비행장이 되었다.

인천국제공항은 2001년 3월 29일 개항한 우리나라 최대의 국제공항이며, 2018년 1월 18일 제2여객터미널 또한 운영을 시작하였다.

2) 국내공항 현황

우리나라 공항을 크게 나누면 세 가지로 나눌 수 있다. 첫째, 국내선만 취항하는 공항 둘째, 국내선 및 외항사가 함께 취항하는 공항 셋째, 민간항공과 군용기가 공동으로 사용하는 공항이다. 이를 관리하는 가장 큰 기관이 두 곳 있는데, 그 중 하나는 한국공항공사이며, 나머지 한곳은 인천국제공항공사이다.

표 2.1 2019년 공항 현황

항 목	공 항	개 수
국내선 취항 공항	울산, 여수, 군산, 포항, 사천, 원주, 광주	7개
국내 · 국제선 취항 공항	인천, 김포, 김해, 제주, 청주, 대구, 양양, 무안	8개
민 · 군 공동사용 공항	김해, 대구, 광주, 청주, 사천, 원주, 포항, 군산	8개

한국공항공사는 김포, 김해, 제주, 대구, 광주, 청주, 양양, 무안, 울산, 여수, 사천, 포항, 군산, 원주까지 총 14개의 지방공항을 통합 관리하는 공기업으로 각 공항을 효율적으로 건설 · 관리 · 운영하여, 항공산업의 육성 · 지원으로 항공수송을 원활하게 하고 국가경제의 발전과 국민복지 증진에 그 의의를 두고 있다.

인천국제공항공사는 인천국제공항 제1여객터미널과 제2여객터미널의 건설 및 관리 · 운영을 총괄하며 주변지역의 개발, 부대사업 및 기타 국가의 위탁사업, 공항 관련 연구조사의 업무를 수행하고 있으며, 공항운영 분야로 여객 및 화물수송 수요의 처리, 공항시설물의 유지 관리, 공항 이용자에 대한 각종 부대서비스 제공 및 그에 따른 영업 활동을 한다.

3. 공항의 시설

공항 구역 내에 있는 시설과 공항 구역 밖에 있는 시설로서 국토교통부장관이 지정한 항공기의 이륙 및 착륙, 항공과 항공여객, 화물의 운송을 위한 시설과 그 부대시설이다.

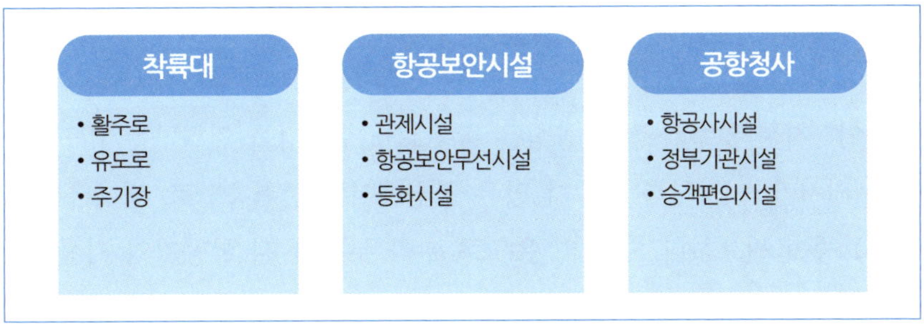

그림 2.2 공항시설의 구성요소

1) 활주로Runway

항공기가 이 · 착륙 할 때 가속이나 감속을 위해 필요한 지상 활주로 노면을 말한다. 항공기가 비행을 위해 이 · 착륙 할 때 활주로는 항공기의 중량과 충격을 견딜 수 있는 충분한 강도가 필요하며, 공항의 규모는 활주로의 수와 길이에 의해 결정된다.

활주로의 사전적 의미를 보면 '길게 뻗은 착륙도로, 항공기가 이륙 전 속도를 높이거나 착륙 후 속도를 줄이는 도로'로 나와 있으며, 활주로의 최소 규격은 길이 245m (804ft), 폭 8m(26ft)이다. 또한 활주로의 길이에 따라 띄울 수 있는 비행기의 기종이 달라지는데, 프로펠러가 달린 비행기를 이륙시키기 위해서는 최소 1km가 필요하고, 제트기를 이륙시키기 위해서는 최소 1.5km가 필요하다.

대부분의 규모가 큰 국제공항에서는 보잉747뿐만 아니라 A380과 같은 초대형 비행기도 이륙시켜야 하는 경우가 있어 4km 이상의 활주로를 하나 이상은 보유하고 있다. 공항 활주로 끝에서 찍힌 이 · 착륙 사진 및 영상들을 보면, 대부분의 활주로는 처음부터 끝까지 평평하지 않고 가운데가 약간 파인 모양을 띠고 있다. 이는 이륙을 돕는 역할을 하고, 착륙 시 경사면을 통해 속도를 줄일 수 있기 때문이다.

2) 유도로Taxiway

항공기가 출발을 위해 여객터미널의 게이트 또는 리모트 주기장에서 출발하여 활주로로 이동할 때 사용하거나, 착륙 후 착륙 활주를 끝내고 승객을 하기시키기 위해 여객터미널의 게이트 또는 리모트 주기장, 혹은 화물을 하기하기 위해 화물터미널로 이동할 때 사용하는 도로이다.

항공기 이·착륙 횟수가 적은 공항은 활주로가 주기장을 연결하는 유도로가 하나만 있어도 되지만, 이·착륙 횟수가 많은 공항에서는 선회유도로, 평행유도로, 고속탈출유도로 등이 필요하다. 공항의 유도로 수가 부족할 시 항공기의 지상처리 절차가 늦어지거나 위험에 노출될 확률이 높아지는 것은 물론 유도로의 잘못된 배치로 인해 지상 대기시간의 지연 및 항공기나 조업용 차량과의 대형사고로 이어질 수 있다.

3) 주기장Apron

비행장 내에서 인원 및 화물의 탑승·탑재 또는 양륙, 재급유, 주기, 정비 등을 위해 항공기를 수용하도록 지정한 장소를 뜻하며, 터미널 빌딩과 정비 지역에 접해서 위치하게 된다. 주기장은 사용 목적에 따라서 탑승주기장Loading Apron, 정비주기장Maintenance Apron, 야간주기장Night-stay Apron 등으로 구분된다.

4) 항공안전시설

항공안전시설은 항공기의 안전한 운항을 위해 비행중이나 착륙, 주기장으로의 이동을 유도해 주는 시설을 말하며, 공항 내에 설치되어 있는 항공보안시설로는 관제시설과 항공보안무선시설, 항공등화 세 가지로 나뉜다.

(1) 관제시설

항공기의 충돌 방지 및 항공기와 지상 장애물과의 충돌 방지, 항공교통의 질서 유지 등을 확보하는 목적성을 가지고 있다.

(2) 항공보안무선시설

항공기 운항 시 전파를 통해 항공기의 운항을 지원하며, 항공기 착륙 방법인 무선

장치를 이용한 계기접근Instrument Approach과 시각을 이용하는 시계접근Visual Approach 두 가지 방식으로 나뉘는데, 계기접근의 경우 항로상의 위치한 VOR 기지국의 방향과 활주로에 접근 시 계기착륙장치ILS : Instrument Landing System를 이용하여 착륙하는 방법이다.

(3) 등화시설

항공기의 운항 시, 특히 이 · 착륙 시에 항공기의 안전운항을 돕기 위해 지상이나 항공기에 설치하는 등화 또는 조명시설을 총칭하며 항공조명시설이라고도 한다. 등화시설은 항공보안시설의 일부로써 항공기의 안전운항에 직결되기 때문에 국제민간항공기구ICAO는 등화시설의 용도 · 성능 · 형상 · 설치 방법 · 관리 요건 등을 규정하여 이를 의무화하고 있다.

5) 공항터미널시설

(1) 항공사시설

항공사 사무실, 탑승수속 카운터, 발권 카운터, VIP와 상용 승객을 위한 라운지, 수하물 인도장 등이 있다.

(2) 정부기관시설

CIQ라 불리는 세관, 출입국 관리소, 동 · 식물 검역소 등이 있으며, 이곳에서 항공여객을 관리 및 감독한다.

(3) 공항공사시설

서비스 카운터, 운항 안내표지판, 수하물 보관소, 유아 휴게실, 구급의무시설, 통신시설 등이 있다.

(4) 승객편의시설

승객을 위한 식당, 은행, 우체국, 서점, 약국, 어린이 놀이방, 면세점 등 다양한 승객편의시설이 있다.

6) 화물터미널

항공화물과 우편물을 모아 보관하는 시설로, 항공화물 집산보관시설, 세관 및 동·식물 검역시설, 우편물 관련 시설 등이 있다.

7) 기타 시설

공항에는 지상조업사, 기내식 사업소, 급유시설, 격납고 등의 기타 시설을 갖추고 있다.

4. 공항의 기능

공항은 항공여객이나 항공화물의 집객 및 집하를 위한 항공운송 기지로서 여객과 화물의 출발지/중간지 및 최종 목적지로의 기능을 수행하며, 더불어 안전한 운항을 지원하기 위해 활주로 등 항공기 이·착륙 지원시설을 갖추고 있다.

공항의 기능은 고유 기능과 파생 기능으로 구분할 수 있으며, 고유 기능은 크게 세 가지로 정리할 수 있다.

1) 공항의 고유 기능

첫째, 공항은 항공기가 안전하게 이·착륙하고 운항하기 위해 필요한 지상시설뿐만 아니라 여객, 화물, 우편물 등을 취급하는 시설(공항터미널)을 갖추고 항공수송을 원활하게 하는 항공기운항 지원을 하는 기능을 한다.

둘째, 공항은 여객이 항공여행을 하는 출·도착지 및 중간 기착지로써 여객이 항공기에 탑승하거나 항공기에서 내릴 수 있는 시설, 휴게 기능 또는 음식제공시설을 갖추어 여객의 항공여행서비스를 제공하는 여객운송기지의 기능을 한다.

셋째, 화물운송기지 기능으로서 항공수송을 위한 출·도착 및 중간 기착지로써 철도나 육상교통을 이용하여 공항에 도착한 항공화물을 항공기에 탑재하거나 화물의 보관 및 화물 통관시설을 갖추어 항공화물의 수송·보관·통관서비스를 제공한다.

표 2.2 공항의 기능

구 분	처리 업무	비 고
항공운송기지	• 활주로 등 기본시설 제공 • 항공관제시설 등 항행안전시설 제공 • 급유시설 격납고 등 운항지원시설 제공	항공기 이 · 착륙 지원
여객운송기지	• 여객의 출 · 도착 및 출입국시설 • 식당, 면세점 등 편의시설 제공	여객청사
화물운송기지	• 화물의 집하 및 출 · 도착 기능 • 화물의 통관 및 항공사 대리점 등 지원시설	화물청사

2) 공항의 파생 기능

(1) 경제적인 기능

공항시설은 국가의 사회 간접자본시설로서 항공교통을 이용한 물류수송을 신속하고 원활하게 함으로써 항공산업을 발전시킴과 동시에 국가경제 발전을 촉진시키는 경제적인 기능을 가지고 있다.

(2) 사회 · 문화적 기능

공항은 국가와 국가 사이 또는 지역과 지역 사이의 관광과 교류를 촉진시켜 국가 간의 우호 증진과 함께 지역 간의 이해를 증진시키고 인간의 의식이나 행동을 세계적 또는 국가적 규모로 확대하여 통합하는 사회·문화적 기능을 가지고 있다.

(3) 과학기술의 발전을 선도

공항의 건설과 운영에는 토목·건축·기계·전기·통신·전자·환경 분야 등의 첨

단과학기술이 필요하게 되므로 공항을 건설하고 운영함으로써 이들 분야의 기술 발전을 선도할 뿐만 아니라 항공교통관제나 항행안전시스템, 기상 정보, 공항 운영시스템 등에 관한 기술 분야도 함께 발전시키는 등 과학기술의 발전을 선도하는 기능을 가지고 있다.

(4) 교통수단의 설비 및 서비스 향상

항공운송서비스와 경쟁 관계 또는 상호 보완 관계에 있는 고속철도 · 고속도로 · 해상운송 등 다른 교통수단의 기술 개발을 촉진시키고, 이들 교통수단의 설비나 서비스를 향상시키는 기능을 가지고 있다.

3) 공항의 역기능

공항을 건설하고 운영함으로써 지역주민에게 역기능으로 작용하는 항공기 소음, 수질오염, 대기오염, 진동, 환경 파괴, 생활터전 상실, 지역공동체 붕괴, 공항을 중심으로 Air Side 지역에 비해 Land Side 지역을 편중적으로 발전시키는 등의 악영향도 있다.

5. 공항의 역할

1) 항공기 이 · 착륙 장소와 여객처리시설로서의 공항

항공기의 이 · 착륙은 공항의 활주에서만 가능하다. 활주로는 길이, 강도, 구성에서 차이가 있다. 국제선 여객의 경우는 필히 출입국관리 사항과 관련한 법무부 수속과 수하물 검사를 거쳐야 하는데, 이러한 과정과 절차는 짧은 시간 내에 이루어져야 한다. 그렇게 하려면 공항의 여객 수용력Capacity 문제가 부각되고 여객들의 청사 내의 움직임인 동선이 짧도록 설계되는 것도 중요하다. 이런 점에서 인천국제공항과 싱가포르의 창이공항은 세계적인 수준의 공항으로 평가받고 있다.

2) 체크인서비스 등이 제공되는 장소로서의 공항

공항에서는 항공여객을 위해 체크인서비스가 제공된다. 항공사는 체크인에 소요되는 시간, 체크인 카운터 개수 등을 적절히 함으로써 고객만족과 비용통제 간의 균형을 조절해야 한다. 신속한 수속을 위해서는 수하물처리의 신속, 체크인과 탑승권 발급의 자동화 등이 과제가 된다. 이러한 지상수속 단계에서의 처리 과정은 항공사의 이미지 형성에 중요하므로 공항 당국과의 효과적인 협력이 요구된다. 이런 점에서 각국의 세계적인 규모의 항공사들은 시내에 자사의 전용 여객터미널을 설치 · 운영함으로써 이 문제를 해결하고 있다.

3) 항공기 운항시각의 규제와 항공기 안전운항의 보장을 담보하는 장소로서의 공항

공항은 24시간 운용되는 것이 바람직하지만, 공항의 위치와 공항 주변의 사정에 따라 일정시간 운용이 제한되는 경우가 있어 항공사들은 운항 스케줄을 거기에 맞춰 조정해야 할 때가 있다. 한밤 중 항공기 이 · 착륙 시의 소음은 공항 주변 주민들의 숙면을 방해하므로 특수한 상황을 제외하고는 일정시간의 공항 기능은 중지된다.

4) 항공노선

항공사가 운항노선을 개설 · 확보한다 함은 노선상의 운항권을 갖는다는 말이고, 이는 곧 노선에다 항공기를 띄워 영업을 할 수 있는 권리를 확보한다는 의미이다. 따라서 확보하고 있는 운항노선 수에 따라 항공사의 지위, 위상, 항공사의 성장 및 수익 확보 가능성, 특정 시장의 점유율 등을 가늠할 수 있다.

국제항공노선의 확보 문제는 해당국 정부의 인가사항이지만, 국제선은 운항 당사국 정부의 인가를 전제로 하므로 항공노선 개설을 계획하는 항공사는 대외교섭력의 확보와 함께 정부 지원이 요구된다. 정부는 항공노선의 개설과 확대가 자국의 국력 신장과 국가 발전에 기여하므로 적극적으로 관여하고 있다.

6. 인천국제공항

인천국제공항은 21세기 수도권 항공운송의 수요를 분담하고 동북아시아의 허브Hub 공항으로서 역할을 담당하기 위해 건설되었다. 총 4단계의 건설 과정을 거처 완공될 예정이며, 제1단계는 1990년 6월에 영종도의 입지 선정부터 2001년 개항까지이고, 제2단계는 여객 계류장 부지 조성 공사부터 화물터미널 48개소 완공, 김포국제공항에서 인천국제공항을 연결하는 철도 1단계가 개통되었다. 제3단계는 2013년 제2여객터미널과 기반시설 확충이며, 마지막 제4단계는 2018년부터 2029년까지 최종 사업으로 제3여객터미널을 신축하고 활주로 2본을 추가로 건설하는 계획이다.

1) 제1여객터미널

제1여객터미널의 취항 항공사는 아시아나항공 및 저비용항공사, 기타 외국항공사로 이루어져 있으며, 터미널에 대한 자세한 안내는 그림 2.3과 같다.

2) 제2여객터미널

제2여객터미널 취항 항공사는 대한한공, 델타항공, 에어프랑스, 네덜란드항공, 아에로멕시코, 알리탈리아, 중화항공, 가루다인도네시아, 샤먼항공, 체코항공, 아에로플로트 등이 있으며, 제2여객터미널에 대한 자세한 안내는 그림 2.4와 같다.

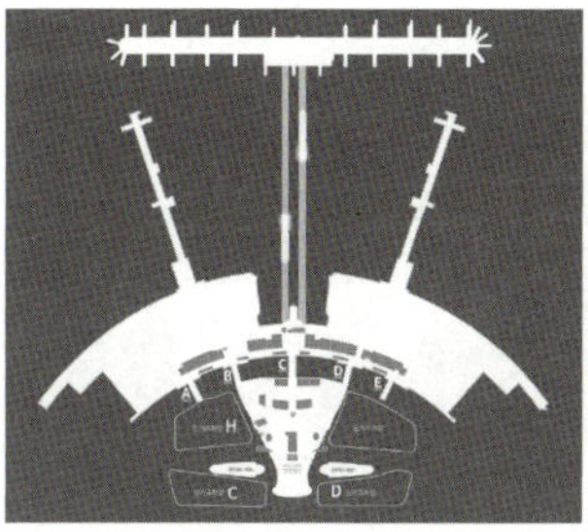

B1(은행/환전/식당/주차장)

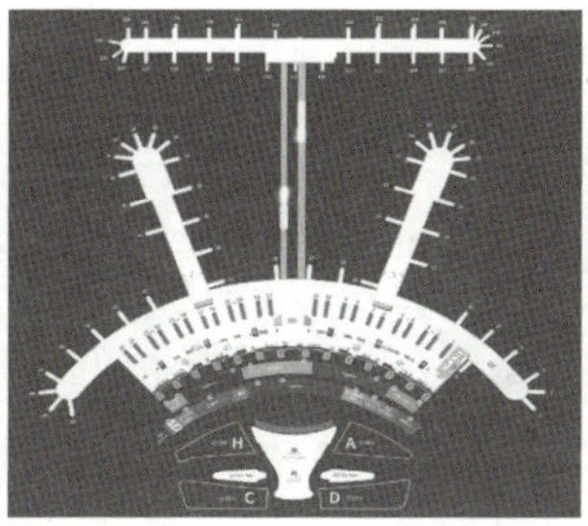

1F(은행/환전/라운지/면세점/식당/입국장)

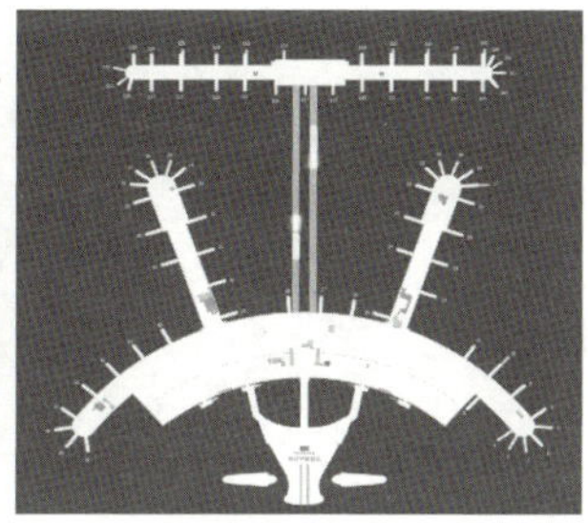

2F(택배/우편/식당)

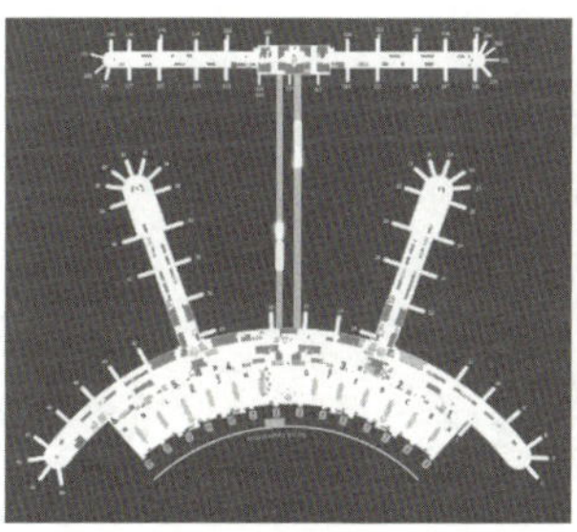

3F(은행/환전/출국장/면세점/식당)

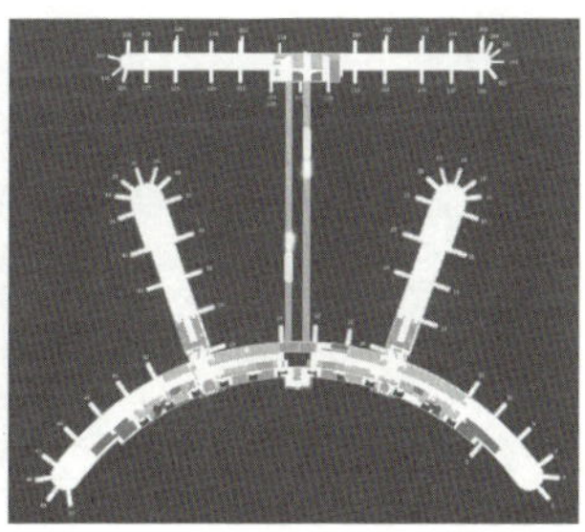

4F(내국세환급/면세점/식당/전시/박물관)

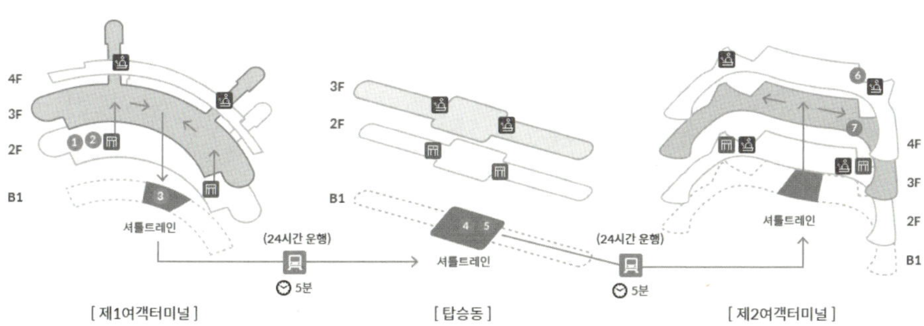

제1여객터미널에서 제2여객터미널 환승

출처 : www.airport.kr(제1여객터미널 공항지도)

그림 2.3 인천국제공항 제1여객터미널

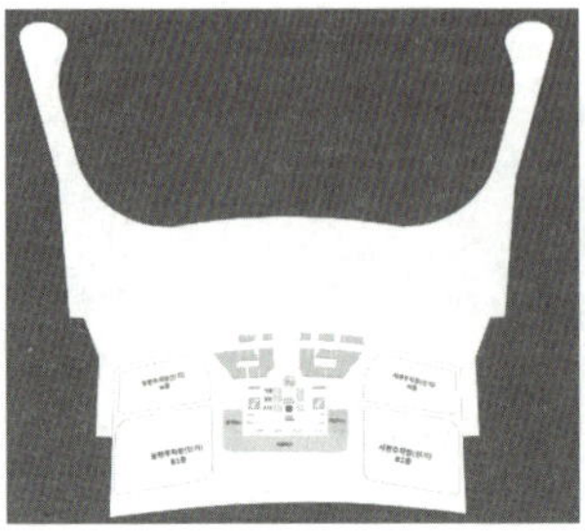

B1(은행/환전/라운지/식당/주차장)

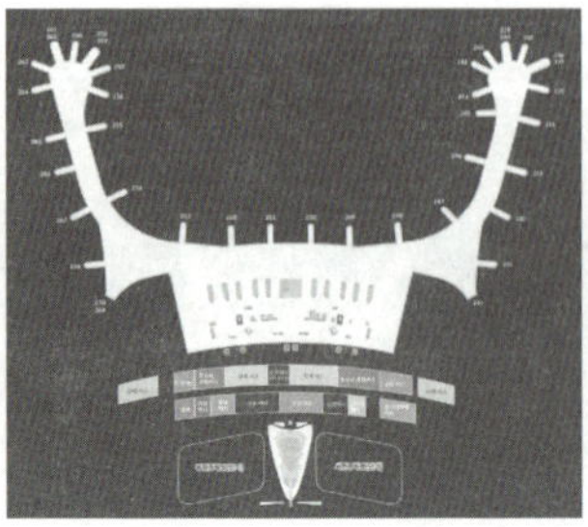

1F(은행/환전/면세점/식당/입국장)

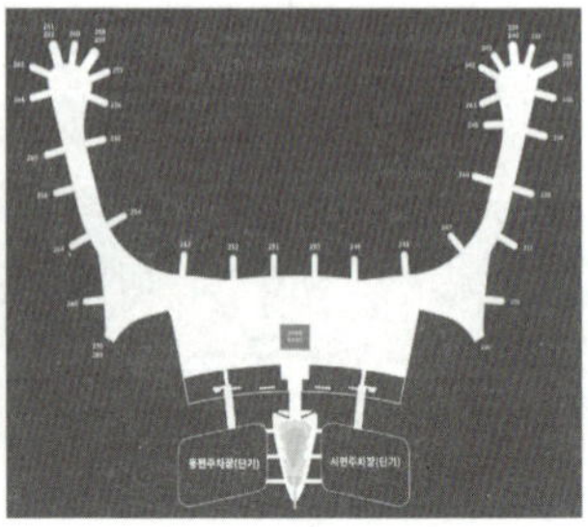

2F(안내데스크/유실물관리소)

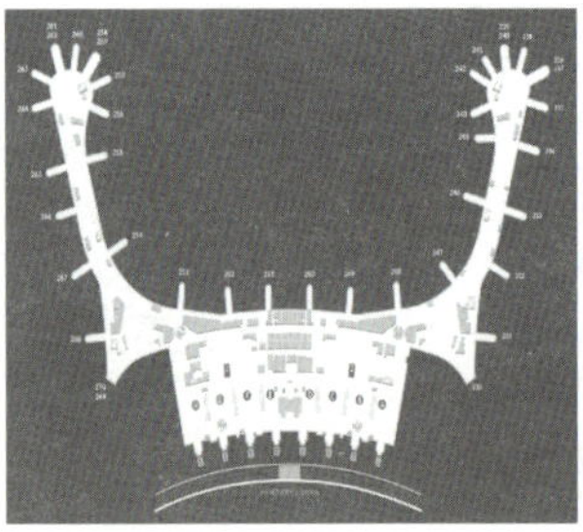

3F(내국세환급/면세점/식당/서점/출국장)

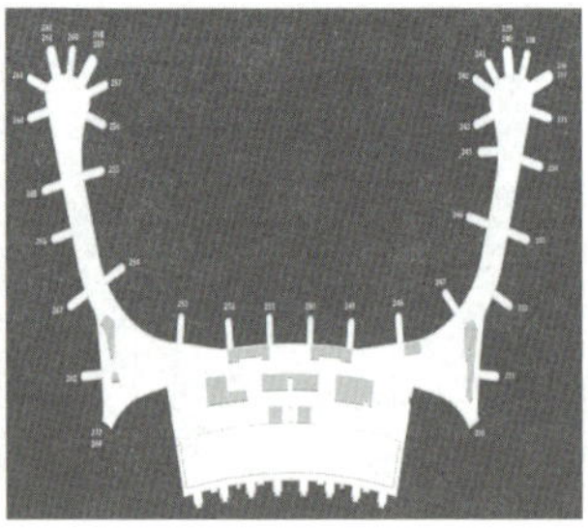

4F(인터넷존/면세점/식당/편의점)

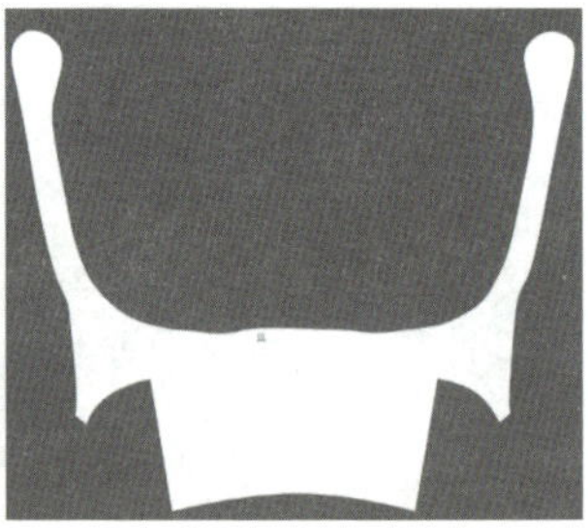

5F(스낵/카페/디저트)

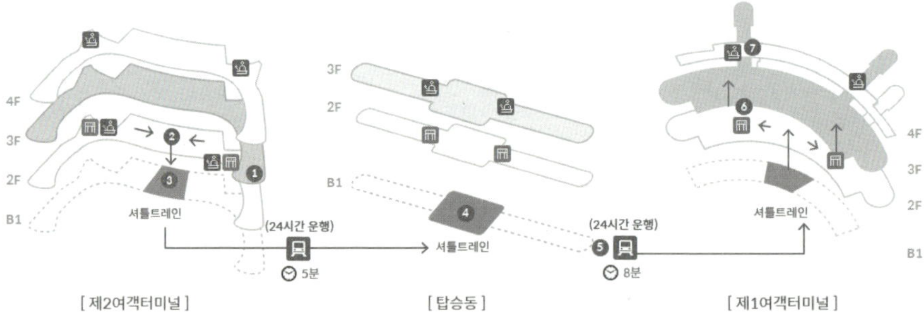

제2여객터미널에서 제1여객터미널 환승

출처 : www.airport.kr(제2여객터미널 공항지도)

그림 2.4 인천국제공항 제2여객터미널

7. 세계의 공항 순위

영국 소재의 컨설팅회사인 스카이트랙스는 항공사와 공항의 품질 평가를 하는 곳으로 매년 '올해의 항공사', '올해의 공항'을 뽑아 호텔등급과 같이 5성급, 4성급, 3성급으로 공항의 별(★)점을 매긴다. 스카이트랙스는 1999년부터 매년 여행객들을 대상으로 만족도 조사를 실시하여 순위를 매겨 발표하는데, 금년 2019년 세계 최고의 공항The World's Best Airport of 1019의 평가 항목으로 환승, 쇼핑, 출입국 수속의 편의, 안전, 편의시설, 청결 수준 등의 항목을 약 1,300만 명을 대상으로 종합적으로 평가하여 진행하였다. 그 결과는 아래 표 2.3과 같다.

표 2.3 2019년 세계 공항 순위

순 위	공항명	2018년 순위	국 가
1위	싱가포르 창이 국제공항	1위	싱가포르
2위	도쿄 하네다 국제공항	3위	일본
3위	인천 국제공항	2위	한국
4위	도하 하마드 국제공항	5위	카타르
5위	홍콩 국제공항	4위	홍콩
6위	센트레아 나고야 중부국제공항	7위	일본
7위	뮌헨 국제공항	6위	독일
8위	런던 히트로 국제공항	8위	영국
9위	도쿄 나리타 국제공항	11위	일본
10위	취리히 국제공항	9위	스위스

출처: 스카이트랙스 홈페이지, 저자 재구성(www.airlinequality.com)

스카이트랙스는 100위까지의 공항 순위를 발표했으며, 상위 10개 공항 중 7개가 아시아에 위치한 공항이라는 점에서 시사하는 바가 크다. 싱가포르의 창이 국제공항은 7년 연속 1위에 올라있으며, 모든 부분에서 우수한 점수를 획득하였고, 특히 레저부분 최고의 공항, 아시아 최고의 공항이라는 타이틀을 가지고 있다. 일본은 10위권 안에 3개의 공항이 들어있다. 일본은 세계에서 가장 깨끗한 공항이라는 타이틀을 가지고 있으며, 우리나라 같은 경우에는 최고의 환승 공항이라는 타이틀을 가지고 있다.

02 여객운송업무

1. 여객운송업무의 정의

여객운송업무Passenger Traffic Service는 여행자가 편안하고 안전하게 항공여행을 할 수 있도록 항공사와 공항에서 제공하는 일련의 서비스 활동을 말한다. 즉 항공기의 안전하고 신속한 운항을 통해 고객에게 쾌적한 좌석을 제공함과 동시에 인적서비스를 추가하여 여행자를 정해진 목적지까지 이동시킴으로써 상품의 가치를 구현한다. 여객운송은 공항을 중심으로 여객에게 제공되는 서비스 활동이며, 탑승수속Check-in, 수하물처리Baggage Handling 등이 여객운송업무의 대표적인 구성요소이다.

2. 여객운송업무

1) 운송준비 업무

당일 항공편의 출발시간, 승객의 예약 상태, 기종 및 클래스별 탑승좌석 수, VIP와 CIP, 비동반소아, 장애인, 기타 제한 승객 등 특수 여객의 명단 확인, 회사의 특별 지시사항, 최근 변경된 규정 등을 파악한다. 또한 원활한 탑승수속을 위한 체크인 카운터 장비의 작동 상태 점검, 탑승권, 출입국신고서, 수하물의 이름표와 꼬리표 등 각종 여객운송서류 양식 등의 비치 상태 확인 등 운송서비스 업무를 준비한다.

2) 탑승수속업무

탑승수속업무는 항공사 체크인 카운터에서 진행되는 업무로, 승객의 여권 및 비자 등 여행서류를 점검하고 항공권을 확인하여 예약한 클래스에 해당하는 좌석을 배정하고 탑승권을 교부한다. 그리고 승객의 수하물 중량을 체크하고 접수하여 꼬리표를 부착한 후 항공기에 탑재하는 업무이다.

그림 2.5 탑승수속 절차

(1) 체크인Check-in

항공여행자가 공항에 도착하여 항공기를 탑승하기 위한 가장 기본이 되는 절차로써 항공사 운송업의 가장 핵심이 되는 업무이다. 따라서 항공사가 수행하는 공항에서의 탑승수속업무는 정해진 절차와 규정에 따라 신속하고 정확하게 수행되어야 하며, 탑승수속 체크인Check-in 카운터에서 행해지는 업무는 여행 구비서류 확인, 좌석배정 및 위탁수하물 접수 등이다.

(2) 위탁수하물 처리

수하물이란, 항공여행을 하는 여객이 휴대하는 가방과 같은 물품을 말하며, 수하물은 여객과 같은 항공기에 탑재되어 운송되기 때문에 우편물이나 항공화물처럼 여객운송과 관련 없이 별도로 운송되는 화물운송과는 구별된다. 수하물은 여객이 탑승수속을 할 때에 항공사에 운송을 위탁하는 위탁수하물과 탑승수속을 한 후에 여객이 직접 휴대하여 항공기에 가지고 가는 휴대수하물로 구분된다.

위탁수하물은 파손되기 쉬운 물품, 부패성 물품, 현금 · 수표 · 보석 등 귀중품에 대해서는 운송이 제한되며, 이러한 물품은 운송 중에 발생한 손실에 대해 항공사가 책임을 지지 않는다. 또한 인화성 · 폭발성 물질, 가스 종류, 방사성 물질, 전염성 물질 등의 위험물은 항공사의 별도 승인이 없는 한 운송이 금지된다.

3) 출국수속 지원

항공사 직원이 여객의 출국수속을 지원하는 업무에는 여객이 소지한 여행서류의 확인, 여객이 출국수속 절차를 받는 동안의 보안검색, 출국신고, 세관검사 등에 대한 안내 및 지원이 있고, 출국수속을 마친 여객에 대한 탑승구 및 휴대수하물에 대한 안내 및 지원 등의 업무가 있다.

(1) 여행서류 확인

출국하는 여객이 소지해야 하는 여행서류에는 여권Passport, 사증VISA, 항공권Ticket, 출국신고서E/D Card 및 필요한 경우에는 국제예방접종증명서Yellow Card 등이 있다.

① 여권

여권이란, 대한민국 국민이라는 것을 나타내는 신분증 역할을 한다. 그리고 대부분의 국가는 여행 개시일 기준으로 여권 유효기간이 6개월 이상 남아있어야 여행할 수 있기 때문에 미리 여권 만료일을 확인해 두어야 한다. 또한 여권 서명란에 서명은 필수적으로 해야 한다. 일부 국가에서는 본인 서명이 없는 여권을 유효한 여행서류로 인정하지 않는 경우가 있다.

② 비자

비자란, 내가 가고자 하는 목적지 국가의 입국허가서이다. 일반적으로 관광비자의 경우 1주일 이내의 시간이 필요하지만, 상용 및 학업, 연구 등의 목적으로 해당 국가를 방문 시에 미리 목적지 국가 입국에 비자 취득이 필요한지 확인해야 한다. 또한 여행 목적에 맞게 여행지 국가 입국에 필요한 출입국 규정을 사전에 확인하고 이에 필요한 여권, 비자 등의 여행서류는 미리 준비하여 탑승수속이 불가할 경우를 대비한다. 특히 관광을 목적으로 미국을 목적지로 선택한 사람은 미국전자여행허가서ESTA를 사전에 취득해야 하며, 반드시 출발 72시간 전에 신청하여 발급받아야 한다. 이는 72시간 이내 승인이 불가할 수 있기 때문이다. 개인이 직접 ESTA 발급 시 14$가 소요되며, 여행사 대행 시 일반적으로 35,000원의 발급 금액과 대행 수수료가 필요하다.

③ 항공권

일부 국가에서는 입국 시 귀국편 혹은 제 3국행으로 이동 시 E-ticket 확인증을 확인하고 있다. 우리나라의 경우 예약번호 및 모바일 기기를 활용하여 이미지만 보여주면 탑승권을 발급해 주지만, 그렇지 않은 공항들이 많기 때문에 사전에 미리 준비해 놓는 것이 좋다.

4) 출국수속 절차

항공기를 이용하여 다른 국가로 출국하는 모든 여행자는 해당 국가의 출입국 관련 규정에 의해 세관Customs, 법무부Immigration, 검역Quarantines 절차를 이행해야 한다.

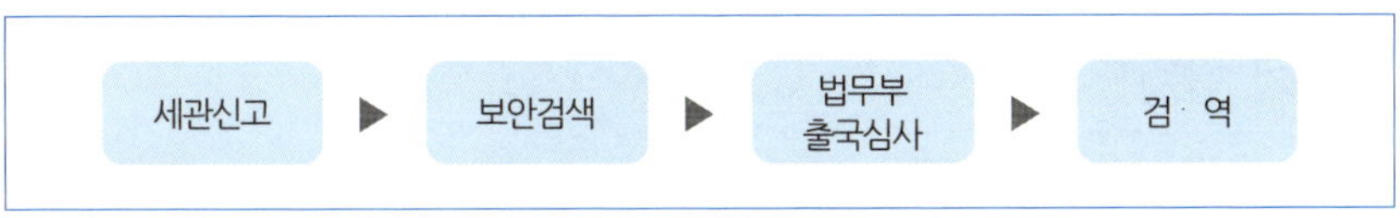

그림 2.6 출국수속 절차

(1) 보안검색

「항공안전및보안에관한법률」 제14조에 따라서 항공기와 승객의 안전을 위해 항공기에 탑승하는 모든 승객과 휴대 물품에 대해 검색을 실시한다. 항공기 내에서 승객의 안전을 위협할 수 있는 모의 총기류, 도검류, 폭발성 물품에 대해 개인 반입이 금지되고 항공사에 위탁, 목적지 공항에서 인도할 수 있다.

표 2.4 기내 반입금지 물품

위해 물품	위험 물품
총기류, 탄약류, 도검류, 곤봉류, 화약류, 폭발물, 탄약, 화염액체, 가스분사류, 전자충격기, 송곳, 가위 등	조명탄, 라이터, 부탄가스, 캠핑가스, 에어로졸, 부식성 물질, 인화성 물질, 방사성 물질 등

(2) 세관신고

내국인이 고가 물품을 휴대 반출 시 재입국에 대해 세관신고서 작성 요령을 안내하고 신고필증을 발급하며, 외국인의 경우 입국 시 재반출 조건 귀중품 휴대 반입한 경우 반출 물품을 확인한다.

(3) 법무부 출국사열

여행자신분 확인, 여권, 비자 등 출국 자격을 심사한다.

(4) 검역

출국자에 대한 검역은 평상시에는 별도의 검역이 없으나, 전염병이나 풍토병이 발생한 지역을 여행하는 여객은 국제예방접종증명서를 소지해야 한다. 또한 여객이 위탁운송 의뢰한 동물과 식물에 대해서도 동·식물 검역소의 검역을 거쳐야 한다.

5) 항공기 탑승

출국수속이 마무리되면 면세구역을 지나 탑승게이트로 이동하게 되는데, 국내선은 항공기 출발 20분 전 탑승을 시작하고 출발 5분 전 마감되며, 국제선은 항공기 출발 30분 전 탑승을 시작하여 출발 10분 전 마감된다. 또한 대한민국 「항공보안법」 규정에 따라 국제선 전 노선 탑승구 앞에서 여권과 탑승권을 이용한 신원 확인 절차를 시행하고 있으니, 국제선 항공편 탑승 시 미리 탑승권과 여권을 준비해야 한다.

항공기 탑승 순서는 혼자로 항공사 직원의 도움이 필요한 환자나 장애인, 노약자, 어린이 등으로 우선 탑승을 실시하고, 일등석과 비즈니스석, 일반석 승객 순으로 탑승한다.

탑승 우선순위

- Stretcher 승객 및 기타 운송제한 승객(UM, WCHR PAX 등)
- 도움이 필요하거나 유·소아를 동반하는 승객
- VIP(전용출구 사용)
- 일등석 승객
- 프레스티지석 승객
- 일반석 승객(뒷좌석 → 앞좌석)

3. 운송제한 승객

항공사는 항공기의 안전운항과 여객의 안전한 운송을 위해 필요하다고 인정될 때에는 해당 여객의 예약을 취소, 운송 거절 또는 중간 지점에서 하기 조치할 수 있으며, 경우에 따라서는 특정한 조건을 갖출 것을 요구할 수 있다.

1) 운송제한 여객의 유형

(1) 운송의 거절대상

- 전염병환자, 유사 전염병환자
- 타인에게 해를 끼칠 우려가 있는 정신질환자
- 만성중이염환자, 축농증환자, 치조농루환자 등 악취가 있는 자
- 과도한 음주자
- 출생 7일 이내의 유아

(2) 조건부 운송대상 여객

- 일반환자 여객 : 정상적인 좌석을 점유하여 여행이 가능하고 타인에게 특별한 위해가 되지 않는다면 항공사의 탑승조건 충족 시 가능
- Stretcher 이용환자 : 항공사의 탑승조건 충족 시 가능

2) 기타 제한승객

(1) 비동반소아UM : Unaccompanied Minor

국내선은 만 5세~만 13세 미만, 국제선은 만 5세~만 12세 미만 어린이로, 18세 이상의 보호자가 동일한 클래스에 동반하지 않는 경우에 비동반소아UM라 하고, 항공사에서 출발부터 도착지까지 무료로 운송서비스를 대행해 준다.

(2) 임산부

임신 32주가 넘은 임산부는 항공기 출발 72시간 이내에 발급한 의사의 건강진단서 3부를 제출하여 항공사의 판단으로 항공운송이 가능하다고 판단되면 면책서약서 2부를 작성하여 제출해야 탑승할 수가 있다.

(3) 시각장애인

정상적인 여객이 동반하는 경우에는 정상여객으로 취급하며, 맹인 인도견을 동반하거나 또는 정상적인 여객이 동반하지 않는 비동반 맹인인 경우에는 항공사의 탑승조건을 충족해야 탑승이 가능하다.

4. 인천공항 출국경로

① 제1여객터미널

제1여객터미널에 도착하면 출국자는 3층으로 이동해야 하며, 체크인 카운터로 이동 후 예약번호 및 전자항공권E-ticket을 제시하고 짐을 보낸다. 출국 전 준비사항은 환전, 출금, 로밍, 보험 업무를 마무리하고 출국장으로 이동한 후, 보안검색을 받고 출국심사를 마친 후 면세구역을 지나 탑승게이트로 이동한다. 이때 주의할 점은 탑승게이트의 번호가 1~50번은 바로 탑승할 수가 있지만, 101~132번 게이트 탑승객은 셔틀트레인을 타고 탑승동으로 이동해야 한다.

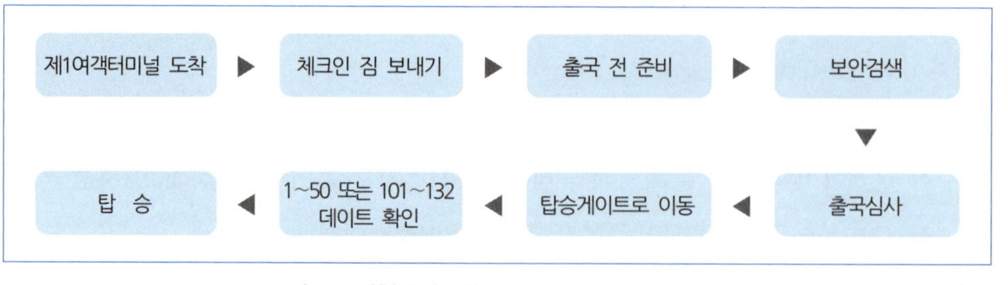

그림 2.7 인천국제공항 제1여객터미널 출국경로

② 제2여객터미널

제2여객터미널에 도착한 후 출국장이 위치해 있는 3층으로 이동한다. 탑승권을 발권하고 부쳐야 할 짐을 보낸 후 출국 전 준비사항(환전, 출금, 로밍, 보험 등)을 체크하고 출국게이트로 이동하여 보안검색을 받은 후 출국심사대로 이동, 출국심사가 끝나면 면세구역을 지나 탑승게이트 번호와 위치를 확인한 후 탑승게이트로 이동한다. 제2여객터미널의 탑승게이트는 230～270번으로 구성되어 있다.

TIP

탑승수속 시 비상구 열 좌석은 정부의 고시에 따라 승무원의 안내를 이해하고 비상 시 다른 승객들의 탈출을 도울 수 있는 신체 건강한 만 15세 이상 승객에게 배정되고 있으며, 사전예약으로 좌석 배정이 되지 않는다. 항공기 탑승자가 신체 건강하여 일반 이코노미 좌석이 좁아 불편할 경우 미리 공항에 도착하여 비상구 좌석을 배정받는 것도 좋은 방법 중 하나이다.

Tourism and Airlines Practice

CHAPTER 03

항공예약 실무

01 세이버 들어가기

1. 세이버SAVER 초기화면의 이해

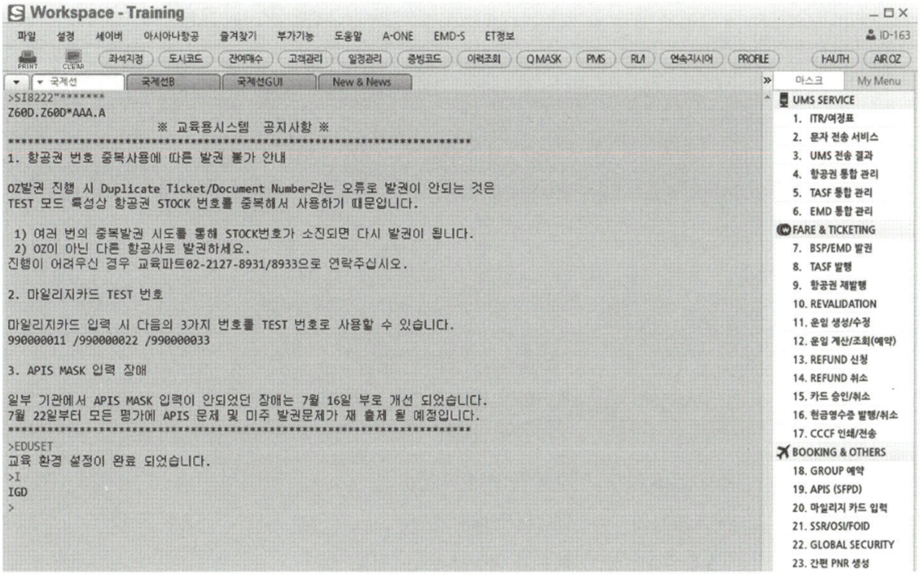

① 메뉴바MENU BAR/아이콘바ICON BAR

메뉴 및 아이콘	기 능
설정	작업화면(Work Area) 구성을 위한 여러 가지 기능 설정 가능
아시아나항공	아시아나와 관련된 페이지 링크
부가기능	예약 및 발권 시 필요한 각종 편의기능
도시코드	한글 또는 영문으로 도시/공항코드 조회

② 마스크MASK

일종의 단축키 기능으로 예약 및 발권과 관련한 지시어를 사용자가 직접 입력하지 않고 간편하게 처리해 주는 편리한 기능

2. 키 보드Key Board와 특수기호

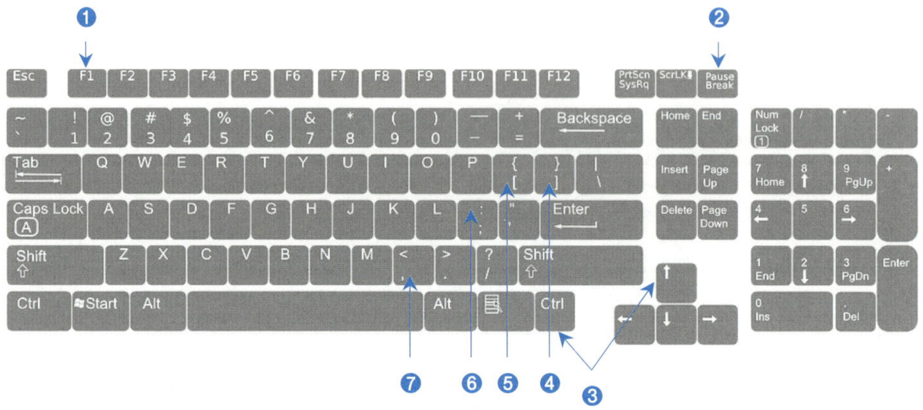

구 분	명칭 또는 특수기호	기 능
①	F1	사인(Sign)이 등록되어 있음
②	PAUSE	작업화면 전체를 Clear시켜 주는 기능
③	Ctrl+ ↑	작업자가 과거에 사용했던 지시어를 화면에 다시 불러주는 기능
④	@(Lozenge)	수정 및 삭제 기능
⑤	*(Asterisk)	데이터 조회(Display)
⑥	$(Dollar)	복수의 아이템(Item) 연결
⑦	#(Sharp)	Plus(+) 및 지시어 연결(And) 기능

3. SIGN 입력과 작업장

1) SIGN의 특징

작업자가 SABRE 시스템을 사용하기 위해서는 부여받은 고유의 ID와 PW를 입력하여야 하며, 이는 항공 예약발권을 위한 작업장을 구성하도록 해주는 로그인Log-in 번호이다. 바로 이 로그인 번호를 SIGN이라고 하며 올바른 SIGN이 입력되어야 작업장이 생성된다.

2) SIGN 입력하기SIGN-IN

SI 8444 " ******** ① ② ③ ④	① SIGN-IN 기본 지시어 ② ID(4자리) ③ 연결기호 ④ PW(보안정책에 따라 기호 *로 표시됨)

```
>SI8222"*******
Z60D.Z60D*AAA.A
                    ※ 교육용시스템  공지 사항 ※

***************************************************************************
1. SIGN 입력은 항상 자동 F1-KEY를 사용

교육생이 수동으로 SIGN 입력을 진행하시는 경우 3번이상 잘못된 SIGN 정보를
입력하면 SIGN LOCK 장애가 발생합니다.
절대로 SIGN 입력을 지시어로 진행하지 마시고 필요한 경우 F1-KEY로만 진행해
주시기 바랍니다. SIGN LOCK이 걸리면 교육시스템 전체가 사용이 불가합니다.

2. 항공사 예약번호 수동입력

항공사 예약번호 회신이 없는 경우 발권이 불가합니다.
발권실습의 경우 .1HK*/OZAABBCC로 가상 예약번호를 입력한 후 진행하십시오.

3. 마일리지카드 TEST 번호

마일리지카드 입력실습을 위해 다음의 3가지 번호를 사용하실 수 있습니다.

990000011 /990000022 /990000033

***************************************************************************


>EDUSET
교육 환경 설정이 완료 되었습니다.
>
```

3) SIGN 빼기SIGN-OUT

작업을 종료하기 위해 SIGN을 삭제Log-out하는 기능

```
>SO
A SIGNED OUT
>
```

4) 작업장 상태 조회

현재 사용자가 작업하고 있는 작업장 관련 정보를 확인하는 기능

```
>DI
Z60D.Z60D*AAA.A
ACTIVE AGENT - KR ASIANA SABRE - 8222-Z60D
 KR T-ET        I-5210        H-5210
```

구 분	내 용
Z60D	해당 여행사의 PCC(Pseudo City Code) 점소코드
AAA	Agent Sign Code가 AA임을 의미
A	현재 작업장(Work Area) 코드
8222	SIGN ID
KR T-ET	ET(Electronic Ticket) 발권 가능 상태
I-5210, H-5210	ITR, 여정표 등 문서 출력을 위한 프린터번호

4. 각종 코드의 조회

IATA는 항공 예약 및 발권 관련 업무의 신속성과 정확성을 위하여 전 세계의 도시, 공항, 항공사 등의 명칭을 코드화하여 사용하고 있다. 일반적으로 도시나 공항 등은 세 글자로 구성된 3-Letter Code를 사용하고, 항공사는 두 글자로 구성된 2-Letter Code를 사용한다.

1) DECODE

코드화 되어 있는 도시나 공항, 항공사 코드를 Full Name으로 풀어서 설명해 주는 것

• 도시코드 조회	• 공항코드 조회	• 항공사코드 조회
W/*TYO	W/*NRT	W/*OZ W/*988
>W/*TYO TYO TOKYO, JAPAN	>W/*NRT NRT TOKYO NARITA, JAPAN	>W/*OZ OZ-988 ASIANA AIRLINES/ASIANA AIRLINES
도시 이름과 주(State) 표기	해당 공항이 속한 도시&국가명	Airline Code와 항공사 full Name

• 비행기종 조회	• 주(State)코드 조회	• 국가코드 조회
W/EQ*747	HCC CA	HCCC/US

2) ENCODE

도시나 공항, 항공사 등의 Full Name을 코드화 해주는 기능

• 도시코드 조회

W/-CC NEWYORK

```
>W/-CCNEWYORK
NYC   NEW YORK CITY, NEW YORK,USA
JFK   NEW YORK JFK, NEW YORK,USA
LGA   NEW YORK LGA, NEW YORK,USA
ZYP   NEW YORK PENN STA, NEW YORK,USA
NYS   NEW YORK SKYPORTS, NEW YORK,USA
```

• 공항코드 조회

W/-AP NARITA

```
>W/-APNARITA
    * AIRPORT NAME *            * CITY NAME *      *STATE/COUNTRY*
NRT NARITA                    JP TOKYO NARITA      JAPAN
   END OF DISPLAY
```

• 항공사코드 조회

W/-AL KOREAN AIR

```
>W/-ALKOREAN AIR
 KE-180 KOREAN AIR/KOREAN AIR LINES
```

• 특정 공항 근처 10개 공항 조회

W/-AT JFK

```
>W/-ATJFK

NEAREST AIR SERVICE FROM
JFK J F KENNEDY,NY,US

TO
LGA NEW YORK CITY LAGU,NY,US          11 MI/   18 KM    NW
EWR NEWARK AIRPORT,NJ,US              21 MI/   34 KM     W
TEB TETERBORO,NJ,US                   21 MI/   34 KM    NW
CDW CALDWELL,NJ,US                    30 MI/   48 KM    NW
HPN WHITE PLAINS,NY,US                30 MI/   48 KM     N
MMU MORRISTOWN,NJ,US                  35 MI/   56 KM     W
ISP LONG ISLAND MACART,NY,US          37 MI/   60 KM     E
BDR BRIDGEPORT,CT,US                  50 MI/   80 KM    NE
TTN TRENTON,NJ,US                     60 MI/   97 KM    SW
WRI MCGUIRE AIR FORCE,NJ,US           61 MI/   98 KM    SW
```

5. 주요 코드 요약정리

1) 월별 코드Monthly Code

Monthly Code	Month	Monthly Code	Month
JAN	January	JUL	July
FEB	February	AUG	August
MAR	March	SEP	September
APR	April	OCT	October
MAY	May	NOV	November
JUN	June	DEC	December

2) 노선별 주요 도시 및 공항코드

(1) 일본

도시명	도시코드	공항코드	도시명	도시코드	공항코드
TOKYO	TYO	NRT, HND	SAPPORO	SPK	CTS
OSAKA	OSA	KIX, ITM	OKINAWA	OKA	-
FUKUOKA	FUK	-	NAGASAKI	NGS	-
NAGOYA	NGO	-	SENDAI	SDJ	-

(2) 중국

도시명	도시코드	공항코드	도시명	도시코드	공항코드
BEIJING	BJS	PEK	QINGDAO	TAO	-
SHANGHAI	SHA	PVG, SHA	GUANGZHOU	CAN	-
TIANJIN	TSN	-	XIAN	SIA	XIY
DALIAN	DLC	-	HANZHOU	HGH	-

(3) 동남아

도시명	도시코드	공항코드	도시명	도시코드	공항코드
HONGKONG	HKG	-	MANILA	MNL	-
BANGKOK	BKK	-	CEBU	CEB	-
SINGAPORE	SIN	-	KUALA LUMPUR	KUL	-
TAIPEI	TPE	TPE, TSA	KOTAKINABARU	BKI	-
PHUKET	HKT	-	JAKARTA	JKT	CGK
HOCHIMINH	SGN	-	SEIM REAP	REP	-
HANOI	HAN	-	MACAU	MFM	-

(4) 서남아

도시명	도시코드	공항코드	도시명	도시코드	공항코드
BANGALORE	BLR	-	KARACHI	KHI	-
COLOMBO	DMB	-	KATHMANDU	KTM	-
DHAKA	DAC	-	PHNOM PENH	PNH	-
DELHI	DEL	-	YANGON	RGN	-

(5) 대양주

도시명	도시코드	공항코드	도시명	도시코드	공항코드
AUCKLAND	AKL	-	CHRISTCHURCH	CHC	-
ADELAIDE	ADL	-	GUAM	GUM	-
BRISBANE	BNE	-	SAIPAN	SPN	-
CAIRNS	CNS	-	SYDNEY	SYD	-

(6) 유럽

도시명	도시코드	공항코드	도시명	도시코드	공항코드
AMSTERDAM	AMS	-	MADRID	MAD	-
ATHENS	ATH	-	MILAN	MIL	MXP, LIN
BRUSSELS	BRU	BRU, ZYR	MUNICH	MUC	-
COPENHAGEN	CPH	-	PARIS	PAR	CDG, ORY
FRANKFURT	FRA	-	ROME	ROM	FCO
GENEVA	GVA	-	VIENNA	VIE	-
ISTANBUL	IST	-	ZURICH	ZRH	-

(7) 미주

도시명	도시코드	공항코드	도시명	도시코드	공항코드
ATLANTA	ATL	-	LAS VEGAS	LAS	-
BOSTON	BOS	-	MEXICO CITY	MEX	-
CHICAGO	CHI	ORD, MDW	SAN FRANCISCO	SFO	-
CALGARY	YYC	-	SEATTLE	SEA	-
DALLAS	DFW	-	SAO PAULO	SAO	GRU
HONOLULU	HNL	-	TORONTO	YTO	YYZ
HOUSTON	HOU	IAH, HOU	WASHINGTON	WAS	DCA, IAD, BWI
LOS ANGELES	LAX	-	VANCOUVER	YVR	-

(8) 중동 & 아프리카

도시명	도시코드	공항코드	도시명	도시코드	공항코드
ALMATY	ALA	-	ABUJA	ABV	-
BAHRAIN	BAH	-	BEIRUT	BEY	-
CAIRO	CAI	-	CAPETOWN	CPT	-
DUBAI	DXB	-	HARARE	HRE	-
TEHERAN	THR	-	NAIROBI	NBO	-
TEL AVIV	TLV	-	JOHANNESBURG	JNB	-

(9) 러시아

도시명	도시코드	공항코드	도시명	도시코드	공항코드
MOSCOW	MOW	SVO, DME	ULAANBAATAR	ULN	-
ST PETERSBURG	LED	-	VALADIVOSTOK	VVO	-
KHABAROVSK	KHV	-	TASHKENT	TAS	-

(10) 기타

휴양지	도시이름	공항코드	휴양지	도시이름	공항코드
발리	DENPARSAR	DPS	보라카이	KALIBO	KLO
피지	NANDI	NAN	사모아	APIA	APW
몰디브	MALE	MLE	타히티	PAPEETE	PPT

3) 주요 항공사코드

항공사코드	항공사 이름	항공사코드	항공사 이름
AA	AMERIC AIRLINE	LX	SWISS INTERNATIONAL AIRLINES
AC	AIR CANADA	MH	MALAYSIA AIRLINES
AI	AIR INDIA	NH	ALL NIPPON AIRWAYS
BA	BRITH AIRWAYS	NZ	AIR NEW ZEALAND
CA	AIR CHINA	OZ	AISANA AIRLINES
CX	CATHAY PACIFIC AIRWAYS	OS	AUSTRIAN AIRLINES
DL	DELTA AIR	QF	QANTAS AIRWAYS
GA	GAURDA INDONESIA	SA	SOUTH AFRICAN AIRWAYS
JL	JAPAN AIRLINES	TG	THAI AIRWAYS
KE	KOREAN AIR	TK	TURKISH AIRLINES
LH	LUFTHANSA	UA	UNITED AIRLINES

02 항공 예약하기

1. 가능편 조회AVAILABILITY

- 항공사의 좌석 가능 상태를 조회하는 기능
- 가능편 조회의 기본 지시어는 A 또는 숫자 1
- 일반좌석상태 조회G.S.A : General Seat Availability, 실제좌석상태 조회L.S.A : Last Seat Availability 두 가지 방법 가능
- 조회 시점으로부터 362일까지 조회 가능

1) 기본 지시어G.S.A

A 25FEB SEL LAX 또는 1 25FEB SEL LAX ① ② ③	① 기본 지시어(1 또는 A) ② 출발일(DDMMM 표기) ③ 출발지/목적지(도시코드나 공항코드)

```
>A25FEBSELLAX
 -25FEB+ TUE     SEL/Z#9        LAX/PST-17      ❶
 1KE         17 P9 FC A9 J9 C9 D9 I9 R9 Z9 ICNLAX      1430 0830    388 0 DB DCA/E
                Y9 B9 M9 S9 H9 E9 K9 L9 U9 Q9 N9 TC GC
 2DL/KE 9044 F4 J9 C9 D9 I9 Z9 Y9 B9 M9 ICNLAX      1430 0830    388 0 D DCA/E
                H9 Q9 K9 L9 U9 T9 X9 V9    ❸              ❹              ❺
 3CM/OZ 8000 C4 D4 Y4 B4 M4 H4 Q4 K4 V4 ICNLAX      1440 0840    388 0 M AB/E
                U4 S4 W4 E4 L4 T4          ❻
 4KE         11 P9 FC A9 J9 C9 D9 I9 R9 Z9 ICNLAX      1940 1340    388 0 DB DCA/E
         ❷      Y9 B9 M9 S9 H9 E9 K9 L9 U9 Q9 N9 T9 GC
 5DL/KE 9042 F4 J9 C9 D9 I9 Z9 Y9 B9 M9 ICNLAX      1940 1340    388 0 D DCA/E
                H9 Q9 K9 L9 U9 T9 X9 V9
 6CM/OZ 8001 C4 D4 Y4 B4 M4 H4 Q4 K4 V4 ICNLAX      2040 1450    388 0 M AB/E
                U4 S4 W4 E4 L4 T4
 7NH        864 J5 C2 D1 ZL PL Y9 BL ML UL GMPHND      1225 1425    788 0 M DCA/E
                HL QL VL WL SL LL KL
 8DL          6 J9 C9 D9 I9 Z8 F0 P9 A9 G9    LAX      1625 0932    77L 0 D DCA/E
                W9 Y9 B9 M9 H9 Q9 K9 L9 U9 T9 X9 V0 E9
 9JL         92 JL CL DL IL XL YL BL HL KC GMPHND      1210 1415    772 0 M DCA/E
                MC LC VC SC NL QC OC GL
10DL          6 J9 C9 D9 I9 Z8 F0 P9 A9 G9    LAX      1625 0932    77L 0 D DCA/E
                W9 Y9 B9 M9 H9 Q9 K9 L9 U9 T9 X9 V0 E9
11JL         92 JL CL DL IL XL YL BL HL KC GMPHND      1210 1415    772 0 M DCA/E
                MC LC VC SC NL QC OC GL
12JL/AA 7018 J7 C7 D7 I7 X7 W7 R7 E7 Y7    LAX      1920 1225    789 0 DCA/E
                B7 H7 K7 M7 L7 V7 S7 N7 Q7 O7 G7
```

출력화면 해석

① 조회요청일, 요일, 출발도시/GMT 시간과의 차이, 도착도시/출발도시와의 시간 차이

② 항공사코드

해당 날짜에 운항하는 항공사들을 보여주며, 항공사는 2LETTER CODE로 표기된다. 단, 공동운항Code-share Flight의 경우 Marketing/Operating Carrier 순으로 표기되며, 항공편의 호칭은 Marketing Carrier 기준으로 한다. 즉 DL/KE9042의 경우 DL9042로 호칭한다.

> **보 충 학 습**
>
> **공동운항편(Code Share Flight)**
>
> 서로 다른 두 항공사가 마케팅 제휴의 일환으로 상대 항공사로부터 일정좌석을 임차하여 자사의 항공편명으로 판매함으로써 수익 증대와 자사의 비보유 노선에 대한 운항편 확대 효과를 꾀하는 방법이다. 이때 각각의 항공사를 Marketing Carrier와 Operating Carrier로 구분하며, 일반적으로 판매 및 발권은 마케팅 항공사 규정을 따르고, 공항에서의 탑승수속 등은 운항항공사 규정을 적용받는다.

③ 출발공항과 도착공항 코드

출발공항이 공란으로 되어 있는 경우는 앞 구간과의 연결편Connection Flight을 뜻한다.

④ 출발시간과 도착시간

항공편의 시간 표기는 24시법으로 표기되며, 출발지와 도착지의 시간은 모두 현지시간Local Time으로 표기된다. 출발시간 앞에 #표기가 있는 경우에는 조회일자 기준으로 다음날 출발, -는 전날 출발을 의미하며, 도착시간 뒤에 #1표기가 있는 경우에는 조회 날짜의 하루 뒤에 도착함을 의미한다.

⑤ 항공기종, 경유지 수, 기내식 유형, 항공사 가입등급, 전자항공권ET 가능 여부

등급구분	해 석	기 능
DCA	Direct Connect Availability	일반좌석상태 조회 기능만으로도 실제좌석상태 조회가 가능하며, 저장(EOT) 이전에 좌석 확보 진행
DCS/DC	Direct Connect Sell	실제좌석상태 조회가 가능하며, 저장(EOT) 이전에 좌석 확보 진행
DA/TA	Direct Access	실제좌석상태 조회가 불가능하며, 저장 후 24시간 이내 좌석 확보 여부 회신
AB	Answer Back	여정 작성 시 해당 항공사의 실제 예약번호를 회신
FA	Full Availability	일반좌석상태 조회만 가능하며 잔여좌석 정보를 제공하지 않음

⑥ 예약등급Booking Class 및 가능좌석 수Available Seats

- 출발지 공항코드 앞에 *표시가 있으면 추가 Class가 있다는 의미이며, 지시어 1*C (또는 A*C)를 이용하여 조회할 수 있다.
- 가능좌석 수는 항공사에 따라 0~9개의 좌석까지 표기된다.
- 좌석이 없는 경우에는 항공사별로 다음과 같이 세분화하여 Waitlist를 표기할 수 있다.

코 드	상 태	의 미
0	Flight Closed	좌석이 없으며, 대기가능 여부를 알 수 없으므로 요청 후 응답 확인
R	Request Only	NN으로 요청
L	Waitlist Open	LL로 요청
C	Waitlist Closed	요청 불가

보 충 학 습

예약등급(Booking Class)

항공사의 상품인 항공좌석은 생산과 소비가 동시에 이루어지는 일시성, 한시성의 성격을 가지고 있기 때문에, 항공사에서는 판매 극대화를 위해 지역별 혹은 노선별로 승객의 여행 특성에 맞게 다양한 종류의 운임과 예약등급을 설정하여 판매하고 있다. 이는 좌석의 손실을 방지하고 항공사의 수입을 극대화하기 위한 방안이다. 일반적으로 항공편 예약을 진행할 때 사용하는 Booking Class는 항공운임의 종류에 따라 결정되며, 적용할 운임 규정에 알맞은 Class를 선택해야 한다.

CLASS의 분류

탑승등급에 따른 분류	FIRST CLASS(일등석) BUSINESS CLASS(비즈니스석, 프레스티지석) ECONOMY CLASS(일반석, 보통석)
예약등급(운임 종류)에 따른 분류	FIRST CLASS : P, F, A, O 등 BUSINESS CLASS : D, J, I, R 등 ECONOMY CLASS : Y, B, M, K, G, H, V, X, N 등

* 항공사별 탑승등급의 명칭은 상이할 수 있음

보 충 학 습

운항 방식에 따른 항공편의 분류

```
6TG       655 C9 D9 J9 Z9 I6 Y9 B9 M9 H9 ICNBKK ① 2120 0110#1 777 0 M DCA/E
              Q9 T9 K9 S9 X9 V9 W9 LC
7OZ/TG 6763 C2 Y4 B4 M4 H4 E4 Q4          ICNBKK    2120 0110#1 773 0 M DCA/E
8TG       635 C9 D9 J9 Z9 I4 Y9 B9 M9 H9 ICNBKK ② 1730 2250    773 1 M DCA/E
              Q9 T9 K9 S9 X9 V9 W9 LC

5CA       124 J9 C9 D9 Z9 R9 I2 G5 E4 Y9 ICNPEK    1305 1420    333 0 H DCA/E
              B9 M9 U9 H9 Q9 V9 W9 S9 T9 L9 X9 N0 K9
6TG       615 C9 D9 J9 Z9 I9 Y9 B9 M9 H9    BKK ③ 1705 2115    359 0 M DCA/E
              Q9 T9 K9 S9 X5 V9 W9 LC
```

① Non-Stop Flight

출발지와 목적지 간에 경유지 없이 직행으로 운항하는 항공편으로 Availability 화면에 출/도착지 정보에 출발지와 최종 목적지의 공항코드가 표기되며, 경유지는 0으로 나타난다.

② Direct Flight

출발지에서 최종 목적지 간에 경유지가 있지만, 항공편을 갈아타지 않고 동일한 항공편을 이용하여 운항한다. 일반적으로 중간 경유의 목적은 급유 또는 추가 승객탑승을 위함이다.

③ Connection Flight

출발지와 최종 목적지 간에 경유지가 존재하며, 경유지에서 다른 항공편으로 환승하여 이동하는 운항 방식이다. 동일 항공사이거나 다른 항공사로 조합되는 경우를 모두 포함한다.

2) 선택Option 조회기능 지정 및 연속 조회기능

A20SEPSELHKG#OZ	특정 항공사 지정
A20SEPSELSIN0900	출발 시간대를 9AM으로 지정
A20SEPSELSFO/1700	도착 시간대를 5PM으로 지정
A15NOVSELSFO#OZSQ	항공사 복수(OZ와 SQ) 지정
A15OCTSELROM/D	Direct Flight & 직항편만 조회
A*	다음 화면의 추가 조회
A#1	요청한 날짜의 다음날 조회
A-1	요청한 날짜의 전날 조회
AR	복편(Return Flight) 조회
K9LA*	항공사별 Alliance 가입 조회
A12MAYSELLON#/*A	Alliance별 지정 조회 *A : STAR Alliance　　*S : SKY Team *O : ONE World

* 'A'는 '1'로 병행하여 사용 가능

> **보충학습**
>
> **항공동맹체(Airline Alliance)**
>
> 항공사들이 모여 공동의 이익을 도모하고자 하는 단체

3) 실제좌석상태 조회L.S.A

A25MAR SEL PAR @ AF ① ②	① 실제좌석상태 조회 지정기호 ② 지정 항공사코드

```
>A25MARSELPAR@AF
 -25MAR+ WED    SEL/Z#9      PAR/-8
AF RESPONSE ** DIRECT CONNECT PARTICIPANT **
13AF      267 J9 C9 D8 I3 W9 S9 A9 Y9 B9 ICNCDG    0955 1420    772 0
              M9 U9 K9 H9 L9 Q9 T9 E9 N9 R9 V9 X9 G9
14AF*    5093 J9 Y9 B9 M9 U9 K9 H9 L9 Q9 ICNCDG    1400 1830    388 0
              T9 E9 N9 R7
15OK*    4191 J4 C4 D1 Y9 M9 B9 H9 K9 T9 ICNPRG    1250 1610    789 0
              A9 L9 X9 Q9 U9
16AF*    5035 J4 C3 D3 I3 Z2 O2 Y9 B9 M9    CDG    1735 1925    738 0
              P9 U9 F9 K4
```

* 항공사의 기능 제공 허용 여부에 따라 혹은 가입등급에 따라 @를 이용한 실제좌석 조회가 제한될 수 있다. 이런 경우에는 @를 이용하여 조회하더라도 #을 이용한 결과 화면이 조회된다.

4) 상세비행정보 조회

Availability에서 조회	VA*6
PNR(예약)에서 조회	VI*2
항공편 정보 이용 조회	V*KE001/15DEC

```
>A10MARSELHKG#CX
 -10MAR+ TUE    SEL/Z#9      HKG/-1
 1CX      433 J9 C9 D9 I9 Y9 B9 H9 K9 M9 ICNHKG     1335 1655    333 0 L DCA/E
              L9 V9 S9 N9 Q9 O9
 2CX      411 J9 C9 D9 I9 Y9 B9 H9 K9 M9 ICNHKG     1505 1815    773 0 R DCA/E
              L9 V9 S9 N9 Q9 O9
 3CX      417 J9 C9 D9 I9 Y9 B9 H9 K9 M9 ICNHKG     1010 1315    333 0 L DCA/E
              L9 V9 S9 N9 Q9 O9
 4CX      415 J9 C9 D9 I9 Y9 B9 H9 K9 M9 ICNHKG     0845 1145    333 0 B DCA/E
              L9 V9 S9 N9 Q9 O9
 5CX      419 J9 C9 D9 I9 Y9 B9 H9 K9 M9 ICNHKG     1955 2250    333 0 D DCA/E
              L9 V9 S9 N9 Q9 O9
 6CX      421 J9 C9 D9 I9 Y9 B9 H9 K9 M9 ICNHKG     0915 1420    333 1 BL/BR DCA/E
              L9 V9 S9 N9 Q9 O9
 7CX      421 J9 C9 D9 I9 Y9 B9 H9 K9 M9 ICNTPE     0915 1115    333 0 B DCA/E
              L9 V9 S9 N9 Q9 O9
 8CX      495 J9 C9 D9 I9 Y9 B9 H9 K9 M9    HKG     1320 1525    333 0 L DCA/E
              L9 V9 S9 N9 Q9 O9
 9CX      421 J9 C9 D9 I9 Y9 B9 H9 K9 M9 ICNTPE     0915 1115    333 0 B DCA/E
              L9 V9 S9 N9 Q9 O9
10CX      475 J9 C9 D9 I9 W9 RL EL Y9 B9    HKG     1415 1620    333 0 R DCA/E
              H9 K9 M9 L9 V9 S9 N9 Q9 O9
11CX      421 J9 C9 D9 I9 Y9 B9 H9 K9 M9 ICNTPE     0915 1115    333 0 B DCA/E
              L9 V9 S9 N9 Q9 O9
12CX      467 J9 C9 D9 I9 Y9 B9 H9 K9 M9    HKG     1450 1655    333 0 R DCA/E
              L9 V9 S9 N9 Q9 O9
PROMOSPOTS TESTAD
>VA*6
10MAR  FLT SEGMENT DPTR  ARVL   MEALS     EQP  ELPD MILES SM
 6 CX  421 ICN TPE 0915  1115   B         333  3.00   903  N
DEP-TERMINAL 1                        ARR-TERMINAL 1
   CX  421 TPE HKG 1215  1420   L         333  2.05   501  N
DEP-TERMINAL 1                        ARR-TERMINAL 1
```

5) 경유가능지점 조회Connection Point

출발지와 목적지를 기준으로 시스템에 등록되어 있는 스케줄을 중심으로 중간 경유가능지점을 알려주는 기능이다.

T*CP- SEL SAO ① ②	① 기본 지시어 ② 출발지/도착지

6) 유의사항

- 여정을 작성할 때에 일반좌석상태 조회(GSA)의 데이터는 정확하지 않을 수 있으므로, 실제좌석상태 조회(LSA)에서 작성하는 것이 좋다. 일반좌석상태 조회 후 좌석을 요청하는 경우에는 비록 여정이 확약(HK)되었다 하더라고 해당 항공사의 실제좌석상태 조회에 따라 24시간 이내에 해당 항공사 시스템에 의해 좌석이 취소되거나 대기자로 변경(UC, US 등)될 수도 있다. 단 DCA 가입 항공사의 경우에는 일반좌석상태 조회의 좌석상태가 실제좌석상태 조회와 동일하기 때문에 신경 쓰지 않아도 된다.
- 좌석상태가 0(Zero)일 경우라도 대기자로 요청해 놓으면, 차후 해당 항공사의 좌석 상황에 따라 좌석이 확약될 수도 있다.
- 항공사별로 탑승구간/승객유형/적용운임 등에 따라 이용해야 할 Booking Class가 다르게 적용될 수 있으므로, 해당 항공사의 판매가 정보 및 운임조회를 통해 올바른 Class를 사용해야 한다.
- 항공사 가입등급 중 가장 낮은 단계인 FA등급 항공사는 좌석 가능수를 제공하지 않으므로 좌석 요청 후 항공사 응답을 통해 좌석 가능 여부를 확인할 수 있다.

2. 운항 스케줄 조회Schedule

- 특정 두 구간을 운항하는 14일간의 항공편 운항정보를 확인하는 기능
- Availability와 달리 좌석 가능 여부는 조회 불가
- 조회일로부터 362일 이내 항공편만 조회 가능

1) 기본 지시어

S 20AUG SEL FRA ① ② ③ ④	① 스케줄 조회 기본 지시어 ② 조회일 ③ 출발지 ④ 목적지

```
>S20AUGSELFRA
 20AUG   TUE - 03SEP  TUE    SEL/Z#9     FRA/-7  ❶        ❷
 1KE       905 ICNFRA   1305 1740    74H  0 1234567 01JUN-31AUG
 2OZ       541 ICNFRA   1200 1630    388  0 1234567 31MAR-26OCT
 3LH       713 ICNFRA   1425 1840    744  0 1234567 31MAR-26OCT
 4KE       905 ICNFRA   1250 1740    74H  0 1234567 01SEP-26OCT
 5SU       251 ICNSVO   1300 1630    77W  0 .234... 13JUN-24OCT
 6SU      2304    FRA   1850 2115    320  0 1234567 13JUN-24OCT
 7LH       719 ICNMUC   1015 1420    359  0 1234567 01APR-26OCT
 8LH       111    FRA   1500 1600    321  0 12345.7 01APR-26OCT
 9KL/KE    200 ICNAMS   1405 1855    772  0 .2.4.67 08JUN-24OCT
10KL/**  1775     FRA   2035 2145    E90  0 1234567 08JUN-24OCT
11OK       191 ICNPRG   1250 1700    333  0 .2.4..7 05APR-24OCT
12LH      1401    FRA   1820 1930    32N  0 1234567 05APR-24OCT
```

① 항공편 운항요일 : 월요일~일요일을 숫자 1~7로 표기하며, 운항하지 않는 요일은 .(도트) 표기
② 해당 항공편 운항기간 : ICN-FRA 구간을 운항하는 KE905편의 스케줄은 8월 31일까지 적용

2) 추가 지정 및 연속 지시어

S20AUGSELLON#OZBA	복수항공사 지정
S20AUGSELLON/D	직항편 지정
S20MARSELLON1900	출발시간 지정
S*	추가 스케줄 조회
S*OA	최초 스케줄 조회(Origin)
SR	복편 조회

3. PNR 만들기

1) PNR Passenger Name Record이란?

항공여행을 원하는 승객의 항공 여정 및 호텔, 렌터카 등의 부대서비스 예약 등을 포함한 항공편 탑승 정보가 저장되어 있는 여객예약 기록을 말한다. 항공여행을 하려는 승객이라면 PNR이 존재해야 실제로 항공편을 탑승할 수가 있다.

2) PNR 구성요소 및 기본 지시어

PNR을 작성하기 위해서는 각 시스템CRS/GDS이 요구하는 구성요소를 만족시켜야 한다. PNR 작성 구성요소에는 아래 표와 같이 필수 입력사항과 선택 입력사항으로 구분되며, 아시아나 세이버의 경우 기본적으로 숫자 지시어(일부 제외)를 사용한다. 기본 지시어는 각각의 구성요소를 입력할 때 사용되는 가장 처음 시작하는 공통 지시어를 의미하며, PNR을 작성하기 위해 입력되는 각각의 내용을 Field라고 부른다.

구 분	기본 지시어	입력 내용	입력 지시어
필수 입력 사항	0	여정 작성(Itinerary)	02Y3 02M2LL 0OZOPENY22NOVICNHKGDS2
	-	이름(Name)	-HONG/GILDONGMR(성인) -HONG/MINHOMSTR*C10(소아) 3CHLD/20MAR18-2.1(추가 소아정보) -I/HONG/NANAMISS*I15(유아) 3INFT/HONG/NANAMISS/20JUL19-1.1(추가 유아정보)
	9	전화번호(Phone)	9T*02-235-1749 SABRE KIM/MJ 9M*010-234-7895
선택 입력 사항	3	특별서비스(SSR)	3VGML2-1.1
	3OSI	기타 승객정보(OSI)	3OSI OZ LCTC GRAND HTL RM306
	4G	사전좌석배정(PRS)	4G1/15AB
	5	참고사항(Remarks)	5PAX WL PAY BY CASH
	6	예약 작성자 및 변경 의뢰자 (Received from)	6KIM/MJ
	7	항공권 정보(Ticketing)	7TAW/
	FF	마일리지카드	FFOZ12345678-1.1

3) PNR 작성 부가 지시어

*A	PNR 전체 조회	• 작성 중인 PNR 전체 내용을 정리하여 조회하는 기능 • 응답 결과가 'NO DATA'인 경우에는 작업 중인 PNR이 없다는 의미이며, 새로운 PNR 작업 진행이 가능
I	PNR 작업 무시	• 작성 중(미완성)인 PNR 작업을 중지(무시)시키는 기능 • 기존에 작성 중이거나 조회 중인 PNR이 있을 경우에는 새로운 PNR 작성이 불가능하므로 새로운 작업을 시작하기 위해서는 반드시 Ignore를 해주고 작성

4. 기본 PNR 만들기

1) 여정 작성ITINERARY

0 2 B 1 또는 N 2 B 1 ①②③④	① 기본 지시어 : 0 또는 N ② 요청좌석 수 ③ Booking Class ④ 예약하고자 하는 항공편(Availability상의 line No)

(1) 기본 좌석 요청

- 기본 지시어는 0또는 N을 사용
- 여정을 작성한다는 것은 승객이 원하는 항공편의 좌석 예약을 각 항공사로 요청한다는 의미
- 항공편뿐만 아니라 호텔, 렌터카 등의 여정도 포함될 수 있다.
- 여정의 작성 순서와 상관없이 날짜순으로 자동 정렬되며, 날짜가 생략된 OPEN 여정이 있을 경우에만 사용자가 순서를 지정하면 된다.
- 여정을 작성하는 기본 방법은 Availability를 조회한 후 작성하는 것이며, 경우에 따라서는 직접 지시어를 통해 여정을 작성할 수도 있다.

```
 8SQ      607 Z9 C9 J9 U9 D9 Y9 B9 E9 M9 ICNSIN    0900 1420    333 0 M DCA/E
              H9 W9 Q9 N9 V9 GC K9
 9OZ/SQ 6781 C2 D2 UL Y4 B4 M4 H4 E4 Q4 ICNSIN    0900 1420    333 0 DCA/E
              K4 SC
10KE      645 P8 F8 A8 J9 C9 D9 I9 R5 Z9 ICNSIN    1840 2350    77W 0 DS/DR DCA/E
              Y9 B9 M9 S9 H9 E9 K9 L9 U9 Q9 N9 T9 GC
11OZ      753 C9 D9 Z9 U9 P4 Y9 B9 M9 H9 ICNSIN    1930 0130#1 333 0 D DCA/E
              E9 Q9 K9 S9 V9 WC TC LL GR
12SQ/OZ 5753 C4 J4 D4 Z4 U4 Y4 B4 E4 M4 ICNSIN    1930 0130#1 333 0 D DCA/E
              H4 W4 Q4 NL LL VL
PROMOSPOTS TESTAD
SABRE PROMOSPOTSTEST AD S112CERT-07CERT
>N2Y11❶     ❷     ❸     ❹     ❺         ❻
  OZ 753Y   27SEP ICNSIN SS2  1930  0130  28SEP  /DCOZ   /E
SURNAME CHG NOT ALLOWED FOR OZ-Y FARECLASS
```

구 분	지시어	내 용
①	OZ753 Y	항공편명과 Booking Class
②	27SEP	탑승일자(DDMMM)
③	ICNSIN	출발지/도착지코드
④	SS 2	좌석코드와 요청좌석 수
⑤	1930 0130	출발시간/도착시간
⑥	/DCOZ	시스템 접속 유형

(2) 그 밖의 좌석 요청

구 분	명령어
대기자 좌석 요청	02Y8LL
연결편 좌석 요청	02Y6Y7 또는 02Y6* 또는 02Y6K7
PASSIVE 좌석 요청	02Y1GK
OPEN 좌석 요청	01M3OPEN(날짜 지정) 01M3OPEN/ND(날짜 미지정)

(3) ARNK 여정의 작성

예약시스템에서는 여정의 연속성이 이루어져야 정상적으로 예약(저장 작업)이 가능하다. 여정의 연속성이란, 앞 구간의 도착지와 뒤 구간의 출발지가 같음을 의미한다. 그러나 승객 중에는 여행을 하는 도중에 비행기를 이용하기 않고 그 외의 운송수단(기차 혹은 배 등)으로 여행하게 되는 구간이 발생할 수 있는데, 이러한 구간을 비항공 운송구간Surface이라 한다.

비항공 운송구간이 발생했을 때 사용자가 비항공 운송구간의 존재 여부를 알려주지 않고 여정 작성을 진행하면 시스템은 정상적인 여정으로 인식하지 못한다. 따라서 비항공 운송구간이 발행한 경우, 연속성을 지켜주기 위해 대신 작성하는 여정을 ARNKArrival Unknown라고 부르며, 이 ARNK 여정은 연속성이 이루어지도록 하는 수단이 된다.

구 분	지시어	내 용
기본 형태	0A	ARNK 여정 기본 지시어
여정의 위치 변경	/1/3	1번 구간 뒤에 3번 구간 이동
특정 위치 지정	/1A	1번 구간 뒤에 ARNK 입력
자동 입력	0AA	ARNK 필요한 위치에 자동 입력

(4) 직접 입력 요청

0 OZ721 B 15JUL ICNHKG NN 2 ① ② ③ ④ ⑤ ⑥ ⑦	① 좌석 요청 기본 지시어 ② 비행편명 ③ Booking Class ④ 출발일 ⑤ 출발지/도착지 공항코드 ⑥ 좌석요청 코드 ⑦ 요청좌석 수

```
>0OZ721B07JULICNHKGNN2
 0900  1150  2 S  SEG 1 SS B /DCOZ /E
DEP-TERMINAL 1                ARR-TERMINAL 1
SURNAME CHG NOT ALLOWED FOR OZ-B FARECLASS
>*A
NO NAMES
 1 OZ 721B 07JUL 2 ICNHKG SS2  0900  1150  /DCOZ /E
OZ ECONOMY CLASS
Z60D.Z60D*AAA 2130/28JUL19
```

미확정 구간(Open Segment)의 직접 입력 요청	내 용
0OZOPENB22JUNICNNRTDS2	편명 미지정, 날짜 지정 OPEN 여정 작성
0OZ102B25JANICNPEKDS2	편명 지정, 날짜 지정 OPEN 여정 작성
0OZOPENBICNNRTDS2	편명 미지정, 날짜 미지정 OPEN 여정 작성

(5) 여정의 수정

여정의 수정은 PNR 저장 이전 또는 이후에 모두 사용할 수 있으며 동일 구간, 동일 편명일 때 날짜 및 CLASS만 변경이 가능하다.

날짜 변경	.2/25DEC	
Booking Class 변경	특정 구간 지정	.2/K 또는 WC2K
	연속 구간 지정	WC1-2B
	전체 구간 지정	WCAB
상태코드 변경	.1RR	

(6) 여정의 취소

여정의 취소는 예약 작업 중 또는 예약 완료 후 모두 가능하다.

구 분	지시어	내 용
특정 구간 취소	X3	3번 구간 취소
전체 구간 취소	XI	모든 구간 취소(예약 취소)
연속 구간 취소	X1-3	1~3번 구간까지 취소
비연속 구간 취소	X1/3	1번과 3번 구간만 취소
이중 예약 취소	.1XK	1번 구간을 내 시스템에서만 취소(항공사로 취소전문 전송이 안 됨)

(7) 기타 여정의 조회

*I	전체 여정 조회
*IA	항공 여정만 조회(호텔/렌터카 등 제외)
*IAB	항공 여정이 예약된 시점을 기준으로 경과시간 확인 조회 (PNR 마지막 줄 JET-KEY 사용하여 확인 가능)

(8) 여정 작성 시 유의사항

① 승객 수와 여정상에 요청되는 좌석 수의 동일성

여정상에 입력되는 승객의 수와 모든 여정의 좌석 수는 동일해야 하며, 단 좌석을 점유하지 않는 유아Infant 승객은 좌석 수에서 제외하고 요청해야 한다.

② 여정상의 구간별 좌석 수의 동일성

하나의 PNR에 작성되는 승객은 전체 여정이 동일해야 한다. 따라서 모든 구간에 요청되는 좌석의 수는 동일해야 하며, 그렇지 않을 경우에는 정상적인 예약이 이루어지지 않는다.

③ 여정의 연속성

올바른 PNR 작성을 위해서는 여정의 연속성이 이루어져야 한다. 만약 비항공 운송구간이 발생하는 경우에는 ARNK 여정을 추가하여 전체 여정의 연속성이 꼭 이루어지도록 해야 한다.

④ 최소연결시간MCT 준수

연결편 항공기를 이용하는 경우 중간 경유지에서의 최소연결시간Minimum Connection Time을 확인하여 여정을 작성해야 하며, 다음의 기능을 활용할 수 있다.

VCT*	PNR상에 작성된 연결편 여정의 MCT 확인
VCT*1/2	PNR 여정 중 1번과 2번 구간상의 MCT 확인
VCT*2-4	PNR 여정 중 2번부터 4번 구간상의 MCT 확인
T*CT-FRA	특정 공항(도시)에 설정된 MCT 정보 확인
T*CD-FRA/OZLH/II	구간/탑승항공사/연결편 유형 등을 지정하여 MCT 정보 확인

⑤ 기타

- PNR을 작성할 때는 여정 부분을 가장 먼저 작성하여 좌석에 대한 가능성을 확보한 후에 승객 이름이나 연락처를 추가 입력하여 진행하는 것이 좋다.
- 최초 요청되는 여정상의 좌석코드를 통해 해당 구간 좌석 확보 또는 대기자 접수 등이 불가한 상태(UC, NO 등)인지를 확인하고, 필요한 경우 추가적인 작업을 진행해야 한다.

- 여정 작성 시점에 적용되는 항공사 가입등급에 따른 시스템 연결 유형에 따라 SS, NN 등의 요청코드가 결정되므로 작성되는 좌석코드 종류가 그때그때 다를 수 있다.
- GK 여정은 실제 항공사에 예약된 기록이 존재하는 경우 발권을 위한 대체 여정으로 작성하는 경우에 사용되며, 항공사의 PSNPassive Segment Notification 가입 여부 및 기능에 따라 GK 작성 가능 여부가 다르다.
- GK 여정은 실제로 좌석 확보가 되어 있는 HK 구간이나 HL 구간 등의 실제 예약 진행 구간과 함께 작성하지 않는 것이 바람직하다.

(9) Married Segment

Married Segment란, 항공사가 특정 복수 구간의 항공편을 결합 판매하여 좌석 관리를 효과적으로 진행하기 위해 운영하는 구간을 말한다. 항공사의 판매 정책에 따라 결합 구간으로 이루어진 Married Segment는 일부 구간 취소 등이 제한될 수 있으며 하나의 여정으로 취급된다.

*IMSL	여정상에 작성되어 있는 Married Segment List를 정리해서 조회하는 기능

2) 이름NAME 입력

- 기본 지시어는Hyphen이다.
- 여권상의 영문 이름을 기본으로 입력하며, 성Last Name과 이름First Name을 구분하기 위해 /(slash)를 사용하고 이름 뒤에 성별Title을 추가한다(단, 유아의 경우 성별은 필수가 아님).
- 승객의 유형은 나이에 따라 성인Adult, 소아Child, 유아Infant로 구분된다.
- 소아와 유아의 이름을 입력할 때는 나이를 함께 입력해야 한다.
- 이름 입력 순서에 따라 승객번호를 자동으로 정렬해 주며, 유아승객은 가장 마지

막에 입력하는 것이 좋다.

- SABRE에서 작성된 유아 이름은 NAME Field 상에 표기되나, OZ항공사 PNR 조회 시 NAME Field가 아닌 OSI 항목으로만 전송되는 경우도 있으므로 유의해서 확인한다.

구 분	성인(ADT)	소아(CNN)	유아(INF)
분류기준 (탑승일 기준)	만 12세 이상	만 2세 이상 ~ 만 12세 미만	생후 7일 이상 ~ 만 2세 미만 (좌석 비점유)
TITLE	MS/MRS/MR	MISS/MSTR	MISS/MSTR
	DR(Doctor) : 의사 또는 박사 PROF(Professor) : 교수 CAPT(Captain) : 기장 또는 선장 REV(Reverend) : 성직자		

(1) 승객 유형에 따른 입력 방법

승객 유형	기본 입력	추가정보 입력
성인(ADT)	-HONG/GILDONG MR	
소아(CNN)	-PAKR/SOA MSTR*C10	3CHLD/20JUL18-2.1
유아(INF)	-I/PARK/AGA MISS*I22	3INFT/PARK/AGAMISS/15SEP19-1.1

① 성인 유형별 입력

유 형	입력 방법	설 명
한 글자 성(O)	-OO/MIJEONG MS	성이 한 글자(O)인 경우 두 번 중복 입력
Single Name	-MOHAMMED/MOHAMMED MR -OMIJEONG/MS -MOHAMMED/MR	싱글 네임인 경우 이름 두 번 중복 입력 이름과 타이틀 사이에 구분기호 넣어 입력

② 2명 이상의 복수승객 이름 동시에 입력

-HONG/MIJEONG MS‡-HONG/MIYOUNG MS	2명의 승객번호가 각각 1.1과 2.1로 생성
-2HONG/MIJEONG MS‡MIYOUNG MS	2명의 승객번호가 1.1과 1.2로 생성

③ 특수승객(CBBG와 EXST) 이름 입력

승객 좌석을 여유 있게 점유하기 위한 EXST, 기내 특별화물 운송을 위한 CBBG의 경우 항공사마다 예약 및 발권 방법이 상이할 수 있다. OZ의 경우에는 다음과 같이 이름 입력 방식으로 예약한 뒤 발권 규정에 따라 발권을 진행할 수 있다.

-HONG/GILDONGMR/CBBG

```
>-2HONG/GILDONGMR/CBBG *
>*A
 1.2HONG/GILDONGMR/CBBG
 1 OZ 721B 07JUL 2 ICNHKG SS2  0900  1150  /DCOZ /E
OZ ECONOMY CLASS
PASSENGER DETAIL FIELD EXISTS - USE PD TO DISPLAY
Z60D.Z60D*AAA 2132/28JUL19
```

(2) 소아(어린이) 이름 입력

구분	입력	설명
기본 형태	-PARK/SOA MSTR *C05 ① ② ③	① 성/이름 ② Title ③ 나이 표기(Child, 11)
추가정보 입력	3CHLD/20AUG18 -2.1 ① ② ③	① 기본 지시어 ② 생년월일(DDMMMYY) ③ 소아 승객번호
기타 기능	3CHLD -2.1	소아 생년월일을 모를 경우

```
 1.1HONG/GILSONGMR  2.1PARK/SOAMSTR*C06
 1 OZ 721B 07JUL 7 ICNHKG SS2  0900  1140  /DCOZ /E
OZ ECONOMY CLASS
PASSENGER DETAIL FIELD EXISTS - USE PD TO DISPLAY
Z60D.Z60D*AAA 0309/19JUN19
>3CHLD/20AUG15-2.1 *
>*A
 1.1HONG/GILSONGMR  2.1PARK/SOAMSTR*C06
 1 OZ 721B 07JUL 7 ICNHKG SS2  0900  1140  /DCOZ /E
OZ ECONOMY CLASS
PASSENGER DETAIL FIELD EXISTS - USE PD TO DISPLAY
GENERAL FACTS
  1.SSR CHLD OZ HK1/20AUG15
Z60D.Z60D*AAA 0309/19JUN19
```

* 소아 추가정보 입력은 여정이 존재해야 입력이 가능하며, 여정상에 존재하는 항공사의 개수만큼 생성되어 각 항공사별로 전송되는 정보이다.
* 소아 추가정보 입력 결과는 PNR상에 GENERAL FACTS Field에서 조회되며, 승객번호 링크 여부는 *P3을 통해 상세 확인이 가능하다.

(3) 유아(아기) 이름 입력

기본 형태	-I/PARK/AGA MISS*I 22 ① ② ③ ④	① 유아 입력 지시어 ② 성/이름 ③ Title ④ 나이 표기(Infant, 22개월)
추가정보 입력	3INFT/PARK/AGAMISS/20AUG18 -1.1 ① ② ③ ④	① 기본 지시어 ② 성/이름 ③ 생년월일(DDMMMYY) ④ 보호자(성인) 승객번호
기타 기능	3INFT2/PARK/AGAMISS/20AUG18 -1.1	유아 추가정보 구간 지정(2번) 입력

- 유아 추가정보는 필수 입력사항으로 미입력 시 PNR 저장이 불가능하다.
- 유아의 추가정보를 입력할 때는 유아의 승객번호가 아닌, 보호자(성인)의 승객번호를 링크하여 입력해야 한다(유아는 좌석 비점유 승객이므로 링크 불가).
- 유아 추가정보 상에 입력되는 성과 이름은 NAME Field에 입력된 내용과 동일해야 하며, Title이 있는 경우에도 마찬가지이다.
- 성인 승객이 한 명인 경우에는 3INFT 입력 시 보호자 승객번호를 지정하지 않아도 자동으로 입력된다.
- 유아 추가정보 입력 후 유아의 이름이 수정된 경우에는 기존 자료를 삭제한 후 재입력해야 한다.
- 유아 추가정보는 입력 시에 작성되어 있는 여정의 개수만큼 자동으로 생성되며, 구간별로 해당정보가 입력되어 있어야 PNR 저장이 가능하다.
- 유아 정보의 입력 결과는 PNR상의 GENERAL FACTS Field에서 조회되며, 승객번호 링크 여부는 *P3을 통해 상세히 확인할 수 있다.

```
>-I/PARK/AGAMISS*I22 *
>3INFT/PARK/AGAMISS/20JUL18-1.1 *
>*A
 1.1HONG/GILDONGMR  2.1PARK/SOAMSTR*C05  3.I/1PARK/AGAMISS*I22
 1 OZ 721B 07JUL 7 ICNHKG NN2  0900  1140  /E
PASSENGER DETAIL FIELD EXISTS - USE PD TO DISPLAY
GENERAL FACTS
  1.SSR CHLD OZ HK1/20AUG18
  2.SSR INFT OZ NN1 ICNHKG0721B07JUL/PARK/AGAMISS/20JUL18
Z60D.Z60D*AAA 0318/17JUN19
>*P3
GENERAL FACTS
  1.SSR CHLD OZ HK1/20AUG18          2.1 PARK/SOAMSTR
  2.SSR INFT OZ NN1 ICNHKG0721B07J   1.1 HONG/GILDONGMR
    UL/PARK/AGAMISS/20JUL18
```

(4) 이름의 수정 및 삭제

성 또는 성과 이름 수정	-1@HONG/GILDONG MR(EOT 이전만 가능)
이름 수정	-1.1@KILDONG MR
나이 수정	-2.1@*C10
나이 정보 삭제	-2.1@*(공란 3칸)
전체 이름 삭제	-1@ 또는 -1.1@

(5) 이름 입력 유의사항

- 유아는 좌석을 점유하지 않는 특수한 승객이므로, 승객 중에 유아가 있는 경우에는 유아의 이름이 가장 마지막 순서로 입력되도록 한다. 그렇지 않으면 예약 작업 시 정상적인 진행이 이루어지지 않을 수도 있다.
- 성인 1인당 유아승객은 최대 2명까지 동반이 가능하다. 단, 유아 2명 동반 시 1명만 유아운임 적용이 가능하고, 나머지 한 명은 소아운임 적용 및 좌석 점유가 가능하다(소아운임 적용 유아도 3INFT 추가정보 입력 필요).
- 성인 1명당 3명 이상의 유아를 동반할 경우에는 탑승이 불가능하다.
- 모든 승객의 이름은 저장되기 이전에는 자유롭게 수정 또는 삭제할 수 있으나 저장된 이후에는 제한적으로만 가능하다.

- 항공사가 규정하는 개인 예약은 최대 9명까지 이므로 10명 이상의 단체 예약인 경우에는 별도의 절차에 따라 PNR을 작성해야 한다.

3) 전화번호PHONE 입력

- 기본 지시어는 9이다.
- 일반적으로 예약업무를 담당하는 직원 연락처와 승객의 연락처를 각 하나씩 입력한다.
- 기본 지시어 이후에는 자유롭게 입력할 수 있으나 특수문자(#, @, /) 등이 입력되는 경우에는 항공사 시스템으로 전송되는데 문제가 발생할 수 있으므로, 하이픈(−)Hyphen 또는 공백Space을 띄우는 방식으로 입력한다.
- PNR 완성 이후에 추가 입력되는 연락처는 3OSI 형식을 이용하여 입력해야 항공사로 전송이 가능하다.
- OZ의 경우, 승객 휴대폰 연락처 입력 시 9M*010-123-4567 형식을 기준으로 입력되어야 항공편 관련 정보를 SMS로 받아볼 수 있으며, OSI 입력 시 3OSI OZ CTCM 010-123-4567 형식을 이용한다.

유형 구분	지시어
여행사	9T*
휴대폰	9M*
사무실	9B*
집	9H*

① 기본 입력 형태

9T* 02-123-4567 AAA TRVL KIM/MJ ① ② ③	① 기본 지시어 ② 담당 대리점(직원) 연락처 ③ 담당 대리점(여행사) 이름과 담당자 이름

② 수정 및 삭제

첫 번째 전화번호 삭제	91@
첫 번째(대리점) 전화번호 수정 두 번째(휴대폰) 전화번호 수정	91@T*02-234-5789 92@M*010-234-5678

4) PNR 저장과 조회

(1) PNR 저장

- PNR 필수사항을 모두 입력하고 나서 최종적으로 저장 작업End of Transaction을 통해 예약번호를 부여받아야 예약이 완성된 것이라 할 수 있다.
- PNR 완성 여부는 예약번호로 표기되며, 이는 나중에 예약기록을 확인하거나 조회할 때 필요하다.
- 정상적인 저장이 이루어지면 SABRE 예약번호와 항공사 예약번호Answer Back가 모두 생성된다. 일정시간이 지난 뒤에도 항공사 예약번호 응답이 없다면, 해당 항공사로 확인해야 한다.

지시어	내 용	
E	저장 후 작업 종료(End of Transaction)	
*RR	PNR 저장 후 가장 최근 PNR 재조회(Redisplay)	
ER	저장 작업과 동시에 PNR 재조회(E + *RR)	
I	PNR 상에 입력하고자 했던 내용을 취소하거나 기존 작업을 중지하고 새로운 PNR을 작성하고자 할 때 사용하는 기능(Ignore)	
IR	작업 무시(I) 작업과 동시에 PNR 재조회(I + *RR)	
EWR	예약코드를 UP-DATE한 후 PNR 재조회	
각종 조회	**항 목**	**내 용**
*A	전체 항목(ALL)	작성 중인 전체 항목을 모두 조회
*N	이름	이름 항목 모두 조회
*I	여정	작성된 여정(호텔/렌터카 포함) 모두 조회
*IA		작성된 여정 중 항공 여정(Air Segment)만 조회
*IAB		작성된 항공 여정의 예약시점 확인 조회
*P9	연락처	연락처 항목 모두 조회
*P3	OSI/SSR	CHLD, INFT, OSI 항목 조회
*P3D		APIS, SFPD 입력 항목 조회

```
GENERAL FACTS
  1.SSR CHLD OZ HK1/20AUG18
  2.SSR INFT OZ NN1 ICNHKG0721B07JUL/PARK/AGAMISS/20JUL18
  3.SSR INFT OZ NN1 SINICN0752Y10JUL/PARK/AGAMISS/20JUL18
Z60D.Z60D*AAA 0419/17JUN19
>E
OK 0419 KJZJKP
>*RR                ❶
 < PNR - KJZJKP >
 1.1HONG/GILDONGMR  2.1PARK/SOAMSTR*C05  3.I/1PARK/AGAMISS*I22
 1 OZ 721B 07JUL 7 ICNHKG HK2  0900  1140  /DCOZ*P7BPR5 /E
 2 ARNK
 3 OZ 752Y 10JUL 3 SINICN HK2  2240  0610 11JUL 4
                                               /DCOZ*P7BPR5 /E
                          ❷
TKT/TIME LIMIT                                       ❸
  1.TAW/
PHONES
  1.SELT*02-123-4567
  2.SELM*010-1234-5678  ❹
PASSENGER DETAIL FIELD EXISTS - USE PD TO DISPLAY
GENERAL FACTS
  1.SSR CHLD OZ HK1/20AUG18
  2.SSR INFT OZ KK1 ICNHKG0721B07JUL/PARK/AGAMISS/20JUL18  ❺
  3.SSR INFT OZ KK1 SINICN0752Y10JUL/PARK/AGAMISS/20JUL18
  4.SSR OTHS 1B OZ RSVN IS 2710-6166
  5.SSR ADTK 1B TO OZ BY 22JUN 1900 OTHERWISE WILL BE XLD  ❻
RECEIVED FROM - P ❼         ❶
Z60D.Z60D*AAA 0419/17JUN19 KJZJKP H
```

구 분	내 용	특 징
①	SABRE 예약번호	시스템 자동 생성
②	좌석코드(HK로 확약된 상태)	항공사 회신
③	항공사 예약번호(ANSWER BACK)	항공사 회신
④	전화번호	사용자 입력
⑤	소아/유아 추가정보	사용자 입력
⑥	항공사 숫자 예약번호(OZ, KE의 경우) 항공사 발권시한(Ticket Time Limit)	항공사 회신
⑦	최초 PNR 완성 일시	시스템 자동 생성

(2) PNR 저장 시 유의사항

- E 또는 ER은 작업 내용을 저장하고 그 내용을 각 항공사로 전송하는 역할을 하는 것으로서, PNR 작성뿐만 아니라 수정 및 삭제, 추가 등의 작업 후에도 반드시 입

력해 주어야 한다.

- SABRE에서 작성된 PNR과 해당 항공사에 기록된 PNR의 승객과 여정은 항상 일치되어야 하며, 특히 이름 변경, 여정 변경, 여정 분리Divide 등 PNR을 수정한 경우에는 반드시 항공사로 일치 여부를 확인해야 한다.
- 여행 도중 특정 지점에서 72시간 이상 체류하고자 할 때에는 최소한 항공기 출발 72시간 전까지 다음 연결 항공편에 대한 예약을 재확인Reconfirm해야 한다.
- 항공사 예약번호 미제공의 경우, 항공사 예약번호 제공이 되지 않은 PNR에 대해서는 반드시 항공사에 정상 예약 여부를 확인해야 한다. 항공사 예약번호 미제공 여정에 대한 취소는 반드시 .SEG번호(.1XK)로 정리해야 한다. XI로 정리하면 추후 정상 예약된 PNR을 취소시킬 수 있다.
- SABRE에서 이중 예약하거나 타 GDS에서 이중 예약이 되었을 경우에는 TTYMSG 전송 문제가 발생하여 예약이 취소될 수 있다. 불가피하게 이중 예약을 했을 때는 항공사 PNR이 정상적으로 예약되어 있는지 반드시 확인해야 한다.

(3) PNR 찾기

저장이 완료된 PNR은 마지막 여정의 항공편 출발일로부터 24시간 이내까지 조회가 가능하고, 발권이 완료된 PNR은 마지막 여정의 항공편 출발일로부터 30일 이내까지 조회가 가능하다. 여정이 모두 취소된 PNR도 동일하게 적용된다. 따라서 사용자의 필요에 따라 저장된 PNR을 조회할 수 있으며 방법은 다음과 같다.

구 분	지시어
SABRE 예약번호를 이용한 조회	*ABCDEF
승객의 이름을 이용한 조회	*-HONG/GILDONG(동일하거나 유사한 이름까지 조회) *#-HONG/GILDONG(동일한 이름만 조회)
항공사 예약번호 직접 조회	@Q MH/*KECS7
	조회 가능 항공사 AA, AI, BI, BR, B7, CI, CA, CX, CZ, FT, GA, GF, GE, IC, JD, LH, MH, MI, OZ, PG, PR, SQ, S2, 9W

```
>*-BYUN/HYOJEONG                                    ①
  1    BYUN/HYOJINM   20SEP-30SEP   2    BYUN/HYEJINM X20SEP-30SEP
  3    BYUN/HYOJEON X20SEP-30SEP    4    BYUN/HYOJEON X       -10OCT
  5    BYUN/HYOJEON X       -15OCT  6    BYUN/HYOJEON X       -24OCT
  7    BYUN/HYOJEON X       -20OCT  8    BYUN/HYOJEON X       -09FEB
  9    BYUN/HYOJEON X       -10DEC 10    BYUN/HYOJEON X       -27JUL
 11    BYUN/HYOJEON X       -18SEP 12    BYUN/HYOJEON X       -09AUG
 13    BYUN/HYOJEON X       -04NOV 14    BYUN/HYOJEON X       -25OCT
 15    BYUN/HYOJEOG X       -01DEC 16    BYUN/HYOJEON X       -20OCT
 17    BYUN/HYOJEON X       -30NOV 18    BYUN/HYOJEON X       -30NOV
 19    BYUN/HYOJEON X       -20OCT 20    BYUN/HYOJEON X       -15NOV
 21    BYUN/HYOJEON X       -25JUN 22    BYUN/HYOJEON X20JUN-25JUN
 23    BYUN/HYOJOEN X       -30NOV 24    BYUN/HYOJEON X       -05DEC
 25    BYUN/HYOJEON X ②     -10JAN
>*#-BYUN/HYOJEONG
  1 X BYUN/HYOJEONGMR    20JUN-25JUN   BKKICN  ③   OZ 742  ④
  2 X BYUN/HYOJEONGMS    10JUN-20OCT   ICNMNL      OZ 701
  3 X BYUN/HYOJEONGMS    10JUN-20OCT   ICNMNL      OZ 701
  4 X BYUN/HYOJEONGMS    20JUN-25JUN   BKKICN      OZ 742
  5 X BYUN/HYOJEONGMS    01JUL-10JUL   ICNTPE      CI 161
  6 X BYUN/HYOJEONGMS    22JUL-27JUL   ICNMUC      OZ 561
>*1  ⑤
 < PNR - HFWNVL >
 1.1BYUN/HYOJINMS   2.I/1BYUN/AGAMISS*I10
 1 OZ 202Y 20SEP 5 ICNLAX HK1  1440  0950  /DCOZ*P7G7WJ /E
 2 OZ 201Y 30SEP 1 LAXICN HK1  1210  1735 01OCT 2
                                            /DCOZ*P7G7WJ /E
TKT/TIME LIMIT
  1.TAW/
PHONES
  1.SELT*02-123-4567
  2.SELM*010-1234-5678
PASSENGER DETAIL FIELD EXISTS - USE PD TO DISPLAY
GENERAL FACTS
  1.SSR OTHS 1B OZ RSVN IS 9912-2888
  2.SSR ADTK 1B TO OZ BY 01JUL 2000 OTHERWISE WILL BE XLD
  3.SSR INFT OZ KK1 ICNLAX0202Y20SEP/BYUN/AGAMISS/20JUL19
  4.SSR INFT OZ KK1 LAXICN0201Y30SEP/BYUN/AGAMISS/20JUL19
RECEIVED FROM - P
Z60D.Z60D*AAA 0502/17JUN19 HFWNVL H
```

구 분	내 용
①	승객의 이름과 여행기간
②	여정이 취소되어 있음을 표시
③	첫 구간 여정
④	첫 구간 예약편명
⑤	예약 리스트 중 1번 예약 불러오기

(4) 사례별 저장 오류의 예

예약발권을 진행하는 과정에서 다양한 형태의 오류가 발생할 수 있으며, 각 오류 메시지를 올바르게 이해하고 적절한 방법으로 해결해야 정상적으로 예약을 완성할 수 있다. 다음은 항공편 예약 시 발생하는 대표적인 오류 사례이다.

가. 승객 수와 좌석 수가 일치하지 않는 경우 : 승객 수 또는 좌석 수 확인하여 수정

```
 1.1BYUN/HYOJEONGMS  2.1KANG/EUNJIMR
 1 OZ 721Y 15OCT 2 ICNHKG SS1  0900  1140  /DCOZ /E
OZ ECONOMY CLASS
 2 OZ 752Y 20OCT 7 SINICN SS1  2240  0610 21OCT 1  /DCOZ /E
SKD CHG - TIMES DIFFER FROM BOOKED
OZ ECONOMY CLASS
PHONES
  1.SELT*02-123-4567
  2.SELM*010-1234-5678
PASSENGER DETAIL FIELD EXISTS - USE PD TO DISPLAY
Z60D.Z60D*AAA 0528/17JUN19
>E
NUMBER OF NAMES NOT EQUAL TO RESERVATIONS
승객수와 좌석수가 일치하지 않습니다.
```

나. PNR 저장 작업(E)과 항공사 정보 전송이 동시에 진행된 경우 : 지시어 'IR' 시행 후 재작업

```
 < PNR - VQLKNP >
 1.1HONG/GILDONGMR
 1 OZ 721Y 17OCT 4 ICNHKG HK1  0900  1140  /DCOZ*SE4VTU /E
 2 ARNK
 3 OZ 752Y 30OCT 3 SINICN HK1  2310  0635 31OCT 4
                                        /DCOZ*SE4VTU /E
TKT/TIME LIMIT
  1.TAW/
PHONES
  1.SELT*02-123-4567
  2.SELM*010-1234-5678
PASSENGER DETAIL FIELD EXISTS - USE PD TO DISPLAY
RECEIVED FROM - P
Z60D.Z60D*AAA 2140/28JUL19 VQLKNP H
>3OSI OZ LCTC GRAND HTL RM1205
* SIMULTANEOUS CHANGES TO PNR-USE IR TO IGNORE AND RETRIEVE PNR
```

다. 여정의 연속성이 맞지 않는 경우 : ARNK 여정 추가

```
 1.1BYUN/HYOJEONGMS
 1 OZ 721Y 15OCT 2 ICNHKG SS1  0900  1140  /DCOZ /E
OZ ECONOMY CLASS
 2 OZ 752Y 20OCT 7 SINICN SS1  2240  0610 21OCT 1  /DCOZ /E
SKD CHG - TIMES DIFFER FROM BOOKED
OZ ECONOMY CLASS
TKT/TIME LIMIT
  1.TAW/
PHONES
  1.SELT*02-123-4567
  2.SELM*010-1234-5678
PASSENGER DETAIL FIELD EXISTS - USE PD TO DISPLAY
RECEIVED FROM - P
Z60D.Z60D*AAA 0529/17JUN19
>E
VERIFY ORDER OF ITINERARY SEGMENTS - MODIFY OR END TRANSACTION
여정의 연속성을 확인하시기 바랍니다.
ARANK(0AA)를 입력하시거나 다시 한번 E or EWR 엔터 하시기 바랍니다.
```

라. 첫 번째 승객명이 INF인 경우 : 유아 이름 삭제 후 재입력

```
 1.I/1KANG/AGAMISS*I10  2.1BYUN/HYOJEONGMS
 1 OZ 721Y 15OCT 2 ICNHKG SS1  0900  1140  /DCOZ /E
OZ ECONOMY CLASS
 2 OZ 752Y 20OCT 7 SINICN SS1  2240  0610 21OCT 1  /DCOZ /E
SKD CHG - TIMES DIFFER FROM BOOKED
OZ ECONOMY CLASS
TKT/TIME LIMIT
  1.TAW/
PHONES
  1.SELT*02-123-4567
  2.SELM*010-1234-5678
PASSENGER DETAIL FIELD EXISTS - USE PD TO DISPLAY
RECEIVED FROM - P
Z60D.Z60D*AAA 0531/17JUN19
>E
I/ CANNOT BE FIRST NAME FIELD
```

마. 유아INFANT 추가정보 미입력인 경우 : 유아 추가정보 입력

```
 1.1BYUN/HYOJEONGMS  2.I/1KANG/AGAMISS*I10
 1 OZ 721Y 15OCT 2 ICNHKG SS1  0900  1140  /DCOZ /E
OZ ECONOMY CLASS
 2 OZ 752Y 20OCT 7 SINICN SS1  2240  0610 21OCT 1  /DCOZ /E
SKD CHG - TIMES DIFFER FROM BOOKED
OZ ECONOMY CLASS
TKT/TIME LIMIT
  1.TAW/
PHONES
  1.SELT*02-123-4567
  2.SELM*010-1234-5678
PASSENGER DETAIL FIELD EXISTS - USE PD TO DISPLAY
RECEIVED FROM - P
Z60D.Z60D*AAA 0533/17JUN19
>E
INFANT DETAILS REQUIRED IN SSR - ENTER 3INFT/
아래 지시어 또는 21번 SSR/OSI 마스크를 이용하여 유아정보를 입력해 주세요.
EX) 3INFT/KIM/AGAMSTR/10JAN15-1.1 (3INFT/성/이름과타이틀/생년월일-보호자번호)
```

바. 유아INFANT 추가정보 입력 시 SPELL이 틀린 경우 : 이름 또는 추가정보의 이름 스펠링 확인 후 올바르게 수정

```
 < PNR - VQLKNP >
 1.1HONG/GILDONGMR  2.I/1KANG/AGAMISS*I10
 1 OZ 721Y 17OCT 4 ICNHKG HK1  0900  1140  /DCOZ*SE4VTU /E
 2 ARNK
 3 OZ 752Y 30OCT 3 SINICN HK1  2310  0635 31OCT 4
                                          /DCOZ*SE4VTU /E
TKT/TIME LIMIT
  1.TAW/
PHONES
  1.SELT*02-123-4567
  2.SELM*010-1234-5678
PASSENGER DETAIL FIELD EXISTS - USE PD TO DISPLAY
GENERAL FACTS
  1.SSR OTHS 1B OZ RSVN IS 8705-7380
  2.SSR ADTK 1B TO OZ BY 12AUG 1200 OTHERWISE WILL BE XLD
  3.SSR INFT OZ NN1 ICNHKG0721Y17OCT/KANG/AGIMISS/10JUL19
  4.SSR INFT OZ NN1 SINICN0752Y30OCT/KANG/AGIMISS/10JUL19
RECEIVED FROM - P
Z60D.Z60D*AAA 2140/28JUL19 VQLKNP H
>E
INFANT DETAILS REQUIRED IN SSR - ENTER 3INFT/
아래 지시어 또는 21번 SSR/OSI 마스크를 이용하여 유아정보를 입력해 주세요.
EX) 3INFT/KIM/AGAMSTR/10JAN15-1.1 (3INFT/성/이름과타이틀/생년월일-보호자번호)
```

5) 예약코드

좌석 예약은 시스템에 유지되고 있는 좌석을 일련의 Code를 통해 요청하고, 그에 대한 응답을 받아 상태를 유지하는 형태로 이루어진다. 따라서 각 예약코드의 의미를 알아야 올바른 예약발권 작업을 진행할 수 있다. 다음과 같이 예약코드의 종류를 구분할 수 있다.

(1) 요청코드Action Code : 여행사 → 항공사

코드	설명
NN	Requesting Segment Need 좌석 및 부대서비스를 요청할 때 사용하는 가장 기본적인 요청코드이다.
LL	Waiting List Segment 대기자로 예약하고자 할 때 사용하는 코드이며, 좌석이 있을 경우 판매가 이루어진다.
DS	Desired Segment 일정이 확정되지 않은 OPEN 여정을 작성할 때 사용하며, 항공사로는 전송되지 않는다.
GK	Ghost Confirm, Ghost Segment 항공사로 직접 확약된 여정을 발권할 목적으로 작성하고자 할 때 사용하며, 항공사로는 전송되지 않는다.
IK	Infant No Seat Status 발권 목적으로 유아만의 PNR을 작성하고자 할 때 사용하며, 항공사로는 전송되지 않는다.
GL	Ghost Waiting List 항공사로 직접 대기자(Waitlist) 예약된 여정을 발권하기 위한 목적으로 작성할 때 사용하며, 항공사로는 전송되지 않는다.
HS	Have Sold 좌석을 판매한 상태를 의미한다.
SS	Seat Sold 좌석 요청과 동시에 좌석이 확보되었음을 의미한다.
XK	Canceled Confirm 해당 항공사로는 취소 전문을 전송하지 않고, SABRE PNR상에서만 해당 여정을 삭제하고자 할 때 사용한다.

(2) 응답코드Advice Code : 항공사 → 여행사

KK	Carrier Confirming Request 요청된 좌석에 대해서 판매가 허용되었음을 알려주는 코드이다.
KL	Confirmed from Waitlist 대기로 요청된 좌석에 대해서 판매가 허용되었음을 알려주는 코드이다.
UU, US	Unable - have Waitlisted NN으로 요청된 좌석에 대해 대기로 예약되었음을 알려주는 코드이다
UC	Unable to Confirm or Waitlist 요청된 좌석에 대해 판매는 물론 대기자 예약도 허용이 안 됨을 알려주는 코드이다.
UN	Unable, Flight Not Operating 요청된 항공편이 운항하지 않음을 알려주는 코드이다.
NO	No Action Taken 여정을 취소하고 다시 요청하라는 의미로, 요청사항이 잘못되었거나 요청한 좌석에 대해서 필요한 조치를 하지 않았음을 알려주는 코드이다.
PN, HN	Pending Need, Holding Need 좌석은 이미 요청되었으나 아직 응답을 받지 못해 응답을 기다리고 있는 상태를 나타내는 코드이다.
TL	Schedule Change for Waitlisted segment 항공사 스케줄이 변경되었으며, 변경된 시간으로 대기자 예약되었음을 나타내는 코드이다.
TK, SC	Schedule Change for Confirmed segment 항공사 스케줄이 변경되었으며, 변경된 시간으로 좌석이 확약되었음을 나타내는 코드이다.
DL	Deleted from Confirming List KL 상태에서 대기자로 되돌려진 상태를 나타내는 코드이다.
HX	Was Holding/Now Cancelled 항공사에 의해 여정이 취소되었음을 알려주는 코드이다. 주로 TL 경과, ARR INFO 부재, Name CHG 등 규정을 벗어나 예약된 여정을 항공사에서 정리한 상태이다.

(3) 상태코드Status Code

HK	Holds Confirmed 좌석이 확약되어 있는 상태이다.
HL	Have Waitlisted 대기자 명단에 올려져 있는 상태이다.
RR	Reconfirmed HK 여정에 대해 재확인할 때 사용한다.

(4) 예약코드의 흐름

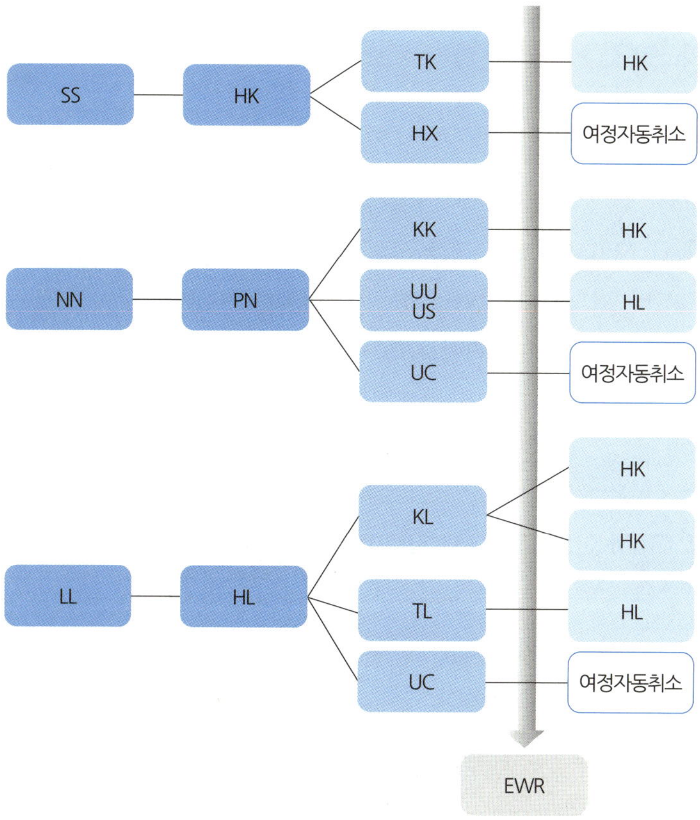

(5) 예약코드의 자동 정리

EWR	응답코드 KK, KL, TK를 HK로, UU, US, TL을 HL 등의 상태코드로 자동 변경함과 동시에 PNR을 재조회하는 지시어
EW	응답코드 KK, KL, TK를 HK로, UU, US, TL을 HL 등의 상태코드로 자동 변경 후 PNR 작업 종료

5. 선택사항 입력하기

1) OSI와 SSR

(1) OSIOther Service Information

- 예약과 운송 등에 관련된 승객의 정보를 항공사로 전달하기 위한 입력 기능이다.
- PNR상에 GENERAL FACTS 항목으로 입력된다.
- 항공사로부터 별도의 응답이나 승인이 필요하지 않다.
- 특정 승객을 지정하여 입력할 수도 있다.
- OZ 경우, 이름 변경Name Change 요청 시 정해진 입력 형태를 제공하고 있다.

3OSI OZ CTCM 010 222 3333 KIM/JY ① ② ③ ④	① 기본 지시어 ② 항공사 지정(복수의 항공사 전송 시 YY로 입력) ③ 4Letter Code ④ 전달하고자 하는 정보 내용(TEXT)

* 4Letter Code(축약어)는 필수입력은 아니지만 통상적으로 사용됨

```
RECEIVED FROM - P
Z60D.Z60D*AAA 0536/17JUN19 WGGCBL H
>3OSI OZ LCTC GRAND HTL RM1205 *
>*A
 < PNR - WGGCBL >
 1.1BYUN/HYOJEONGMS  2.I/1KANG/AGAMISS*I10
 1 OZ 721Y 15OCT 2 ICNHKG HK1  0900  1140  /DCOZ*P7KYGY /E
 2 ARNK
 3 OZ 752Y 20OCT 7 SINICN HK1  2240  0610 21OCT 1
                                            /DCOZ*P7KYGY /E
TKT/TIME LIMIT
  1.TAW/
PHONES
  1.SELT*02-123-4567
  2.SELM*010-1234-5678
PASSENGER DETAIL FIELD EXISTS - USE PD TO DISPLAY
GENERAL FACTS
  1.SSR INFT OZ KK1 ICNHKG0721Y15OCT/KANG/AGAMISS/20JUL18
  2.SSR INFT OZ KK1 SINICN0752Y20OCT/KANG/AGAMISS/20JUL18
  3.SSR OTHS 1B OZ RSVN IS 6584-9408
  4.SSR ADTK 1B TO OZ BY 01JUL 2000 OTHERWISE WILL BE XLD
  5.OSI OZ LCTC GRAND HTL RM1205
RECEIVED FROM - P
Z60D.Z60D*AAA 0536/17JUN19 WGGCBL H
```

가. OSI 정보 입력 사례

3OSI YY CTCM 010 1234 5678-1.1	승객 휴대폰 정보 입력(승객 지정)
3OSI YY CTCE TEST//SABRE.COM	승객 이메일 정보 입력(@ 대신 // 사용)
3OSI OZ 3/1SONG/JUNGKI MR	OZ 이름 변경 요청 시 입력 형식(3/1 : 3번 승객)
3OSI OZ NU3/1SONG/JUNGKI MR	OZ Spell 변경 요청 시 입력 형식
3OSI OZ G-DIAN CTC LAX 13-4567 TAM	UM 현지 보호자 연락처 (UM : Unaccompanied Minor)
3OSI OZ EOD SEL 222-3333 KIM/MOMI	UM의 출발지 보호자 연락처 (EOD : Escort Of Departure)
3OIS TG TCP07 OZ BACDEF	다른 PNR의 동반여행객 정보 (TCP : The Cpmplete Party)
3OSI YY VIP INFO CEO OF STAR COMPANY-2.1	특정 승객의 VIP 정보(2번 승객)
3OSI CX LCTC PAR CONRAD HTL RM 2306	승객의 현지 연락처 정보

나. OSI 조회 및 수정/삭제

*P3	GENERAL FACTS 항목 조회
31@	GENERAL FACTS 항목 중 1번 사항 삭제
32-4@	GENERAL FACTS 항목 중 2~4번 동시 삭제
32@OSI YY LCTC 010 333-4444	GENERAL FACTS 항목 중 2번 사항 수정

다. OSI 유의사항

- FREE TEXT 내용은 100자 이내로 입력이 가능하다.
- 입력되는 정보 내용상에 특수문자는 가급적 사용하지 않도록 한다.
- 해당 정보를 전송하고자 하는 항공사가 다수인 경우에는 항공사 코드를 YY로 입력하여 여정상의 모든 항공사로 전송할 수 있다.
- 항공사 PNR로 전송된 OSI 항복은 삭제되지 않으며 추가 선송만 가능하나.
- OSI 입력사항은 PNR의 첫 저장이 완료된 이후에 추가 입력하는 것이 좋다.

(2) SSR Special Service Request

- 승객이 항공사로부터 운송 및 기내서비스와 관련된 사항을 제공받고자 할 때 해

당 항공사로 특정서비스를 요청하는 기능이다.

- PNR상에 GENERAL FACTS 항목으로 입력된다.
- 승객이 제공받고자 하는 서비스에 알맞은 코드(4Letter)를 확인하여 신청해야 하며, 항공사 공통서비스 코드와 특정항공사서비스 코드가 있다.
- SSR 신청이 진행된 이후에는 반드시 해당 항공사의 제공 여부 응답을 회신 받아야 한다.
- 기본적으로 승객 당 하나의 특별 기내식 신청이 가능하며, 유아 동반인 경우에 한해서는 유아식BBML은 동반 성인에게 추가 신청이 가능하다.
- 일반적으로 특별 기내식은 항공기 출발 24시간 전까지 신청해야 하며, UM/환자 수송 등 특수승객 운송의 경우 각 항공사로 확인해야 한다.

3 VGML 1 -1.1 ① ② ③ ④	① 기본 지시어 ② 서비스코드(4Letter) ③ 서비스 신청 구간번호 ④ 승객번호(전체 승객 지정 없음)

```
>3VGML1-1.1 *
>*A
 < PNR - WGGCBL >
 1.1BYUN/HYOJEONGMS  2.I/1KANG/AGAMISS*I10
 1 OZ 721Y 15OCT 2 ICNHKG HK1  0900  1140 SPM  /DCOZ*P7KYGY /E
 2 ARNK
 3 OZ 752Y 20OCT 7 SINICN HK1  2240  0610 21OCT 1
                                              /DCOZ*P7KYGY /E
TKT/TIME LIMIT
  1.TAW/
PHONES
  1.SELT*02-123-4567
  2.SELM*010-1234-5678
PASSENGER DETAIL FIELD EXISTS - USE PD TO DISPLAY
GENERAL FACTS
  1.SSR INFT OZ KK1 ICNHKG0721Y15OCT/KANG/AGAMISS/20JUL18
  2.SSR INFT OZ KK1 SINICN0752Y20OCT/KANG/AGAMISS/20JUL18
  3.SSR OTHS 1B OZ RSVN IS 6584-9408
  4.SSR ADTK 1B TO OZ BY 01JUL 2000 OTHERWISE WILL BE XLD
  5.OSI OZ LCTC GRAND HTL RM1205
  6.SSR VGML OZ NN1 ICNHKG0721Y15OCT
RECEIVED FROM - P
Z60D.Z60D*AAA 0536/17JUN19 WGGCBL H
```

가. SSR 코드의 종류

① Seat Codes

NSSA	No Smoking Aisle Seat
NSSB	No Smoking Bulkhead Seat
NSST	No Smoking Seat
NSSW	No Smoking Window Seat
RQST	Seat Request
SEAT	Request Sea with intention of issuing Boarding Pass

② Meal Codes

AVML	Asian Vegetarian Meal	HNML	Hindu Meal
BBML	Infant/Baby Meal	KSML	Kosher Meal
BLML	Bland Meal	MOML	Moslem Meal
CHML	Child Meal	LCML	Low Calorie Meal
DBML	Diabetic Meal	VGML	Vegetarian Meal

③ Assistance Codes

STCR	Stretcher Assistance
BLND	Blind Passenger
DEAF	Deaf Passenger
MAAS	Meet and Assist
UMNR	Unaccompanied Minor

④ Miscellaneous Codes

WCHR	Wheelcair	CBBG	Cabin Baggage
BIKE	Bicycle	EXST	Extra Seat
BSCT	Bassinet	PETC	Pet in Cabin Compartment
BULK	Bulky Baggage	TWOV	Transit/Transfer without VISA
OTHS	Other Reuqests	XBAG	Extra Baggage

* Special Meal Code 조회(항공사별 Standard Code) : DU*/SPM#OZ

나. SSR 유형별 입력 방식

특별기내식	3CHMLA-2.1	모든 구간(A)에 대해 2번 승객을 위한 소아식 신청
	3DBML1$3-1.1$2.1	1번/3번 구간에 대해 1번/2번 승객을 위한 당뇨식 신청
	3SPML/WEDDING CAKE-2.1 3SPML/NO PORK-1.1 3SPML/ALLERGY NO EGG-2.1	코드화되어 있지 않은 특정 식품 및 알레르기 여부에 대한 기내식 신청
기내서비스 및 특수승객 운송	3BSCTA-1.1	유아를 위한 아기바구니(Bassinet) 신청
	3EXST/OVER SIZED PAX-2.1	체구가 큰 승객을 위한 EXTRA SEAT 신청
	3UMNRA/UM10-1.1	전 구간(A)에 대해 UM 운송을 위한 서비스 신청
	3OTHS/FMLY CARE SVC ELDERLY PAX-1.1	OZ Family Care Service 대상 고객의 서비스 신청

* 특수코드 중 추가 TEXT 입력을 필요로 하는 항목으로는 EXST, CBBG, UMNR, PETC, OTHS, SPML 등이 있으며, 코드화되어 있지 않은 특정 항공사의 서비스인 경우 3OTHS/TEXT 형식 사용

다. 조회 및 삭제

*P3	GENERAL FACTS 항목 조회
35@	GENERAL FACTS 항목 중 5번 항목 삭제
35-6@	GENERAL FACTS 항목 중 5~6번 항목 동시 삭제
35.XX	신청된 SSR 서비스 항목 중 5번 항목의 취소 여부를 항공사로 전송

라. SSR 요청코드 확인과 EWR

- 신청된 SSR 항목과 항공사의 서비스 제공 여부는 GENERAL FACTS를 통해 확인할 수 있다. 항공사 및 서비스 종류에 따라 회신 시점은 상이하나, 화면상에 NN으로 신청된 서비스 항목이 KK로 응답을 받아야 서비스 제공 여부가 확약된 것으로 볼 수 있다.
- KK로 응답된 경우, 사용자는 해당 코드를 UP-DATE 작업을 통해 재확인 해주어야 하며 EWR 지시어를 통해 코드를 HK로 변경한다.
- UC로 응답되거나 장시간 항공사로부터 회신되지 않는 항목의 경우에는 해당 항공사로 직접 문의한다.

마. SSR 유의사항

- 여정을 삭제하는 경우, 해당 여정에 신청되어 있던 SSR 사항은 모두 자동으로 삭제되므로, 필요한 경우 재신청해야 한다.
- 좌석 상태가 확약(HK)된 경우에만 SSR 신청이 가능하다(OPEN 여정 신청 불가).
- 신청된 SSR은 항공사로부터 응답을 KK로 회신 받았을 경우에만 제공이 가능하다.
- 항공사로부터 응답 회신이 없는 경우 개별 CTC해야 한다.
- 특별 기내식이나 특수 승객운송과 관련된 각 항공사의 규정은 다를 수 있으므로 추가 확인이 필요하다.

(3) APIS와 SFPD

- APISAdvanced Passenger Information System는 사전입국심사 정보를 사용하는 국가에 대한 입국과 출국 시 여권 정보(DOCS), 체류지 정보(DOCA), 거주지 정보(DOCA) 등을 입력하는 기능을 말한다.
- 중국과 호주로 출국 또는 한국 입국 시 여권 정보를 필수적으로 입력해야 하고, 미주노선의 경우 여권 정보와 함께 체류지/거주지 정보를 필수적으로 입력해야 한다.
- SFPDSecure Flight Passenger Data의 경우 미국교통보안청TSA의 요청으로 입력해야 하는 정보로서 생년월일, 승객명, 성별 정보가 필요하며, 테러리스트 정보 검색을 통해 해당 승객의 탑승 가능 여부를 결정하는 정보로 활용된다.
- SFPD 정보는 APIS 정보와 중복되어 추가로 입력할 필요는 없으므로, APIS 정보로 대체하여 사용하는 것이 가능하다.
- 해당 정보를 미입력 하는 경우 일부 항공사는 발권을 제한하기도 하며, 각 국가의 보안당국 및 미국교통보안청에 해당 자료를 제출하지 않는 경우 페널티를 부과받을 수도 있다.
- 정보가 미입력된 PNR의 경우 42번 Q에 자동으로 전송되기도 하고, 별도의 지시어로 대상 명단을 조회할 수 있으므로 누락되지 않도록 유의한다.

가. 항목별 입력 방법

① 여권 정보

3DOCS /P/KR/ M12345678/ KR/ 20MAR90/ M / 15APR25/HONG/GILDONG -1.1
① ② ③ ④ ⑤ ⑥ ⑦ ⑧ ⑨ ⑩

① 여권 정보 기본 지시어	② Document 유형(P : 여권/C : 영주권/A : 외국인등록증)
③ 여권 발급국가	④ 여권번호
⑤ 국적	⑥ 생년월일(DDMMMYY)
⑦ 성별	⑧ 여권 만료일
⑨ 성/이름	⑩ 승객번호(유아는 보호자 승객번호)

② 체류지 정보 : 미국 내 목적지의 첫 번째 체류지 주소 입력(미주노선 필수)

3DOCA/D/US/ 953 MAIN STREET/ LAX / CA /76040 -1.1
① ② ③ ④ ⑤ ⑥ ⑦ ⑧

① 체류지 정보 기본 지시어	② Destination
③ 체류지 국가코드	④ 주소-Street
⑤ 주소-City	⑥ 주소-State
⑦ Zip Code	⑧ 승객번호(전체 승객이 동일 주소 사용 시 생략 가능)

③ 거주지 정보 : 승객의 거주 국가 입력(미주노선 필수)

3DOCA/R/KR -1.1
① ② ③ ④

① 거주지 정보 기본 지시어	② Residence
③ 거주지 국가 코드	④ 승객번호(전체 승객이 동일주소 사용 시 생략 가능)

④ MASK를 이용한 입력

PNR 조회 후 예약번호에서 실행되는 J-KEY를 이용하거나 19번 MASK를 실행하여 APIS/SFPD를 입력할 수 있다.

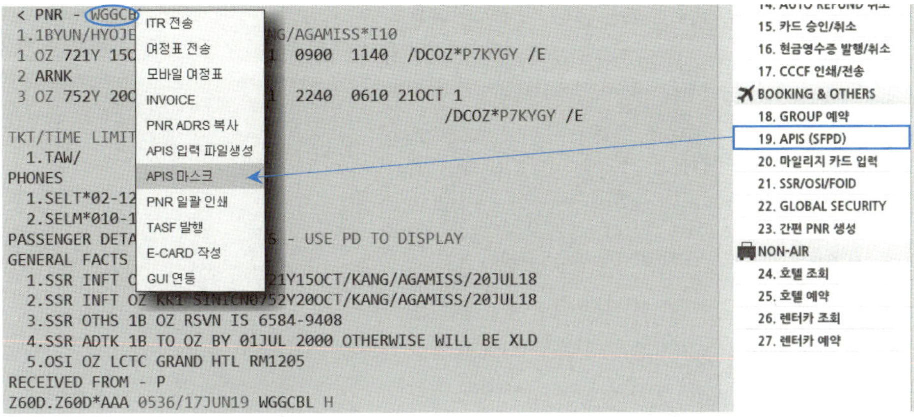

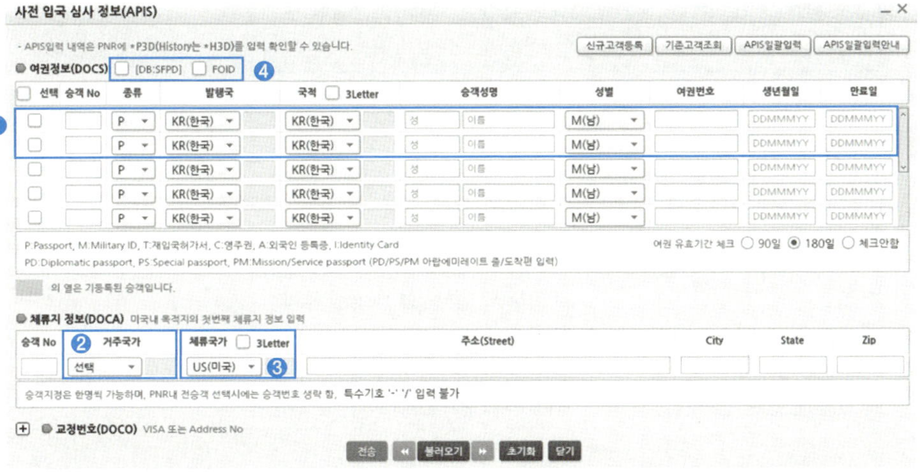

구 분	내 용
①	PNR에서 연계된 J-KEY를 이용하는 경우 승객번호와 승객명이 자동 입력됨 여권 정보 등 필요한 추가정보 입력 필요
②	미주노선인 경우 필요. 전체 승객 동일한 정보인 경우 승객번호 생략 가능
③	미주노선인 경우 필요. 전체 승객 동일한 정보인 경우 승객번호 생략 가능
④	항공사에 따라 APIS/SFPD/FOID 형식으로 나누어 개인정보를 입력하고 있음 [DB : SFPD] 버튼을 클릭하면 SFPD 형식에 필요한 정보만 입력하도록 활성화되고, [FOID] 버튼을 클릭하면 APIS 정보와 함께 FOID 형식의 정보를 시스템이 자동으로 추가 입력함

```
TKT/TIME LIMIT
  1.TAW/
PHONES
  1.SELT*02-123-4567
  2.SELM*010-1234-5678
PASSENGER DETAIL FIELD EXISTS - USE PD TO DISPLAY
SECURITY INFO EXISTS *P3D OR *P4D TO DISPLAY
GENERAL FACTS
  1.SSR INFT OZ KK1 ICNHKG0721Y15OCT/KANG/AGAMISS/20JUL18
  2.SSR INFT OZ KK1 SINICN0752Y20OCT/KANG/AGAMISS/20JUL18
  3.SSR OTHS 1B OZ RSVN IS 6584-9408
  4.SSR ADTK 1B TO OZ BY 01JUL 2000 OTHERWISE WILL BE XLD
  5.OSI OZ LCTC GRAND HTL RM1205
RECEIVED FROM - P
Z60D.Z60D*AAA 0536/17JUN19 WGGCBL H
>*P3D
GENERAL FACTS
  6.SSR DOCS OZ HK1/P/KR/M12345678  1.1 BYUN/HYOJEONGMS
    /KR/20OCT91/F/20MAR25/BYUN/HYO
    JEONG
  7.SSR DOCS OZ HK1/P/KR/M23456789  1.1 BYUN/HYOJEONGMS
    /KR/15JAN19/FI/20MAR22/KANG/AG
    A
```

나. 기타 기능

*P3	3번 General Facts 항목 조회
*P3D	APIS/SFPD 입력사항 조회
*H3D	APIS/SFPD 입력사항 History 조회
31.XX	General Facts 항목 삭제
3FOID/PPKRYP204208-1.1 3FOID/PPUS87879A-1.1	중국 국내선 항공사의 FOID(Form Of Identification) 추가 입력 3FOID/PP<국가코드><여권번호>-1.1

(4) 사전좌석배정PRS

- 사전좌석배정Pre Reserved Seat은 좌석이 확약된 승객이 공항에 나가기 전 예약발권 시점에 미리 선호 좌석을 배정할 수 있는 기능이다.
- 일반좌석 요청General Seat Request과 특정좌석 요청Specific Seat Request이 있다.
- 항공사의 기능 가입 여부에 따라 좌석 지정 요청과 함께 실시간으로 응답이 진행되는 Interactive 기능과 실시간 응답이 아닌 Non-Interactive 기능으로 구분한다.
- 항공사는 가입 규정에 따라 좌석배정 가능 여부와 범위를 확인해야 한다.

가. PRS 가입 항공사 및 규정 조회

Y/AAI/PRS	→ Y/P8 또는 Y/AAI/PRS/AA

```
>Y/AAI/PRS
CATEGORY-AAI SUBJECT-PRS                                     PAGE    001
01 *************************************************************
02                    INDEX PAGE FOR CARRIERS
03                       PARTICIPATING IN
04                  PRE-RESERVE SEAT ASSIGNMENT
05 *************************************************************
06 CC       CARRIER NAME                PARTICIPATING TYPE   PAGE
07 --       ------------                ------------------   ----
08 AA       AMERICAN AIRLINES           INTERACTIVE PRS      Y/P8   ②
09 AF       AIR FRANCE                  INTERACTIVE PRS      Y/P9
10 BA       BRITISH AIRWAYS             INTERACTIVE PRS      Y/P10
11 B7       UNI AIRWAYS                 INTERACTIVE PRS      Y/P11
12 HM       AIR SEYCHELLES              INTERACTIVE PRS      Y/P12
13 AM       AEROMEXICO                  NON I PRS            Y/P13
14 CX       CATHAY PACIFIC AIRWAYS   ①  INTERACTIVE PRS      Y/P14
15 DL       DELTA AIRLINES              NON I PRS            Y/P15
16 GF       GULF AIR                    INTERACTIVE PRS      Y/P16
17 KA       HONG KONG DRAGON AIRLINES   INTERACTIVE PRS      Y/P17
18 KL       KLM ROYAL DUTCH AIRLINES    INTERACTIVE PRS      Y/P18
19 LH       LUFTHANSA                   INTERACTIVE PRS      Y/P19
20 NH       ALL NIPPON AIRWAYS          INTERACTIVE PRS      Y/P20
21 AV       AVIANCA                     NON I PRS            Y/P21
22 UL       SRILANKAN AIRLINES          INTERACTIVE PRS      Y/P22#
```

① PRS 응답 기능 방식 ② 각 항공사별 상세 규정 확인을 위한 페이지 정보

```
>Y/AAI/PRS/P32
CATEGORY-AAI SUBJECT-PRS                                  PAGE    032
01 *************************************************************
02              PRE-RESERVED SEAT INFORMATION
03                           FOR
04                     ASIAN AIRLINES
05 *************************************************************
06
07 *** PARTICIPATION TYPE : INTERACTIVE PRS
08
09 BOOKABLE DATE RANGE FOR PRS :
10 ---------------------------
11 MINIMUM : 24HOURS BEFORE FLIGHT DEPARTURE
12 MAXIMUM : 331 DAYS AHEAD
13
14 CLASS APPLICABLE : ALL CLASSES
15
16 MAXIMUM NO. OF SEATS MAY BE REQUESTED : 9
17
18 ACCEPTABLE SEAT REQUESTS :
19 -------------------------
20 OZ ACCEPTS EITHER GENERIC OR SPECIFIC SEAT REQUESTS.
21 E.G.    ENTRY FOR GENERIC PRS : 4G1/NA
22                  SPECIFIC PRS : 4G1/5A#
```

나. 좌석배정 절차(PRS 가입 항공사)

단 계	지시어	내 용
STEP 1	4G1*	좌석배치도 조회
STEP 2	4G1/25A	특정 좌석배정
STEP 3	ER → *B	저장 및 좌석 내역 조회
STEP 4	4G1HK → ER	코드 업데이트 및 저장

① 1단계 : 좌석배치도 조회

4G 1 * ① ② ③	① PRS 기본 지시어 ② PNR상의 구간(SEG) 번호 ③ 특수기호(조회)

```
>4G1*
   AUTH-290    333
   0 - ICN   1 - HKG
   NO SMOKING FLIGHT
   PRICE PER SEAT:KRW 30000
      LAV                                 LAV
                 GAL GAL GAL GAL
❷    A   C        D   E   F   G       H   K  ❶
  10 *PB *P      *PB *P  *P  *PB      *   *   X10
  11 /   /        /   /   /   Q       Q   Q    11
  12 /   /        /   /   /   Q       Q   Q    12
  14 /   /        /   /   /   Q       Q   Q    14
 W15 *   *        *   *   *   *       *   *    15W
 W16 *   *        *   *   *   *       *   .    16W
 W17 *   *        *   *   *   *       *   *    17W
 W18 *   *        *   *   *   *       *   *    18W
 W19 *   *        *   *   *   *       *   *    19W
 W20 *   *        *   *   *   *       *   *    20W
 W21 *   *    ❸   *   *   *   *       *   *    21W
 AVAIL NO SMK: *    BLOCK   : /  LEAST PREF: U   BULKHEAD: BHD
 AVAIL SMKING: -    PREMIUM: Q  UPPER DECK: J   EXIT ROW:  X
 SEAT TAKEN: . WING: W PAID: P LAVATORY: LAV GALLEY:GAL BED:S
 PREF ACCESS LAV: PAL  DOOR: DOR    SCREEN: SCR   CLOSET: CLS
 PREF ACCESS:H  BASSINET:B  LEGROOM:L  UMNR:M  REARFACE:@#
```

① 항공기 좌석의 가로열 번호
② 항공기 좌석의 세로열 번호
③ *로 표시된 좌석은 배정이 가능한 NON SMOKING Seat

② 2단계 : 특정 좌석번호 배정

4G 1/19AB 또는 4G1/19-1.1 ① ② ③	① 기본 지시어 ② PNR상의 구간번호 ③ 좌석번호(19A와 19B 좌석)

```
>4G1*
   AUTH-290   333
   0 - ICN  1 - HKG
   NO SMOKING FLIGHT
   PRICE PER SEAT:KRW 30000
      LAV                                LAV
                  GAL GAL GAL GAL
      A   C       D   E   F   G       H   K
  10  *PB *P      *PB *P  *P  *PB     *   *   X10
  11  /   /       /   /   /   Q       Q   Q    11
  12  /   /       /   /   /   Q       Q   Q    12
  14  /   /       /   /   /   Q       Q   Q    14
 W15  *   *       *   *   *   *       *   *    15W
 W16  *   *       *   *   *   *       *   .    16W
 W17  *   *       *   *   *   *       *   *    17W
 W18  *   *       *   *   *   *       *   *    18W
 W19  .   *       *   *   *   *       *   *    19W
 W20  *   *       *   *   *   *       *   *    20W
 W21  *   *       *   *   *   *       *   *    21W
 AVAIL NO SMK: *    BLOCK  : /  LEAST PREF: U   BULKHEAD: BHD
 AVAIL SMKING: -    PREMIUM: Q  UPPER DECK: J   EXIT ROW:  X
 SEAT TAKEN: . WING: W PAID: P LAVATORY: LAV GALLEY:GAL BED:S
 PREF ACCESS LAV: PAL  DOOR: DOR    SCREEN: SCR   CLOSET: CLS
 PREF ACCESS:H  BASSINET:B  LEGROOM:L  UMNR:M  REARFACE:@#
>4G1/18A
18A  OZ 721Y 15OCTICNHKG N                        BYUN/HYOJEONGMS
>*B
SEATS/BOARDING PASS
 1 OZ 721Y 15OCT ICNHKG KK 18A NW      1.1 BYUN/HYOJEONG MS
```

③ 3단계 : 저장 후 배정내역 조회

```
 < PNR - WGGCBL >
 1.1BYUN/HYOJEONGMS  2.I/1KANG/AGAMISS*I10
 1 OZ 721Y 15OCT 2 ICNHKG TK1  0900  1140 HRS  /DCOZ*P8GCHY /E
 2 ARNK
 3 OZ 752Y 20OCT 7 SINICN TK1  2240  0610 21OCT 1
                                             /DCOZ*P8GCHY /E
TKT/TIME LIMIT
  1.TAW/
PHONES
  1.SELT*02-123-4567
  2.SELM*010-1234-5678
PASSENGER DETAIL FIELD EXISTS - USE PD TO DISPLAY
SECURITY INFO EXISTS *P3D OR *P4D TO DISPLAY
GENERAL FACTS
  1.SSR INFT OZ KK1 ICNHKG0721Y15OCT/KANG/AGAMISS/20JUL18
  2.SSR INFT OZ KK1 SINICN0752Y20OCT/KANG/AGAMISS/20JUL18
  3.SSR OTHS 1B OZ RSVN IS 6584-9408
  4.SSR ADTK 1B TO OZ BY 01JUL 2000 OTHERWISE WILL BE XLD
RECEIVED FROM - P
Z60D.Z60D*AAA 0536/17JUN19 WGGCBL H B
>*B
SEATS/BOARDING PASS
 1 OZ 721Y 15OCT ICNHKG KK 19A NW       1.1 BYUN/HYOJEONG MS
```

④ 4단계 코드 업데이트 및 저장

4G 1 HK ① ② ③	① 기본 지시어 ② PNR상의 구간번호 ③ 재확인(확약)코드

```
>4G1/18A
18A  OZ 721Y 15OCTICNHKG N                    BYUN/HYOJEONGMS
>*B
SEATS/BOARDING PASS
 1 OZ 721Y 15OCT ICNHKG KK 18A NW      1.1 BYUN/HYOJEONG MS
>4G1HK
#DONE#
>*B
SEATS/BOARDING PASS
 1 OZ 721Y 15OCT ICNHKG HK 18A NW      1.1 BYUN/HYOJEONG MS
>ER
```

다. 기타 지시어

4G1/W	Location Code(W)를 이용한 일반좌석 요청
4GX1	1번 구간 좌석배정 내역 삭제
4GXALL	전 구간 좌석배정 내역 삭제
4GXLH	LH 항공사 구간 좌석배정 내역 삭제

라. PRS 유의사항

- 확약된 좌석에 대해서만 좌석배정이 가능하므로 대기자나 유아승객은 배정이 불가능하다.
- 부분 구간별 배정은 가능하나, 일부 승객별 배정은 불가능하므로 유아를 제외한 모든 승객이 배정되어야 한다.
- 일반적으로 항공기 출발 24시간 전에 진행되어야 하며, 항공사별 규정이 상이하므로 확인해야 한다.
- 공동운항편Code-share Flight에 대해서는 사전좌석배정이 불가하며, 탑승항공사에서 직접 좌석배정을 진행해야 한다.
- 좌석배치도 조회 시에는 확약된 좌석의 등급Class에 맞는 구역만 조회가 가능하다.
- 요청된 좌석은 경우에 따라 항공사로부터 KK 혹은 UC와 같은 응답을 받을 수 있으며, KK로 회신 받은 경우에는 HK로 코드를 재확인하는 작업을 진행하고, UC 응답인 경우에는 해당 내역 삭제 후에 가능한 다른 좌석을 배정한다.
- 여정을 삭제하는 경우 좌석배정 내역은 자동으로 취소된다.

(5) 마일리지카드 입력FFP : Frequent Flyer Program

1990년대 이후 항공여행이 증가하고 그에 따라 항공사들은 상용고객 및 충성고객에 대한 서비스의 질을 향상시키고 전 세계 노선을 편리하고 원활하게 여행할 수 있도록 글로벌 네트워크Global Network를 구축하기 위해 항공동맹체Alliance를 설립하였다. 이로 인해 고객에게 제휴항공사 간의 서비스를 상호 공유하여 제공하고 있다.

상용고객들에게 제공되는 서비스 중 가장 대표적인 항목이 마일리지의 적립과 누적 마일리지에 따른 보너스 항공권, 좌석 승급서비스이다. 제휴된 항공사 간에는 상호 마일리지 누적 및 무료(보너스) 항공권 사용이 가능하다.

가. 기본 입력 형태

FF OZ 123456789 -1.1 ① ② ③ ④	① 기본 지시어 ② 카드 소유 항공사코드 ③ 마일리지카드번호 ④ 승객번호

나. 기타 기능 및 삭제

PT*OZ	제휴항공사 조회
FFOZ123456789/LH-1.1	제휴항공사(LH) 간 마일리지카드(OZ) 입력
FFOZ123456789/OZ$SQ-1.1	복수제휴항공사 간 마일리지카드 입력
FFSQ123456789/1$4-1.1	특정구간 지정 마일리지카드 입력
*FF	마일리지 입력정보 조회
FF1@	마일리지 입력정보 내역 중 1번 항목 삭제
FF@ALL	마일리지 입력정보 전체 삭제

```
>FFOZ004673002-1.1 *
>*A
 < PNR - XHLZCW >
 1.1BYUN/HJ MS
 1 OZ 741Y 26OCT 6 ICNBKK HK1  1930  2310  /DCOZ*PHWV44 /E
TKT/TIME LIMIT
  1.TAW/
PHONES
  1.SELT*02-123-4567
  2.SELM*010-1234-5678
PASSENGER DETAIL FIELD EXISTS - USE PD TO DISPLAY
FREQUENT TRAVELER DATA EXISTS  *FF TO DISPLAY ALL
GENERAL FACTS
  1.SSR OTHS 1B OZ RSVN IS 8656-9727
  2.SSR ADTK 1B TO OZ BY 03JUL 1500 OTHERWISE WILL BE XLD
RECEIVED FROM - P
Z60D.Z60D*AAA 0054/19JUN19 XHLZCW H
```

다. 제휴항공사 조회 및 마일리지카드 입력

```
>PT*OZ
FQTV PARTICIPATING AIRLINE EXCHANGE/PARTNERSHIP AGREEMENTS
----------------------------------------------------------
 USE. FF OC  FF NUMBER / RC -N.N TO TRANSMIT FLIGHT INFO
         OC-OWNING        RC-RECEIVING
            CARRIER          CARRIER

         /*/ SEGMENT SPECIFIC ALLOWED

 OZ-988 ASIANA AIRLINES
        ACCEPTS FF ACCOUNT NUMBERS IN THE PROGRAMS LISTED
        AC* AI  AV  A3  BR  CA* CM  ET* EY  JK* JP  LH* LO*
        LR  LX* MS  NH* NZ* OS  OU* OZ* PZ  QR  SA* SK* SN
        SQ* TA  TG* TK* TP  UA* ZH

>*I*N
 1.1BYUN/HJ MS
 1 OZ 741Y 26OCT 6 ICNBKK HK1  1930  2310  /DCOZ*PHWV44 /E
 2 TG 654Y 30OCT 3 BKKICN HK1  1240  2005  /DCTG*PHWV44 /E
>FFOZ004673002/TG-1.1 *
>*FF
FREQUENT TRAVELER
  1.OZ 004673002            HK OZ  1.1 BYUN/HJ MS
  2.OZ 004673002            HK TG  1.1 BYUN/HJ MS
```

라. 아시아나항공 관련 마일리지카드 기능

내 용	지시어	예 시
마일리지카드번호	CH*카드번호	CH*123456789
회원정보	CH*생년월일-성/이름-전화번호	CH*21MAR1990-HONG/TEST-010234-5678
구간별 공제 마일리지 조회	CHB*출발지/도착지	CHB*ICNLAX

(6) REMARKS(5번 Field)

- 기본 시시어는 5이며, 이후 입력 내용은 Free Format이다.
- 예약 및 발권과 관련된 참고사항을 PNR에 기록하는 기능이며, 한글 입력은 불가하다.
- REMARKS 기능을 사용하여 입력한 내용은 항공사로 전송되지 않고, 해당 여행사

내부적으로 메모 기능처럼 활용한다.

- REMARKS 항목으로 입력되는 내용상에 *가 입력되는 경우에는 ITR 발송에 문제가 될 수 있으므로 유의한다.
- 입력 목적에 따라 유형별로 REMARKS 지시어를 다르게 사용할 수 있다.

가. 기본 입력 형태

5 PAX WILL TKT BY 12MAY VISA CARD ① ②	① 기본 지시어 ② 입력할 내용(Free Format)

```
>5PAX WIL TKT BY 20MAY VISA CARD *
>*A
 < PNR - XHLZCW >
 1.1BYUN/HJ MS
 1 OZ 741Y 26OCT 6 ICNBKK HK1  1930  2310  /DCOZ*PHWV44 /E
 2 TG 654Y 30OCT 3 BKKICN HK1  1240  2005  /DCTG*PHWV44 /E
TKT/TIME LIMIT
  1.TAW/
PHONES
  1.SELT*02-123-4567
  2.SELM*010-1234-5678
PASSENGER DETAIL FIELD EXISTS - USE PD TO DISPLAY
FREQUENT TRAVELER DATA EXISTS  *FF TO DISPLAY ALL
GENERAL FACTS
  1.SSR OTHS 1B OZ RSVN IS 8656-9727
  2.SSR ADTK 1B TO OZ BY 03JUL 1500 OTHERWISE WILL BE XLD
REMARKS
  1.PAX WIL TKT BY 20MAY VISA CARD
RECEIVED FROM - P
Z60D.Z60D*AAA 0054/19JUN19 XHLZCW H
```

나. 수정 및 삭제

53@	세 번째 항목의 삭제
53-4@	3, 4번 항목 삭제
52/RCFM BY HONG/GILDONG	REMARKS 2번 항목 뒤에 해당 내용 추가
51@THANKS	1번 사항 수정
*P5	REMAKRS Field 조회

(7) RECEIVED FROM(6번 Field)

- 예약 의뢰자 또는 예약 변경(수정/추가/삭제)을 요청한 사람의 연락처를 입력하는 기능이며, History 내에 저장된다.
- 사용자가 입력하지 않으면 자동으로 6P로 생성된다.
- 첫 EOT 이전에 입력한 내용은 PNR 메인 화면에 영구적으로 기록되며, 이 내용은 하나만 입력할 수 있는 Single Field이고, 수정 및 삭제는 첫 EOT 이전에만 가능하다.

가. 기본 입력 형태

6 345-8810 KIM/HJ	예약 의뢰자 이름 및 연락처
6P	예약 의뢰자를 P(Passenger)라고 표기
6@	입력 내용 삭제
*P6	6번 Field 조회

```
 < PNR - XHLZCW >
 1.1BYUN/HJ MS
 1 OZ 741Y 26OCT 6 ICNBKK HK1  1930  2310  /DCOZ*PHWV44 /E
TKT/TIME LIMIT
  1.TAW/
PHONES
  1.SELT*02-123-4567
  2.SELM*010-1234-5678
PASSENGER DETAIL FIELD EXISTS - USE PD TO DISPLAY
FREQUENT TRAVELER DATA EXISTS  *FF TO DISPLAY ALL
GENERAL FACTS
  1.SSR OTHS 1B OZ RSVN IS 8656-9727
  2.SSR ADTK 1B TO OZ BY 03JUL 1500 OTHERWISE WILL BE XLD
RECEIVED FROM - P
Z60D.Z60D*AAA 0054/19JUN19 XHLZCW H
```

(8) TICKETING(7번 Field)

- 원래는 발권 예정일을 입력하는 기능이었으나, 현재는 항공사의 규정에 따라 발권시한Ticket Time Limit이 정해지므로 본래 기능으로는 거의 사용되지 않는다.
- 사용자가 발권을 진행하면 자동 발권된 항공권번호가 입력되는 항목이다.
- 사용자가 수동으로 항공권번호를 입력할 수 있으나, 수동으로 입력된 항공권번

호는 항공사의 발권시한(TL)에는 영향을 끼치지 않으므로 예약이 취소될 수 있다.

- 항공사 기능에 따라 Passive(GK) 발권이 가능한 항공사라 할지라도 자동 발권을 진행했을 때 항공권번호가 자동 전송되지 않는 경우가 있으므로 항공사별 ET Profile 확인을 통해 항공권번호 전송 가능여부를 재확인 한다.
- 입력된 Ticketing Field는 PNR 조회(*A) 시 1개의 항목만 조회되며, 상세 내역 확인을 위해서는 *T 또는 *P7로 조회한다.

가. 기본 입력 형태

7T-TK 9881234567890 ① ②	① 기본 지시어 ② 항공권번호(13자리)

```
>7T-TK9881234567890 *
>*A
 < PNR - XHLZCW >
 1.1BYUN/HJ MS
 1 OZ 741Y 26OCT 6 ICNBKK HK1  1930  2310  /DCOZ*PHWV44 /E
TKT/TIME LIMIT
  1.T-TK9881234567890
PHONES
  1.SELT*02-123-4567
  2.SELM*010-1234-5678
PASSENGER DETAIL FIELD EXISTS - USE PD TO DISPLAY
FREQUENT TRAVELER DATA EXISTS  *FF TO DISPLAY ALL
GENERAL FACTS
  1.SSR OTHS 1B OZ RSVN IS 8656-9727
  2.SSR ADTK 1B TO OZ BY 03JUL 1500 OTHERWISE WILL BE XLD
  3.SSR TKNM OZ HK1 ICNBKK0741Y26OCT/9881234567890
RECEIVED FROM - P
Z60D.Z60D*AAA 0054/19JUN19 XHLZCW H
```

나. 기타 지시어

7T-TK9881234567890-91	Conjunction Ticket Number
7T-TK9881234567890#N2	복수승객일 경우 승객 지정
7T-TK9881234567890-91#N1-2	연속적인 항공권번호와 복수승객 지정
7TAW15MAR	발권예정일 입력
71@	삭제

6. DIVIDE(PNR 분리) 하기

- DIVIDE란 동일한 PNR에 있는 구성원 중 일부 승객의 여정을 변경하거나 취소하고자 할 때 해당 승객을 예약기록으로부터 분리해야 하는데, 이러한 분리 작업을 말한다. 다시 말해 여정이 다른 승객이 1개의 PNR에 같이 존재할 수 없기 때문에 별도의 PNR로 분리시키는 것이다.
- 분리 작업이 진행되기 이전의 PNR을 ORIGIN PNR이라고 하고, 분리 작업이 모두 진행된 후에 새롭게 생성된 PNR을 DIVIDE PNR이라고 한다. 결국 DIVIDE 작업의 최종 목적은 분리된 승객의 여정 변경 혹은 취소이다.
- DIVIDE 작업을 진행할 때에는 반드시 각 단계를 준수해야 한다.

가. 기본 형태(진행 단계)

단 계	지시어	내 용
STEP 1	D1 D1*3	1번 승객 분리(단일승객) 1번과 3번 승객 분리(복수승객)
STEP 2	6 PAX	분리 작업 진행 요청자 입력(승객)
STEP 3	F	중간 저장
STEP 4	E	최종 저장

STEP 1

```
 < PNR - XJDAEO >
 1.1BYUN/HJ MS  2.1KANG/MH MS  3.1HONG/GILDONG MR
 1 OZ 741Y 26OCT 6 ICNBKK HK3  1930  2310  /DCOZ*PI8AL5 /E
 2 OZ 742Y 30OCT 3 BKKICN HK3  2355  0730 31OCT 4
                                           /DCOZ*PI8AL5 /E
TKT/TIME LIMIT
  1.TAW/
PHONES
  1.SELT*02-123-4567
  2.SELM*010-1234-5678
PASSENGER DETAIL FIELD EXISTS - USE PD TO DISPLAY
RECEIVED FROM - P
Z60D.Z60D*AAA 0206/19JUN19 XJDAEO H
>D3
 < PNR - RVZGYD >
 1.1HONG/GILDONG MR
 1 OZ 741Y 26OCT 6 ICNBKK HK1  1930  2310  /DCOZ /E
 2 OZ 742Y 30OCT 3 BKKICN HK1  2355  0730 31OCT 4  /DCOZ /E
TKT/TIME LIMIT
  1.TAW/
PHONES
  1.SELT*02-123-4567
  2.SELM*010-1234-5678
PASSENGER DETAIL FIELD EXISTS - USE PD TO DISPLAY
REMARKS
  1.DIVIDED/Z60D*AAA 0206/19JUN19 XJDAEO
  2.H-SPLIT FR/020639/19JUN19 XJDAEO 03/03 01/01 HONG/GILDONG M
RECEIVED FROM - P
Z60D.Z60D*AAA 0206/19JUN19 RVZGYD H
```

STEP 2/3

```
>6PAX *
>F
 < PNR - XJDAEO >
RECORD FILED
SIMULTANEOUS CHANGES TO PNR - USE IR TO IGNORE AND RETREIVE PNR
 1.1BYUN/HJ MS  2.1KANG/MH MS
 1 OZ 741Y 26OCT 6 ICNBKK HK2  1930  2310  /DCOZ*PI8AL5 /E
 2 OZ 742Y 30OCT 3 BKKICN HK2  2355  0730 31OCT 4
                                           /DCOZ*PI8AL5 /E
TKT/TIME LIMIT
  1.TAW/
PHONES
  1.SELT*02-123-4567
  2.SELM*010-1234-5678
PASSENGER DETAIL FIELD EXISTS - USE PD TO DISPLAY
REMARKS
  1.DIVIDED/Z60D*AAA 0206/19JUN19 RVZGYD
  2.H-SPLIT TO/020639/19JUN19 RVZGYD 03/03 02/02 BYUN/HJ MS
RECEIVED FROM - P
Z60D.Z60D*AAA 0206/19JUN19 XJDAEO H
```

STEP 4

```
>E
OK 0215 XJDAEO ❶
>*RR
 < PNR - XJDAEO >
 1.1BYUN/HJ MS  2.1KANG/MH MS ❷
 1 OZ 741Y 26OCT 6 ICNBKK HK2  1930  2310  /DCOZ*PI8AL5 /E
 2 OZ 742Y 30OCT 3 BKKICN HK2  2355  0730 31OCT 4
                                              /DCOZ*PI8AL5 /E
TKT/TIME LIMIT
  1.TAW/
PHONES
  1.SELT*02-123-4567
  2.SELM*010-1234-5678
PASSENGER DETAIL FIELD EXISTS - USE PD TO DISPLAY
GENERAL FACTS
  1.SSR OTHS 1B OZ RSVN IS 9444-7230
  2.SSR ADTK 1B TO OZ BY 03JUL 1700 OTHERWISE WILL BE XLD
REMARKS
  1.DIVIDED/Z60D*AAA 0215/19JUN19 IUKQIE ❸
  2.H-SPLIT TO/021503/19JUN19 IUKQIE 03/03 02/02 BYUN/HJ MS
RECEIVED FROM - P
Z60D.Z60D*AAA 0206/19JUN19 XJDAEO H
```

① ORIGIN PNR(최초 PNR)
② 분리되지 않은 승객
③ DIVIDE PNR(분리된 승객 PNR)

나. DIVIDE 유의사항

- DIVIDE 실행 전 승객을 지정한 OSI, SSR 항목은 DIVIDE 후 자동으로 분리된다.
- DIVIDE 작업 진행 중에 다른 작업(여정 취소, 연락처 추가 등)을 진행하지 않는다.
- DIVIDE 진행이 완료된 후 항공사 PNR 조회 기능을 통해 SABRE와 동일하게 분리 작업 및 여정 수정 작업 등이 올바르게 반영되었는지 확인한다.
- DIVIDE 작업을 중복해서 여러 번 진행하면 항공사 PNR과 DATA 전송 문제가 발생할 수 있으므로 유의한다.

(9) PNR History 조회

PNR 저장 및 그 이후에 진행되는 PNR과 관련된 모든 사용자의 작업 기록과 항공사로부터의 전송 메시지 등은 시스템적으로 보관하는 기록이 History이다. PNR History의 경우, 작업 진행순서에 따라 단위별로 구분되며 사용자의 편의를 위해 PNR 하단 H코드의 JET-KEY를 통해 MASK 화면으로 진행된 작업 내용을 조회할 수 있다.

가. 기본 지시어

*H

나. History Code 종류

항목별 구분	추가 내용 (Added)	취소 및 삭제 (Canceled/Deleted)	기 타
이름(Name)	AN	XN	
여정(Itinerary, Segment)	AS	XS	SC, MS
전화번호(Phone)	A9	X9	
OSI	A3O	X3O	
SSR	A3S	X3S	
마일리지카드(FFP)	AFF	XFF	
사전좌석배정(PRS)	A4G	X4G	
Ticketing	A7	X7	AT
Received From	A6	X6	R-
Historical Remarks	A5 A5H	X5 X5H	
Divide	DD		
PTC	ADT	XDT	
Accounting Data(발권진행 시)	ACC	XC	

〈기타 관련 코드〉

- SC(Status Change) : 여정 정보 및 예약 상태코드의 변경
- MS(Modification Segment) : 호텔 및 렌터카 예약여정의 변경
- AT(Made a Ticketing Entry) : 발권 지시어의 입력
- R-(Changed Received From) : 특정 작업을 진행한 시점을 Up-date함

부 록

주요 용어	Full Name	의 미
ADTK	Advice if Ticketed	항공권 발행 여부 공지
APIS	Advanced Passenger Information System	사전 입국심사 정보
ARNK	Arrival Unknown	항공편을 탑승하지 않는 구간
ATR	Airline Ticketing Request	자체 발권이 불가능한 여행사가 항공사에 직접 발권을 의뢰하는 제도
AUTH	Authority, Authorization	승인
BSP	Billing and Settlement Plan	항공사/여행사 간 항공권 판매대금 정산업무를 은행에서 대행하는 제도
CFM	Confirmation	좌석의 확약(ok)
CHG	Change	변경
CNXL, CXL	Cancel, Cancellation	취소, 취소하다
CRS	Computerized Reservation System	항공예약 발권을 위한 전산예약시스템
CTC	Contact	연락처, 연락하다
DUPE	Duplicate Booking	동일 승객이 동일 구간의 중복 예약
ETAS	Electronic Travel Authority System	호주 입국비자 발급시스템
ETA	Estimated Time of Arrival	도착예정시간
ETD	Estimated Time of Departure	출발예정시간
GO SHOW	Stand By	예약을 확약받지 못한 승객이 공항에 나와 대기하는 경우
IATA	International Air Transport Association	국제항공운송협회
IN-BOUND		국외에 있는 내·외국인이 국내로 입국하는 경우의 여행
MCT	Minimum Connection Time	항공기 최소연결시간
NO SHOW		항공이 확약된 승객이 연락 없이 탑승일에 공항에 나타나지 않는 경우
NRC(No-Rec)	No Record	승객은 예약을 확약받은 것으로 알고 있으나, 시스템에 예약기록이 존재하지 않는 경우
NOOP	No Operation	운항하지 않음
OUT-BOUND		국내에 있는 내·외국인이 국외로 출국하는 경우의 여행
PAX, PSGR	Passenger	승객
PTA	Prepaid Ticket Advice	국외에 있는 탑승예정객을 위해 타 지역에서 항공운임을 사전 지불 후 탑승을 진행하도록 하는 제도
SKD, SKED	Schedule	스케줄
STVR	Stopover	여행지에서 24시간 이상 체류하는 경우
TCP	The Complete Party	동일 여정으로 여행하는 총인원
TTL, TL	Ticket Time Limit	항공권 발권시한
TWOV	Transit Without Visa	비자 없이 체류 가능한 경우
UM	Unaccompanied Minor	보호자 비동반소아
XXLD	Cancelled	취소된

연 습 문 제

01 도시 FULL NAME(SEATTLE)으로 3LETTER CODE를 조회하는 지시어는?

① W/*SEATTLE ② W/-CCSEATTLE

③ W/*ATSEA ④ W/-APSEATTLE

02 11월 26일 아시아나항공편으로 사이판을 가는 실제 좌석상태를 조회하는 지시어는?

① A26NOVSELSPN@OZ ② A26NOVSPNSEL@OZ

③ A26NOVSELSPN#OZ ④ A26NOVSEPSEL9000GUM#OZ

03 다음은 도시코드와 그에 소속된 복수 공항코드를 짝지은 것이다. 잘못된 것은 어느 것인가?

① PAR - CDG & ORY ② NYC - JFK & EWR

③ TYO - HNO & ITM ④ LON - LHR & LGW

04 Availability 조회 기능의 특징에 대한 설명이다. 잘못된 것은 어느 것인가?

① 특정 일자에 운항하는 항공편의 편명, 출·도착 시간정보, 항공편 추가정보를 확인할 수 있는 기능이나 잔여좌석 정보를 확인할 수는 없다.

② 당일로부터 362일까지 조회가 가능하다.

③ 조회 방법에 따라 일반좌석상태 조회와 실제좌석상태 조회 기능이 구분되어 사용된다.

④ 각 항공사의 SABRE 가입등급에 따라 조회기능 가능 여부 및 정보 제공 범위가 다를 수 있다.

05 항공예약 지시어로 사용되는 다음의 특수기호 중 PNR의 구성 항목을 조회하거나 승객 조건을 이용하여 PNR을 조회하고자 할 때 주로 사용되는 것은 어느 것인가?

① * ② @

③ # ④ /

06 서울에서 싱가폴로 가는 싱가폴항공사의 12월 스케줄을 조회하려고 한다. 다음 중 지시어로 맞는 것은?

① ST01DECSELSIN@SQ ② S01DECSELSIN#SQ

③ S01DECSELSIN/SQ ④ ST01DECSELSIN#SQ

07 다음은 특정 항공편의 여정 작성을 진행한 화면이다. 화면상에 표시된 예약코드와 관련한 설명 중 그 내용이 올바르지 않은 것은?

```
NO NAMES
 1 OZ 236L 30AUG 5 ICNORD LL1  1900  1820  /DCOZ /E
UNABLE 00 AVAILABLE-REQUEST HAS BEEN WAITLISTED
OZ ECONOMY CLASS
 2 OZ6275L 30AUG 5 ORDLAX UC1  2113  2347  /DCOZ
OPERATED BY UNITED AIRLINES
UNABLE 00 AVAILABLE, WAITLIST CLOSED
Z60D.Z60D*AAA 2200/28JUL19
```

① 2번 여정의 경우 해당 CLASS 좌석에 대한 대기자 요청도 불가능한 상태의 예약코드이다.

② 1번 여정의 경우 해당 CLASS 좌석에 대한 대기자 접수가 가능한 상태의 예약코드이다.

③ UC로 요청된 좌석은 예약 작업을 취소하고, 다른 스케줄로 예약 진행을 해야 한다.

④ LL로 요청된 좌석코드는 저장과 함께 HK로 좌석 확약이 진행된다.

08 PNR의 필수 입력사항으로 알맞은 것은?

① ITINERARY, NAME, PHONE

② ITINERARY, RECEIVED FROM, NAME

③ ITINERARY, NAME, REMARKS

④ ITINERARY, PHONE, TICKET NBR

09 다음은 PNR 작성 시 유의사항 및 특징을 기술한 것이다. 그 내용이 적절하지 못한 것은?

① 소아나 유아의 경우 여정이 존재하지 않으면 이름 입력이 될 수 없으므로 전체적인 PNR 작업의 순서를 여정 → 이름 → 전화번호의 순으로 진행하는 것이 좋다.

② 이미 저장된 PNR을 가지고 있더라도 승객이 여정을 취소한다고 하면 PNR상의 여정을 XI 등으로 삭제할 수 있고, 이 경우 여정이 없는 상태로도 저장이 가능하다.

③ PNR이 저장된 이후에는 어떠한 경우라도 승객의 성과 이름을 변경할 수 없기 때문에 예약 입력했던 이름으로 반드시 발권이 진행되어야만 한다.

④ 중간 경유지가 존재하는 경우, 연결편 항공기에 대한 최소연결시간을 고려해야 하고, 최소 2시간을 설정하는 것이 보통이다.

10 다음 조건에 맞는 직접입력 예약요청 지시어는?

(조건)		
	• 날짜 : 7월 19일 • 구간 : 서울 - LA • 항공사 : OZ202	• 승객 수 : 2명 • CLASS : B

① 0OZ202B19JULSELLAXNN2　　② 0OZ202B19JULICNLAXDS2

③ 0OZ202B19JULICNLAXLL2　　④ 0OZ202B19JULICNLAXNN2

11 다음은 여정의 연속성을 맞추기 위해 ARNK 여정을 추가해야 한다. 올바르게 작성하기 위해 사용해야 할 지시어로 맞는 것은?

```
NO NAMES
 1 OZ 751Y 10NOV 7 ICNSIN SS1  1620  2155  /DCOZ /E
OZ ECONOMY CLASS
 2 SQ 866Y 11NOV 1 SINHKG SS1  1305  1705  /DCSQ /E
PREMIUM EYCL IS AVAIL ON SELECTED FLTS
 3 TG 658Y 12NOV 2 BKKICN SS1  2310  0635 13NOV 3  /DCTG /E
Z60D.Z60D*AAA 2202/28JUL19
```

① /0A　　② /1A

③ /2A　　④ /3A

12 다음 예약코드 종류와 기능을 설명한 것 중 올바르지 않은 것은 어느 것인가?

① UC : 대기자 상태에서 더 이상 좌석 확보가 어렵다는 의미로 UNABLE CONFIRM 을 뜻함

② KL : 대기자 상태였던 좌석이 확약되었다는 응답을 의미하는 코드

③ DL : 현재 대기자 상태로 좌석이 요청되었음을 나타내는 의미의 코드

④ SS : 요청된 좌석의 확보가 가능함을 나타내는 코드

13 다음의 여정작성 지시어의 기본 형태를 설명한 내용 중 사실과 다른 것은?

```
0 2 B 14
```

① 요청되는 좌석 수는 2개 좌석이다.

② 예약하고자 하는 BOOKING CLALSS는 B이다.

③ 조회되어 있는 AVAILABILITY 유형이 일반좌석상태 조회 결과임을 알 수 있다.

④ 기본 지시어는 0 대신에 N을 사용하는 것도 가능하다.

14 다음 여정에서 2번 구간과 4번 구간을 삭제하고자 한다. 지시어를 쓰시오.

```
< PNR - CCFGEL >
1.1HONG/GILDONGMR
1 OZ 751Y 10NOV 7 ICNSIN HK1  1620  2155  /DCOZ*SE7VQJ /E
2 SQ 866Y 11NOV 1 SINHKG HK1  1305  1705  /DCSQ*SE7VQJ /E
3 ARNK
4 TG 658Y 12NOV 2 BKKICN HK1  2310  0635 13NOV 3
                                          /DCTG*SE7VQJ /E
```

15 다음은 예약코드의 종류별로 여정 작성 및 저장 이후 절차에 따라 변경될 수 있는 흐름을 나타낸 것이다. 예약코드의 변경 과정이 올바르지 못한 것은?

① NN → PN → KK

② LL → HL → UU

③ SS → HK → DL

④ LL → HL → KL

16 승객이름 입력 시 유의사항으로 설명이 틀린 것을 고르시오.

① 승객 유형의 분류는 여권상의 생년월일을 탑승일 기준으로 산정했을 때만 나이를 사용하여 나눈다.

② 승객 유형 중 소아와 유아는 좌석을 점유하지 않는 승객이므로 좌석 요청 시 승객 명수에서 제외한다.

③ 승객이름 입력 시 크게 성과 이름, 그리고 성별이나 직업을 구분해 주는 타이틀로 구분해서 입력한다.

④ 소아와 유아 이름 입력 시 승객의 나이를 *C5, *I22와 같은 형태로 추가 표기하여 입력해야 한다.

17 HONG/GILDONG이라는 이름을 이용하여 저장된 승객의 PNR을 찾는 지시어는?

① *-HONG/GILDONG ② #-HONG/GILDONG

③ **1-HONG/GILDONG ④ @-HONG/GILDONG

18 다음은 여정 작성에 있어서 특징과 유의사항을 기술한 것이다. 그 내용이 틀린 것은?

① 여정 작성 시 요청되는 좌석의 개수는 각 구간마다 동일해야 한다.

② 승객 중 유아가 포함되어 있는 경우에는 좌석 수에 포함시키지 않는다.

③ 동일 날짜에 연결되는 항공편을 예약해야 하는 경우에는 최소연결시간을 감안하여 예약을 진행해야 한다.

④ 비항공운송구간이 발생한 여정은 각 구간별 예약은 서로 다른 PNR로 분리해서 진행해야 한다.

19 다음의 상황 중에서 IGNORE(I) 기능을 사용해서는 안 되는 경우에 해당되는 것은 어느 것인가?

① 승객명, 여정, 연락처를 모두 입력하였고 PNR을 저장하고자 한다.

② 새로운 PNR 작성 작업을 시작하고자 한다.

③ 조회 중인 PNR 화면을 종료하고자 한다.

④ 저장된 PNR에 기내식을 추가로 신청하였다가 해당 작업을 취소하고자 한다.

20 PNR 작성 시 저장작업 지시어인 E(END OF TRANSACTION) 기능이 필요하지 않은 경우는?

① XI
② 03B7
③ S20DECSELLAX/OZ
④ 902-234-5678 ABC TRVL

21 아래의 (보기)에서 설명하고 있는 내용에 해당하는 것은?

(보기)	• 기본 지시어 : 3 • 기내식, 특수 승객 운송서비스 등을 요청하기 위해 사용 • 정형화된 4-LETTER CODE를 사용 • 입력된 결과는 PNR 상에 General Facts Field로 조회

① OSI
② SSR
③ PRS
④ REMARKS

22 다음은 SSR 서비스코드의 종류이다. 서비스의 성격상 추가 TEXT를 반드시 입력해야 신청이 가능한 서비스코드는 어느 것인가?

① OTHS
② VGML
③ BSCT
④ DBML

23 다음은 제공받고자 하는 SSR 서비스코드에 대한 내용이다. 알맞은 SSR CODE를 쓰시오.

1) 소아승객이 혼자 미국으로 여행을 가고자 함	
2) 유아승객을 위한 이유식 신청을 하고자 함	
3) 고급 악기를 기내운송 하기 위해 신청하고자 함	
4) 애완동물을 기내운송 하기 귀해 신청하고자 함	

24 사전입국심사제도인 APIS 정보 입력은 출입국 절차의 강화로 인해 필요한 정보이며, 국가별로 요구하는 정보가 다를 수 있다. 미국은 입국하는 승객의 경우 APIS로 입력해야 하는 항목으로 요구받는 정보가 아닌 것은?

① 여권 정보
② 거주지 정보
③ 체류지 정보
④ 항공권 정보

25 사전좌석배정에 대한 유의사항이다. 알맞은 것을 고르시오.

① PNR 완성 후 좌석배치도 조회 시 모든 CLASS에 해당하는 좌석배치도가 조회된다.

② 승객 중 일부 승객의 좌석배정이 가능하다.

③ 대기, 확약된 좌석에 대해 사전좌석배정이 가능하다.

④ 항공사마다 규정이 다르며, 기본 지시어는 4G이다.

26 예약된 승객의 OZ 마일리지카드 정보를 입력하고 저장한 결과, 아래와 같이 오류 응답이 나왔다. 이에 대한 추가적인 조치사항으로 가장 적절한 지시어는 어느 것인가?

```
 1 OZ 751Y 10NOV 7 ICNSIN HK1  1620  2155  /DCOZ*QE7F3F /E
 2 SQ 866Y 11NOV 1 SINHKG HK1  1305  1705  /DCSQ*QE7F3F /E
>*FF
FREQUENT TRAVELER
  1.OZ 004673002            HK OZ  1.1 HONG/GILDONGMR
>E
FF MILEAGE AGREEMENT EXISTS
FQTV 제휴 항공사가 존재합니다. 추가 입력하시거나 입력을 원치 않을 경우 E 저장하시기 바랍니다.
```

① FFOZ004673002/SQ-1.1 ② FFOZ004673002-1.1

③ FFSQ004673002/OZ-1.1 ④ FFSQ004673002-1.1

27 다음의 PNR에서 SIN-HKG 구간에 대한 사전좌석배정을 진행하고자 한다. 좌석배치도를 조회하기 위해 사용해야 할 명령어는?( )

```
< PNR - CCFGEL >
1.1HONG/GILDONGMR
1 OZ 751Y 10NOV 7 ICNSIN HK1  1620  2155  /DCOZ*SE7VQJ /E
2 SQ 866Y 11NOV 1 SINHKG HK1  1305  1705  /DCSQ*SE7VQJ /E
3 ARNK
4 TG 658Y 12NOV 2 BKKICN HK1  2310  0635 13NOV 3
                                          /DCTG*SE7VQJ /E
```

28 다음은 선택입력 사항의 기본 지시어와 기능을 설명한 것이다. 그 내용이 올바른 것은?

① 3OSI : 승객이 요청하고자 하는 기내서비스를 신청하는 기능

② 4G : 사전 입국심사 정보를 입력하는 기능

③ FF : 항공사의 상용고객을 위한 마일리지카드 정보 입력 기능

④ 5 : 항공권 정보를 수동으로 입력하는 기능

29 다음은 DIVIDE 기능에 대한 설명이다. 내용이 올바르지 않은 것은 어느 것인가?

① DIVIDE는 원래 동일한 여정을 가지고 있던 복수승객 중 일부 승객의 여정이 변경되거나 취소되었을 때 진행하는 PNR 분리 기능이다.

② DIVIDE가 진행되는 과정에서 동시에 여정을 취소하거나 삭제하는 기능을 실행하는 것이 시간을 절약할 수 있는 방법이다.

③ DIVIDE가 완료된 PNR에는 상호간의 SABRE 예약번호 기록이 남겨져 있게 된다.

④ DIVIDE를 진행하는 경우에도 기존에 신청되었던 승객별 정보나 서비스 신청 내용은 그대로 유지된다.

30 다음은 PNR을 DIVIDE하는 과정에서 사용되는 지시어들이다. 올바른 PNR DIVIDE 과정에 맞도록 지시어의 순서를 나열한 것은?

a) 6P	b) F	c) E	d) D1

① a → b → c → d　　② a → d → b → c

③ d → a → b → c　　④ d → b → a → c

1. ② 2. ① 3. ③ 4. ① 5. ① 6. ② 7. ④ 8. ① 9. ③ 10. ④
11. ③ 12. ③ 13. ③ 14. X2/4 15. ③ 16. ② 17. ① 18. ④ 19. ① 20. ③
21. ② 22. ① 23. 1) UMNR, 2) BBML, 3) CBBG, 4) EXST 24. ④ 25. ④
26. ① 27. 4G2* 28. ④ 29. ② 30. ③

Tourism
and
Airlines
Practice

CHAPTER 04

항공운임 및 발권

01 항공권의 이해

1. 항공운송증표의 종류

항공운송증표란, 여행자와 항공사 간에 성립된 계약의 내용 및 조건을 표시하고 항공사의 운송약관과 기타 약정에 의해 여행자 운송이 이루어지게 됨을 표시하는 일종의 계약증서이다. 운송증표는 여객뿐만 아니라 수하물의 운송을 위한 경우에도 사용되며, 유가증권의 한 종류로 인정되기 때문에 해당 운송증표의 모든 권리와 책임은 그것에 명기된 실명 소지자에게 있다. 또한 일부의 운송증표는 항공사 간에 정산이 가능하도록 IATA에서 정한 표준양식을 사용하도록 되어있으며 사용 용도에 따라 다음과 같이 구분된다.

1) 여객항공권Passenger Ticket and Baggage Check

승객의 항공예약 기록을 근거로 발행된 각 구간별 여행자의 운송 및 위탁수하물의 수송에 대한 증표로서 사용되며, 일반적으로 항공기 탑승 시 사용되는 항공권이다. 한국 역에서는 지난 2005년부터 전자항공권ET : Electronic Ticket이 상용화되면서 기존의 실물항공권Paper Ticket과 함께 승객들에게 제공되기 시작했고, 2008년부터 BSP 여행사의 경우에는 전자항공권으로 사용이 일원화되었으며, 현재는 항공사에서만 일부 유형에 한해 실물항공권이 유통되고 있다.

(1) 항공사용 여객항공권Paper Ticket & Electronic Ticket

- 대부분의 항공사에서 98% 이상이 전자항공권으로 사용되고 있다고 볼 수 있으며, 일부 수동발권 형식의 실물항공권만이 공항 등에서 필요 시 사용되고 있다.
- 발행 주체가 각 항공사이며 발권항공사의 로고Logo 및 항공사코드Numeric Code를 이용하여 표지와 항공권번호가 구성되고, 기본적으로는 4개의 구간을 하나의 항공권으로 발행하도록 구성되어 있다.

- 전자항공권ET의 경우, 승객의 신분 확인으로 시스템적인 발권 여부를 확인할 수 있으므로 항공권 분실의 소지가 없다. 단 특정 국가의 출입국을 위해서는 증빙서류로서 전자항공권 발행확인서Passenger Itinerary & Receipt를 소지할 필요가 있다.

(2) BSP 여행사용 전자항공권

- 발행 주체가 BSP 제도에 가입된 BSP 여행사이며, IATA에서 규정하는 정형화된 항공권 양식을 사용한다.
- 발권자가 발권을 진행하는 최종 시점에 발권항공사를 지정하기 이전까지는 항공사가 지정되지 않은 중립 형태의 표준항공권이라고 부른다.
- 한국 지역에서 현재 모든 여객항공권은 전자항공권 형태로만 제공되고 있으며, 승객에게는 증빙으로 전자항공권 발행확인서가 제공된다.

```
ELECTRONIC TICKET RECORD
INV:                  CUST:                         PNR:JSNMUE
TKT:9883457538363     ISSUED:24JUN19   PCC:Z60D   IATA:99999992
NAME:BYUN/HYOJEONGMS
NAME REF:                              TOUR ID:SP003
FOP: CASH
CPN  A/L  FLT  CLS DATE   BRDOFF  TIME   ST F/B            STAT
1    OZ   721   Y  25OCT  ICNHKG  0900   OK YLKS           OPEN
2    OZ   722   Y  30OCT  HKGICN  1315   OK YLKS           OPEN

FARE      KRW944600   TAX  28000BP TAX  17900HK TAX  13400G3
                      TAX   7500I5 TAX  37200YQ
TOTAL     KRW1048600

SEL OZ HKG402.91OZ SEL402.91NUC805.82END ROE1172.20778

ENDORSEMENT/RESTRICTION:
MILE UG J/C/D/Y/B/M ONLY/NONENDS
```

그림 4.1 BSP 여행사용 전자항공권

2) MCOMiscellaneous Charges Order – 항공사용

- 여객항공권과 달리 지불증이라고 불리며 승객의 항공여행 중에 발생하는 부대서비스를 위한 비용을 항공사에서 선 징수할 경우 혹은 항공요금의 추가 징수, 항

공요금의 환불을 위한 증표로 사용되는 운송증표를 말한다.

- 경우에 따라서는 항공사에서 보상 및 서비스 제공 차원에서 현금을 대신하여 승객에게 지급하기 위한 목적으로 항공운임 또는 호텔 비용 등의 부대서비스 비용의 지불 용도로 사용할 수 있도록 발급하기도 한다.
- 실물Paper항공권 형태인 MCO와 전자 형태인 EMD가 2014년부터 함께 혼용되어 사용되고 있으며, 항공사마다 사용 범위와 규정이 서로 다르게 활용되고 있다.

3) EMDElectronic Miscellaneous Document

- MCO와 거의 동일한 기능을 가진 운송증표로서, 여행사에서 사용하는 운송증표이다.
- 기능으로는 여정 변경으로 인한 차액 징수, 환불 및 항공사별 기내/운송서비스 관련 비용 징수 등에 주로 사용된다. EMD는 해당 기능을 제공하는 GDS 및 항공사에 따라 발행 방법이 상이하며, 발행된 결과는 ET와 마찬가지로 발권시스템 기록으로 각 항공사로 전송되어 BSP 정산에 반영된다.

4) 초과수하물 운임표Excess Baggage Ticket – 항공사용

- 여객항공권을 구입한 여행자가 무료 탑재가 허용되는 중량 또는 수량을 초과하는 경우, 해당 초과수하물을 소지한 여행사는 일정한 금액의 초과수하물 운임을 부담해야 한다. 이 경우 항공사 좌석배정 시 카운터에서 초과수하물 운임을 부과하기 위해 발행하는 운송증표이다.
- 초과수하물 운임은 항공사와 탑승노선, 탑승등급에 따라 다르게 책정되어 있으며, 항공사에 따라서 EMD로 발행되는 경우도 있다.

5) 전세기용 항공권Collective Ticket For Passenger – 항공사용

- 특정 단체 또는 기업, 여행사 등과 항공사가 운송계약을 별도로 체결하는 경우로

써 전세기 운항을 계약한 경우에는 일반적인 항공예약 절차를 통해 접수된 항공사 고객은 탑승시킬 수 없으며, 운송계약을 맺은 해당 단체가 별도의 절차를 통해 탑승객을 정하여 탑승시킬 수 있다. 이때 계약 당사자와 항공사의 운송계약에 관련하여 발행되는 운송증표의 종류이다.

- 기존에는 전세기 항공권을 통해 해당 항공편 전체의 계약 금액을 정하는 방식으로 운영되었으나, 최근에는 해당 그룹의 개인 기준 금액으로 협상하여 개인 항공권으로 발행하여 사용되는 경우가 많다.

2. BSP 여행사용 전자항공권의 구성과 항목별 기능

1) 탑승용 – 전자항공권ETR : Electronic Ticket Record

- 항공권을 발권한 승객이 실제로 공항에서 탑승수속 시 해당 항공사에서는 해당 승객의 전산 기록을 확인하게 되는데, 이것은 전자항공권 발권기록인 ET-RECORD, 즉 ETR이다.
- 전자항공권은 1개의 탑승구간 당 하나의 쿠폰Coupon을 생성하며, 한 장의 항공권 번호를 기준으로 최대 4개의 쿠폰을 발행할 수 있다. 만약 탑승구간이 4개 구간 이상이 되면 연속적인 또 하나의 연계 항공권번호가 생성되며, 이때 추가되는 연계 항공권을 Conjunction Ticket이라고 한다.
- 각 항공사의 전자항공권 발권 규정에 따라 하나의 ETR에 발행할 수 있는 최대 쿠폰의 개수는 서로 상이하며, 탑승 시 발권된 쿠폰은 순서대로 사용해야 하고 역순으로 사용되는 경우 탑승이 불가능하다.
- 전자항공권ETR에는 발권 시 사용된 공시운임과 TAX 등의 운임 정보가 포함되어 있으나 실제로 판매한 금액과 발권수수료 정보는 기록되어 있지 않으므로 실제 판매금액을 확인하고자 할 때는 발권점소에서 보관하는 Agent Coupon을 확인한다.

```
ELECTRONIC TICKET RECORD
INV:                      CUST:                        PNR:JSNMUE ❹
TKT:9883457538363 ❶   ISSUED:24JUN19 ❷ PCC:Z60D ❸ IATA:99999992 ❺
NAME:BYUN/HYOJEONGMS ❻
NAME REF: ❼                                  TOUR ID:SP003 ❾
FOP: CASH ❽
CPN  A/L  FLT  CLS DATE   BRDOFF  TIME  ST F/B ⓫          STAT ⓬
1    OZ   721   Y  25OCT  ICNHKG  0900  OK YLKS           OPEN
2 ❿  OZ   722   Y  30OCT  HKGICN  1315  OK YLKS           OPEN

FARE       KRW944600   TAX  28000BP TAX  17900HK TAX  13400G3
                       TAX   7500I5 TAX  37200YQ              ⓭
TOTAL      KRW1048600

SEL OZ HKG402.91OZ SEL402.91NUC805.82END ROE1172.20778 ⓮

ENDORSEMENT/RESTRICTION:
MILE UG J/C/D/Y/B/M ONLY/NONENDS ⓯
```

구 분	항 목	내 용
①	TKT	항공권번호
②	ISSUED	발행일자
③	PCC	발행점소
④	PNR	발권 PNR
⑤	IATA	여행사의 IATA(BSP)번호
⑥	NAME	승객명
⑦	NAME REF	승객 중 소아유아의 나이
⑧	FOP	지불수단(Form of Payment)
⑨	TOUR ID	항공사 할인에 대한 Auth 번호 및 TOUR CODE
⑩	CPN A/L FLT CPN DATE...	발행된 구간의 여정정보
⑪	F/B	운임종류(Fare Basis) 코드
⑫	STAT	발행된 항공권 쿠폰의 사용 상태(Coupon Status)
⑬	FARE/TAX/TOTAL	항공권 제한사항(Endorsement)
⑭	SEL OZ HKG402.91OZ SEL...	항공운임/TAX 합계/운임과 TAX 총합계
⑮	MILE UG J/C/D/Y/B/M...	운임구성 내역(Fare Calculation)

2) 여행사 보관용 – Agent Coupon

- 전자항공권을 발급한 여행사는 자체적으로 발행한 항공권 기록을 보관할 필요가 있다. 발권한 승객의 여정 변경 또는 환불 절차 등을 진행할 때 실제 판매했던 항공권 운임 정보가 필요하기 때문이다.
- 전자항공권 발권 시 GDS별로 여행사 보관용 쿠폰인 Agent Coupon을 파일로 보

관하거나 시스템 자체적인 서비스에 보관하도록 기능을 제공하고 있으며, Agent Coupon에는 실제 판매금액 및 발권수수료 정보, 상세 지불수단 정보 등을 추가로 확인할 수 있다.

3) 승객 보관용 – 전자항공권 발행 확인서ITR

- 항공권 발급에 대한 증빙으로 승객이 소지해야 하는 문서이다.
- 출입국 시 항공권을 대체하는 증빙으로 사용될 수 있어 소지하는 것이 좋다.
- 전자항공권에 발행된 승객의 탑승 정보와 운임 정보를 기록해 놓은 것으로, 실제 판매금액이 아닌 공시운임 기준의 판매 정보만 기록되어 있다.
- GDS별 기능에 따라 이메일 및 모바일 등의 수단으로 ITR을 전송받을 수 있다.

전자 항공권 발행 확인서
E-Ticket Passenger Itinerary & Receipt

abacus

담당자 : SABRE 교육　TEL : 02-2127-8933　FAX : 000-0000　2019 / 06 / 24

승객 정보 (Passenger Information)

- 승객 성명 (Passenger Name) : BYUN/HYOJEONGMS
- 항공권 번호 (Ticket Number) : 9883457538363
- 예약 번호 (Booking Reference) : 1B-JSNMUE

여정 정보 (Itinerary Information)

OZ 721 ASIANA AIRLINES

	도시/공항	일자/시각	클래스	상태	운임	NVB	NVA	Baggage
출발 도착	SEOUL INCHEON INT HONG KONG	25OCT 09:00	Y	OK	YLKS		25OCT20	1PC

OZ 722 ASIANA AIRLINES

	도시/공항	일자/시각	클래스	상태	운임	NVB	NVA	Baggage
출발 도착	HONG KONG SEOUL INCHEON INT	30OCT 13:15	Y	OK	YLKS		25OCT20	1PC

항공권 정보 (Ticket Information)

- Issue Date / Place (IATA No.) : 24JUN19 / Z60D (99999992)
- Restriction (Endorsement) : MILE UG J/C/D/Y/B/M ONLY/NONENDS
- Form of Payment / Tour Code : CASH / SP003
- Fare Calculation : SEL OZ HKG402.91OZ SEL402.91NUC805.82END ROE1172.20778
- Fare Amount : KRW944600
- Tax / Fee / Charge : 28000BP 17900HK 13400G3 7500I5
- Total Amount (Fare + Tax) : KRW1048600

드리는 말씀 (Remarks)

즐거운 여행되세요. 감사합니다.

- 본 전자 항공권 발행 확인서는 탑승 수속 / 입출국 / 세관 통과시 요구될 수 있으므로 전여행기간동안 소지하시기 바랍니다.
- 본 전자 항공권 발행 확인서의 이름과 여권상의 이름은 반드시 일치해야 하며, 위/변조시 법적인 책임이 따를 수 있습니다.
- 일반적으로 공항 탑승 수속 마감은 항공편 출발 1시간전이므로, 최소 2시간 전에 공항에 도착하시기 바랍니다. 단, 항공사에 따라 탑승수속 마감시간이 다를 수 있으니 반드시 재확인하시기 바랍니다.
- 일부 공동 운항편의 탑승 수속은 운항 항공사에서 이루어 지며, 운항 항공사의 규정에 따라 탑승 수속 마감 시간이 다를 수 있습니다.
- 무료 수하물 허용량을 초과하는 경우, 초과 수하물 요금이 부과될 수 있으며, 일부 항공사의 경우 탑승수속시의 수하물 규정이 전자공권 발행확인서의 무료 수하물 규정과 다를 수 있습니다.
- '사전 좌석 배정'을 완료한 경우, 항공기 출발 70분 전까지 수속하지 않으면 예약(사전 좌석)이 취소될 수 있습니다.
- 항공사 사정 및 써머타임 적용 등 운항시각의 변경을 대비하여, 여정의 출국 및 귀국 탑승일 기준 72시간 전에 항공기 출발/ 도착 운항시각의 재확인을 권고 드립니다. 미 확인 시 발생되는 문제로 인해 고객 본인 부담이 발생할 수 있습니다.
- 2018년 1월18일부터 대한항공/에어프랑스/KLM네덜란드항공/델타항공의 출/도착편이 인천공항의 제2여객터미널을 이용하오니, 해당 항공사(공동운항편인 경우 운항 항공사)를 이용하는 경우, 운항사의 터미널을 다시 확인하여 주시기바랍니다.

MOFA 외교부 해외안전여행

대한민국 국민이 이라크, 아프가니스탄, 소말리아, 시리아, 예멘을 여행하는 것은 법에 의해 금지되어 있습니다.
안전한 해외여행을 위해 여행목적지 여행경보단계를 꼭 확인하세요 (www.0404.go.kr)
여행 전 해외여행자 사전등록제 '동행'에 가입하시면 여행국가의 안전정보를 이메일로 받아 보실 수 있습니다.
스마트폰 앱 스토어에서 '해외안전여행'을 검색! 해외에서의 긴급연락처도 받아가세요.
해외여행 중 사건&사고로 인해 도움이 필요한 상황에 처하시면 영사콜센터에서 유용한 안내를 받으실수 있습니다. (+82-2-3210-0404)

3. 항공권 사용의 일반 규정

(1) 항공권은 첫 구간 여행 개시일에 유효한 운임을 적용한다.

- 일반적으로 항공권의 항공운임 적용은 국제선 첫 구간의 여행 개시일에 유효한 운임을 적용한다.
- 항공권 발행 후 항공운임에 변동(인상/인하)이 생겼을 경우에는 여행 개시 전이라면 변동분의 영향을 받는 것이 원칙이며, 여행 개시 후에는 항공권 유효기간 내에 한해서는 인상·인하 등의 변화에 영향을 받지 않는다.

(2) 모든 항공운임은 최초 국제선 출발지 국가의 통화로 계산된다.

- 모든 항공운임은 최초 국제선 출발지 국가의 통화로 계산된다.
- 한국 출발의 경우 KRW를 출발지국 통화로 사용하며, 통화가 불안정한 일부 국가의 경우에는 USD를 기준으로 통화를 사용하기도 한다.

(3) 항공권은 적용하는 운임에 따라 사용할 수 있는 유효기간이 상이하다.

- 정상운임은 여행 개시일로부터 1년, 여행을 개시하지 않았을 경우에는 항공권 발행일로부터 1년간 유효하다.
- 특별운임의 경우는 그 요금이 제시하는 운임 규정에 따라 유효기간이 상이하며, 최소체류의무기간Minimum Stay과 최대체류허용기간Maximum Stay을 각각 제한하는 경우가 있으므로 조건에 맞게 사용해야 한다.
- 항공권의 유효기간 계산은 여행 개시일 또는 발행일 다음날로부터 계산되며, 항공권 유효기간 만료일의 자정까지 유효하다. 즉 마지막 항공권의 사용을 최종 여행 만료일 이전에 개시하면 된다.
- 유효기간이 월Month로 규정되어 있을 경우에는 해당 월의 동일 일자까지 유효하고, 유효기간이 년Year으로 규정되어 있을 때는 1년 뒤의 같은 날로 한다.

(예) 15일 유효기간 : 01MAR – 16MAR
3개월 유효기간 : 27JUN – 27SEP

1년 유효기간 : 20JAN2019 - 20JAN2020

- 기준일이 해당 월의 마지막 일자인 경우에는 만료 월의 마지막 일까지 유효한 것으로 하고, 유효기간 만료 월에 해당 일자가 존재하지 않을 경우에는 만료 월의 마지막 일자까지 유효한 것으로 한다.

  (예) 1개월 유효기간 : 28/29FEB - 31MAR, 31JAN - 29/29FEB

  3개월 유효기간 : 30APR - 31JUL

- 항공권을 재발행하는 경우, 유효기간의 최초 발행 항공권의 유효기간 중 잔여 기간에 한해 적용받는다. 단 유효기간 변경을 전제로 하여 운임 차액을 지불한 경우 재발행하는 경우 새로운 유효기간을 적용받을 수 있다.

(4) 항공권의 모든 권한은 항공권 상의 'Name of Passenger'란에 명시된 승객에게만 주어지며, 어떠한 경우에도 타인에게 양도가 불가능하다.

(5) 항공권의 탑승용 쿠폰은 반드시 순서대로 사용해야 하며, 쿠폰 순서를 바꾸어 탑승하고자 하는 경우 탑승이 거절될 수 있다.

02 항공지리와 방향지표

1. 항공지리

1) 지역 구분의 개요

- 항공운임은 두 도시(출발지/도착지) 간의 구간운임을 중심으로 설정된다.
- IATA는 항공운임 및 관련 규정의 결정을 위해 편의상 세계를 3개의 지역(AREA1, AREA2, AREA3)으로 구분하여 각 지역별 운송 회의를 운영하고 있다.
- 지역별 운송 회의는 관할지역에 따라 AREA1(TC1), AREA2(TC2), AREA3(TC3)으로 구분되어 관할지역 내의 운임 및 제반 규정 등을 제정하고 출발국가의 승인을

받은 후 공시운임으로 사용하게 된다.

- 각각의 IATA AREA는 다시 몇 개의 SUB AREA로 나뉘어 항공운임의 계산 및 규정 적용이 보다 명료하게 이루어지도록 구성되어 있으며, 이러한 구분은 항공운임 계산 요소에 중요한 역할을 한다.

구 분	AREA	SUB AREA
서반구(WH) Western Hemisphere	AREA1	북미(North America) 중미(Central America) 남미(South America) 카리브해연안국가(Caribbean Area)
동반구(EH) Eastern Hemisphere	AREA2	유럽(Europe) 중동(Middle East) 아프리카(Africa)
	AREA3	한국/일본(Korea/Japan) 동남아시아(South East Asia) 남아시아대륙(South Asian Sub Continent) 남서태평양(South West Pacific)

▶ 지역별로 구분되는 러시아 주요 도시

AREA2에 속한 러시아 내 도시(유럽)	AREA3에 속한 러시아 내 도시(아시아)
MOSCOW(MOW), SARATOV(RTW), SOCHI(AER), ST.PETERSBURG(LED), VOLOGDA(VGD)	IRKUTSK(IKT), KHABAROVSK(KHV), OMSK(OMS), VLADIVOSTOK(VVO), YUZHNO-SAKHALINSK(UUS)

2. 방향지표GI : Global Indicator

1) 여행의 방향성

- 항공운임은 동일한 구간(출발지/목적지)이라 하더라도 승객이 실제로 여행하는 방향에 따라 그 운임이 다르게 설정될 수 있다.
- 예를 들어, 서울에서 미국의 SFO까지 여행을 한다고 가정할 경우 승객의 여행 경로는 태평양을 횡단하여 이동하는 경로와 대서양을 횡단하여 이동하는 경로의

두 가지로 설정될 수 있다.

- 이 두 가지 경로는 각각의 이동거리의 합이 다를 것이며, 항공운임은 이러한 거리의 합에 따라 다르게 책정되므로 동일한 두 도시 간의 운임일지라도 이동하는 경로, 즉 방향에 따라 크게 달라질 수 있다.
- 이렇듯 각 여정에 따른 이동경로 및 방향성을 지표화하여 사용하고 있는 것을 방향지표라고 부른다.
- 하나의 여정은 복수의 서로 다른 방향지표를 가질 수 있으며, 방향지표에 따라 운임값이 다르게 책정될 수 있다.

2) 주요 방향지표의 종류

방향지표(GI)	여정 형태	예 시
WH	Western Hemisphere : AREA1 내에서만 이루어지는 여정	YVR-RIO HNL-SFO
EH	Eastern Hemisphere : AREA2,3 내에서만 이루어지는 여정	IST-PAR HKG-SYD SEL-SHA
TS	Via Trans Siberian Route : AREA2,3 내에서만 이루어지면서, - 유럽과 한국/일본 사이의 Non-stop 여정 - 러시아(유럽 내)와 한국/일본 간에 유럽의 다른 국가를 경유하는 여정	SEL-FRA-LON TYO-IST-BAH SEL-PAR-MOW
FE	Far East Route : AREA2,3 내에서만 이루어지면서, - 러시아(유럽 내)/우크라이나와 한국/일본을 제외한 AREA3 국가 간의 Non-stop 여정. 단, Origin 또는 Destination이 러시아(유럽 내)/우크라이나이어야 함	MOW-HKG IEV-MOW-SIN-SEL
RU	Via Russia Route : AREA2,3 내에서만 이루어지면서, - 러시아(유럽 내)와 한국/일본 사이에서 유럽의 다른 도시를 경유하지 않는 Non-stop 여정. 단, Origin 또는 Destination이 러시아(유럽 내)이어야 함	SEL-MOW-LED MOW-SEL-TPE
AT	Via the Atlantic Ocean : AREA1과 AREA2/3 간의 대서양을 횡단하는 여정	LAX-RIO-JNB SEL-HKG-LON-NYC CHI-LON-BJS
PA	Via the Pacific Ocean : AREA1과 AREA3 간의 태평양을 횡단하는 여정	SEL-HNL-SEA SEL-SFO-YYZ HKG-SYD-BUE
AP	Via the Atlantic and Pacific Ocean : AREA1, AREA2, AREA3을 모두 경유하며 일주하는 여정으로, 대서양과 태평양을 각각 한 번씩 횡단하는 세계일주 여정	BJS-FRA-NYC-TYO SEL-LAX-NYC-IST

3) 방향지표 적용 기준

항공 여정의 특성상 하나의 여정에 여러 개의 방향지표가 설정되어 있을 경우에는 다음 원칙에 따라 방향지표를 적용하도록 한다.

① 방향지표는 운임 마디별로 적용한다.
② 대양 횡단을 우선 기준으로 적용한다.
③ 대양 횡단이 없는 동반구 내의 여정인 경우에는 'TS, FE, RU'에 해당되는지를 먼저 확인하고, 이에 해당되지 않을 경우에 'EH'로 적용한다.

> **보충학습**
>
> **운임마디(Fare Component)**
>
> 중간 경유지가 존재하는 2개 이상의 구간을 가지는 여정의 경우, 전체 여정의 운임을 계산하기 위하여 운임을 구성하는 단위를 나누게 된다. 이렇게 운임계산 시 동일한 운임을 적용하여 계산할 수 있는 최소 구성단위를 '운임마디'라고 한다.
> 출발지와 최종 목적지 간에 중간 경유지가 존재하더라도 하나의 운임마디로 계산되는 것이 저렴한 운임을 산출할 수 있는 방법이며, 즉 전체 여정에서 운임마디의 개수가 가장 적게 구분되는 경우가 최저운임이 산출된 결과라고 볼 수 있다.

4) 방향지표 적용의 예

① 대양횡단 우선 적용

(예) SEL – SYD – LAX
(EH) (PA) ⇒ PA

② AREA2와 AREA3 간 여정의 경우 TS〉FE 또는 RU〉EH 순으로 적용

(예1) MOW – SEL – TYO
(RU) (EH) ⇒ RU

(예2) MOW – BJS – SEL
(FE) (EH) ⇒ FE

(예3) SEL – BJS – VVO
(EH) (EH) ⇒ EH

03 여정의 종류와 운임의 적용 방향

1. 여정의 종류

여정의 종류는 승객이 사용하고자 하는 여정에 따라 크게 다섯 가지로 구분하여 사용하고 있으며, 이는 운임 계산의 전체적인 방향을 결정하는 기본적인 요소 중 하나이다.

1) 왕복 여정RT : Round Trip

- 출발지와 도착지가 동일한 여정
- 여정 중에 비항공 운송구간이 없고, 2개의 국제선 운임마디로 구성된 여정
- Out-bound 여정의 운임과 In-bound 여정의 운임이 동일한 여정

▶ 왕복 여정의 유형

SEL BJS - SEL	SEL HKG M SIN - 652.32 BKK M SEL 652.62	SEL SYD BNE M CBR - 1707.34 SYD M SEL 1707.354

2) 일주 여정CT : Circle Tour

- 출발지와 도착지가 동일한 여정
- 여정 중에 비항공 운송구간이 없고, 운임마디가 2개 또는 그 이상으로 구성된 여정
- Out-bound 여정의 운임과 In-bound 여정의 운임이 다른 여정

▶ 일주 여정의 유형

SEL HKG 5M MNL - 427.92 SEL 407.55	SEL HKG - 407.55 TPE M OSA - 427.03 SEL 232.47

3) 가위 벌린 여정NOJT : Normal Open Jaw Trip

- 여정의 연속성이 중단된 형태의 여정
- 출발지의 비항공 운송구간은 반드시 동일 국가 내의 비항공 운송구간이어야 하지만, 되돌아오는 지점의 비항공 운송구간의 국제선 비항공 운송구간도 허용
- 2개의 국제선 운임마디를 가지고 있으며, 비항공 운송구간은 최대 2개까지만 허용

▶ 가위 벌린 여정의 유형

① Origin Normal Open Jaw(ONOJ)

출발지와 최종 도착지가 동일 국가이긴 하나 서로 다른 여정(SEL-OSA-PUS)

② Turnaround Normal Open Jaw(TNOJ)

되돌아오는 지점에서 국내선 혹은 국제선 비항공 운송구간이 발생하는 여정(SEL-BKK X SIN-SEL)

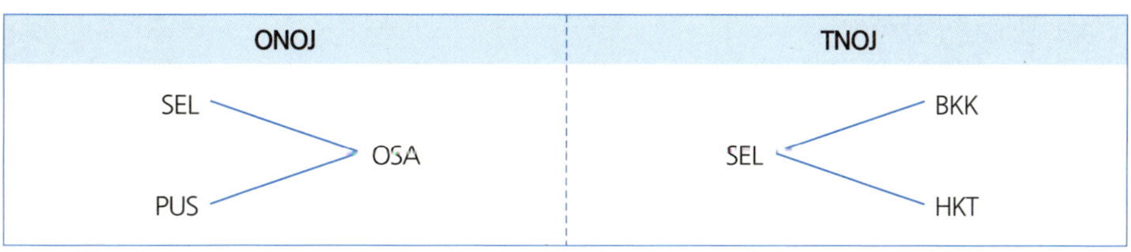

③ Double Normal Open Jaw(DNOJ)

출발지와 도착지가 동일 국가 내에서 서로 다르고, 되돌아오는 지점에서도 국내 혹은 국제선 비항공 운송구간이 발행하는 여정(SEL-OSA X TYO-PUS)

SEL ———	OSA
PUS ———	TYO

4) 세계일주 여정RTW : Round the World Trip

- 여정의 형태상 일주 여정과 동일
- 여정의 흐름이 동반구에서 서반구로 또는 서반구에서 동반구로 진행되며, 대서양과 태평양을 횡단하는 2개 이상의 운임마디로 이루어진 여정

▶세계일주 여정의 유형

SEL HKG GI : EH X/BJS LON - NYC LAX GI : AP SEL	SEL GI : TS LON - LAX SEL GI : AP

5) 편도 여정OW : Oneway Trip

- 출발지와 도착지가 서로 다른 국가의 여정
- 출발지 또는 되돌아오는 지점에 국내선 비항공 운송구간이 발생했으나 국제선 운임마디가 3개 이상인 여정
- 되돌아오는 지점에서 국제선 비항공 운송구간이 발생한 경우, 양방향을 기준으로 각각 출발지에서 국제선 비항공 운송구간이 발생하는 지역까지의 TPM값과

비항공 운송구간의 TPM값을 비교하여 비항공 운송구간의 TPM이 큰 여정인 경우

▶편도 여정의 유형

SEL TYO LAX -	SEL TYO - MNL SGN - X HAN - BKK - SEL	PUS BKK - SIN - SEL	SEL SIN - X SYD - SEL

2. 운임의 적용 방향

- 항공운임은 일반적으로 거리에 따라 운임값이 설정되어 있다.
- 하지만 출발지 국가의 화폐 단위를 기준으로 운임을 공시하고 있는 관계로 동일한 거리를 가진 구간이라 할지라도 최초 출발지와 여정의 형태, 여행의 방향에 따라 운임의 값은 큰 차이를 가질 수 있다.
- 그 중에서도 운임을 적용하는 방향은 운임의 값을 결정하는데 매우 중요한 요소로 작용한다.
- 다음과 같은 원칙으로 운임의 적용 방향을 설정하여 사용하며, 운임의 적용 방향은 설정되어 있는 운임마디별로 적용한다.

1) 여행 진행 방향으로 운임을 적용한다.

(예)

SEL ↓	SEL ↓	SEL ↓
TYO	BKK	PAR
	SIN	LON

2) 출발지 국가로 되돌아오는 여정에 대해서는 여정 진행의 역방향으로 적용한다(즉 여정 진행 방향과 반대 방향으로 운임을 적용한다).

(예)

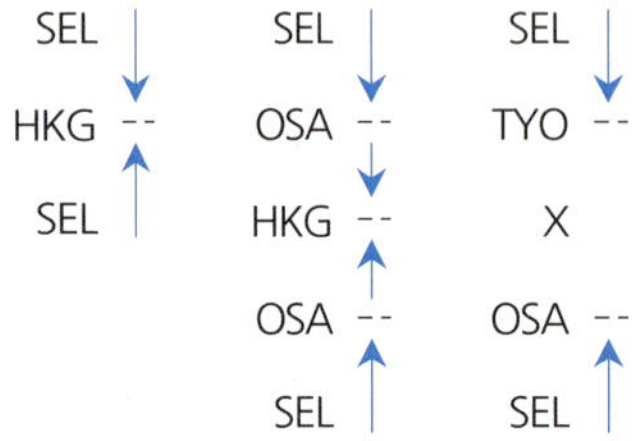

3. 운임 사용의 선택

운임 구성에서 두 도시 간에 설정되어 있는 운임은 기본적으로 출발지와 목적지 간의 편도 여정이 기본이 될 것이다. 그리고 이 두 도시를 왕복하는 여정의 운임인 경우 편도운임의 2배를 기준으로 징수하는 것이 일반적일 것이다.

그러나 실제적으로 왕복 여정의 경우 승객의 편의를 제공하는 차원에서 편도운임보다 저렴한 운임을 사용할 수 있도록 배려하여 편도운임의 2배가 아닌 더 저렴한 운임을 설정하여 사용하고 있다. 예를 들어, A와 B 도시 간의 편도 여정의 운임이 '10'이라면, 두 도시를 왕복하는 경우에는 편도운임의 2배인 '20'을 징수하지 않고, '15' 정도의 값을 설정함으로써 사용자가 편도 여정보다는 왕복 여정일 경우 운임을 저렴하게 적용받을 수 있도록 하는 것이다. 따라서 항공 여정의 형태가 편도 혹은 단순 왕복 여정만 존재하는 것이 아니고, 일주 여정, 가위 벌린 여정 등과 같이 다양한 여정 형태를 가짐에 따라 운임 구성에서 해당 운임마디에 편도운임을 적용하느냐 혹은 왕복운임의 절반(1/2)을 적용하느냐에 따라 전체 여정의 운임은 차이가 클 수 있으며, 이에 대한 원칙을 다음과 같이 설정하여 사용하고 있다.

1/2RT 운임적용 여정	OW 운임적용 여정
왕복 여정(RT) 일주 여정(CT) 가위 벌린 여정(NOJT)	1/2RT 운임을 적용하지 않는 기타 모든 여정

04 항공운임의 결정과 통화 규정

1. 항공운임의 결정요소

- 국제선 항공운임은 각 국가의 항공사가 제안한 내용을 가지고 IATA 운임 조정회의 결의에 의해 결정되며, 이것을 각 국가의 정부가 승인함으로써 비로소 효력을 발휘하게 된다.
- 만약 이 과정에서 특정 국가의 정부가 해당 운임의 승인을 거절할 경우 IATA운임으로서의 효력은 효용성을 잃게 되며 결의된 운임을 사용할 수 없다.
- IATA는 각 지역 혹은 전 세계적으로 사용되는 항공운임을 신설하고 인상/인하 또는 폐기할 경우 이처럼 조정회의를 거쳐서 결정하며, 다음과 같은 요소들을 감안하여 운임을 제정한다.

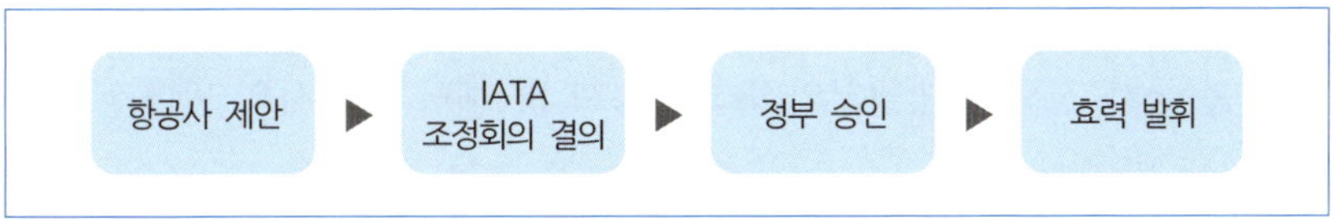

항공운임 결정 과정

1) 운항거리

- 항공운임 설정에서 가장 기본적인 요소는 운항거리, 즉 이동거리이다.
- 두 도시 간의 운항거리를 기초로 하여 출발지로부터 먼 곳의 운임이 가까운 곳의 운임보다 높게 책정되는 것이 일반적이다. 즉 운항거리와 운임의 값은 대체적으로 정비례하여 커진다.
- 다만, 운임의 증가율을 다소 완만하게 설정되어 있다.
- 동일 지역Area 내에서의 주요 도시들Hub에 대한 운임을 균등하게 설정하는 정책들을 보완적으로 하용하기도 한다.

2) 출발지 국가의 사회 및 경제 수준

- 항공운임은 주로 출발지 국가의 화폐단위로 결정된다.
- 따라서 출발지 국가의 통화가치와 사회적 · 경제적 수준 및 기타 운송수단의 운임 등이 고려되어 결정된다.

3) 해당 노선 혹은 지역의 수요 및 탑승 실적

- 기존에 운항되고 있던 도시 간의 운임 설정 시에는 해당 노선의 탑승 실적 및 항공운항 편수 등을 감안하여 결정한다.
- 새로운 노선에 대한 운임을 설정하는 경우라면, 향후 그 지역 및 노선 혹은 계절에 따른 수요까지도 예상하고 전망하여 운임 결정의 요소로 삼는다.

4) 각 국가 정부 및 항공사의 정책

- 운항하는 국가 정부의 대내 · 외적 교통정책 및 해당 항공사의 판매정책 등도 운임 설정에 반영된다.

5) 운송 소요비용

- 해당 노선을 운항하는데 소요되는 각종 비용(유류, 공항세, 추가비용 등)이 고려된다.

2. 항공운임의 분류

국제선 항공운임은 승객이 여행하는 기간, 여행의 조건, 승객의 나이나 신분에 따라 운임의 종류를 다양하게 책정하여 사용하고 있다. 이는 항공사가 다양해지는 승객의 여행 형태 및 그에 따른 승객의 수요를 감안하여 저렴한 운임을 산정함으로써 판매를 활성화시키는데 목적이 있다.

1) 항공운임의 구분

구 분	정상운임 (Normal Fare)	특별운임(Special Fare)	
		판촉운임(Promotional Fare)	할인운임(Discounted Fare)
개요	최초로 만든 운임	다양한 승객 여행 형태에 따른 차별화된 판매정책의 일환으로 만든 운임	특정 신분이나 나이에 따른 운임
운임형태	편도/왕복	주로 왕복	편도/왕복
유효기간	1년	다양(15D, 1M, 3M, 6M...)	
제한사항	거의 없음	있음	
F/B	F, C, Y, YO2...	YPX15, MLOKS, LKKJ...	YRT/CH25, BLEE1M/IN90, YOW/SD25

2) 운임코드Fare Basis 구성요소의 이해

(1) Prime Code(Mandatory) : 가장 일반적인 운임의 종류로서 승객이 이용하는 탑승등급

- F : First Class
- C : Business Class
- Y : Economy Class(M, B, K, L 등과 같은 Multi-Class가 표시되기도 함)

(2) Season Code(Conditional) : 운임의 적용 시기

- H : High/Peak Season
- L : Low Season
- K : Shoulder Season

(3) Part of Week Code(Conditional) : 주중/주말을 구분

- W : Weekend
- X : Weekday

(4) Fare Type Code(Conditional) : 중심이 되는 운임 규정에 대한 내용

- EX(EE) : Excursion

- GV : Group Inclusive
- AP : Advance Purchase
- OW : One-Way Trip
- PX : Promotional Excursion
- RT : Round Trip

3. 통화규정의 이해

1) 항공운임과 통화규정

- 국제선 항공운임은 원칙적으로 출발지 국가의 통화를 기준으로 설정되어 있으나, 특정 국가의 경우에는 해당 국가 통화의 불안정으로 인해 미국 달러USD와 같은 경화Hard Currency를 사용하기도 한다.
- 1989년 7월 이후부터 중립화폐단위NUC : Neutral Unit Construction 정책을 도입하여, 모든 구간의 운임은 출발지국 화폐단위로 표시됨과 동시에 항공운임 결합 및 설정 여부를 표기할 때 공통적으로 중립화폐단위를 사용하도록 유지하고 있다(NUC는 항공운임 표기를 위한 가상의 화폐단위임).
- 항공운임 산출 시 단순 편도/왕복 여정일 경우에는 공시된 출발지국 화폐단위로 직접 징수하면 되고, 출발지와 목적지까지의 여정 중 특정 지점을 경유하게 되어 운임의 결합이 필요한 경우에는 중립화폐단위NUC로 각 구간의 운임을 환산하여 결합함으로써 합리적인 운임산출이 가능하게 되었다.

2) 중립화폐단위NUC의 사용

(1) 환산공식

NUC = 출발지국 통화운임(LCF) ≒ ROE(Rate of Exchange)
출발지국 통화운임(Local Currency Fare) = NUC × ROE

• 적용기준 : 여행 개시일에 유효한 NUC를 적용한다.
• 계산된 NUC 결과값은 소수점 이하 둘째자리까지 표기한다.
• NUC를 이용하여 변환된 통화운임의 화폐단위 표기는 국가별로 상이하므로 확인한다.

(2) 환율ROE : Rate of Exchange

• 출발지국 화폐단위로 공시된 운임을 NUC로 환산하거나 NUC를 LCF로 환산할 때 적용되는 환율이다.
• ROE는 IATA Clearing House에서 1년에 4번(JAN/APR/JUL/OCT) 발간하며, 매 3개월간 동일한 RATE를 사용한다(단, 특정 통화의 통화가치가 USD 대비 10% 이상 변경되는 경우에는 IATA에서 ROE 변경고지를 함).
  - 적용 기준 : 항공권 발권일에 유효기간 ROE를 적용한다.
  - 계산에 사용된 ROE 값은 소수점 이하 여섯째자리까지 표기한다.

(3) 출발지국 화폐와 NUC 환산의 예

(예제1) NUC 1234.55을 KRW로 환산할 경우

KRW의 ROE : 1172.207780
KRW의 끝단위 처리 방법 : ROUDING UP TO 100.00 ⇒ 100단위 올림처리, 소수점 이하 미표기
LCF = NUC 1234.55 × ROE 1172.207780 ⇒ 1,447,149
KRW는 100 단위에서 올림처리 하므로 최종값 = KRW1,447,200

(예제2) KRW1,520,500인 운임을 NUC로 환산할 경우

KRW의 ROE : 1172.207780
NUC의 끝단위 처리 방법 : 소수점 이하 둘째자리까지만 표기하고 버림
NUC = LCF인 KRW1,520,500 ≒ ROE 1172.207780 ⇒ 1297.124985
NUC는 소수점 이하 둘째자리까지 표기하므로 최종값 = NUC 1297.12

3) 통화단위의 환산

(1) BSRBank Selling Rate VS BBRBank Buying Rate

- BSR은 외국통화를 은행이 팔 때 적용하는 환율로, 타국 출발운임을 KRW로 환산하는 경우에 사용
- BBR은 외국통화를 은행이 살 때 적용하는 환율로 한국 출발운임에 대해 USD로 운임을 지불하는 경우, KRW를 USD로 환산할 때 사용
- BSR과 BBR의 적용은 한국에서는 매일 KEB하나은행의 환율을 기준으로 적용하고 있으며, 실제 운행 매도율과는 다소 차이가 있음

(2) ICHIATA Clearing House

- IATA 가맹 및 비가맹 항공사 사이에서 연대 운송을 행했을 경우, 그 정산 업무를 일괄 취급하고 상호간에 채권채무를 상쇄하여 매월 말 1회의 송금으로 모든 임차를 정산하는 곳
- IATA 회원 항공사 상호간에 Interline Accounts를 정산하는 기구로써, 본부는 제네바에 있고 정산소는 런던과 뉴욕에 있다.

(3) 항공운임의 징수

- 국내에서는 USD와 KRW만을 항공운임으로 영수할 수 있다(USD는 제한적 징수).
- 기타 통화로 운임을 받는 경우에는 은행이 KRW로 환전하는 실제 환율을 적용한다.

4. 각종 정보의 조회

1) 통화Currency 정보 조회

국가별로 사용되고 있는 화폐단위 코드 및 기본 정보를 조회할 수 있는 기능

DC*CUR	국가별 통화단위 조회
DC*CUR/K	특정 국가 통화단위 조회
DC*THB	특정 화폐단위 코드를 이용한 조회

(1) 국가별 통화단위 조회

```
>DC*CUR
COUNTRY ❶        ❷ CURRENCY  CODE ❸  DECIMALS ❹  RATE ❺
AFGHANISTAN       AFGHANI    AFN       0          0.07006604     BSR ❻
ALBANIA           NEW LEK    ALL       0          0.09353059     BSR
ALGERIA           DINAR      DZD       0          0.10314186     BSR
AMERICAN SAMOA    DOLLAR     USD       2          0.0008653      BSR
ANDORRA           EURO       EUR       2          0.00075984     BSR
ANGOLA            KWANZA     AOA       0          0.30183568     BSR
ANGUILLA          DOLLAR     XCD       2          0.00233631     BSR
ANTIGUA AND BAR   DOLLAR     XCD       2          0.00233631     BSR
ARGENTINA         PESO       ARS       2          0.03764055     BSR
```

구 분	항 목	내 용
①	COUNTRY	국가명
②	CURRENCY	화폐단위 명칭
③	CODE	화폐단위 코드
④	DECIMALS	소수점 이하 단위 표기 자릿수
⑤	RATE	해당 국가와 시스템 사용 국가 화폐단위(KRW)와의 변화 환율
⑥		ICH : IATA기준 환율 BSR : 은행기준 환율

(2) 특정 국가 통화단위 조회

```
>DC*CUR/K
COUNTRY          CURRENCY  CODE    DECIMALS    RATE
KAZAKHSTAN       TENGE     KZT       0        0.32587093      BSR
KENYA            SHILLING  KES       0        0.09055611      BSR
KIRIBATI         DOLLAR    AUD       2        0.00121658      BSR
KOREA DEM REP O  WON       KPW       0        0.09083968      BSR
KOREA REP OF SO  WON       KRW       0        1.00000         BSR
KOSOVO           EURO      EUR       2        0.00076026      BSR
KUWAIT           DINAR     KWD       3        0.00025846      BSR
KYRGYZSTAN       SOM       KGS       0        0.05901754      BSR
END ITEM
```

* 국가명이 K로 시작되는 국가의 화폐단위만 조회

(3) 특정 화폐단위 코드를 이용한 조회

```
>DC*THB
COUNTRY          CURRENCY  CODE    DECIMALS    RATE
THAILAND         BAHT      THB        0       0.026214          BSR
END ITEM
```

2) 화폐단위 간 변환

특정 화폐단위를 다른 화폐단위로 변환하기 위해 직접 환산해 주는 기능

DC# USD100.00/KRW	USD100.00을 KRW로 환산
DC# KRW200000/USD	KRW200000을 USD로 환산

```
>DC#USD100/KRW       ❶
RATE BSR 1USD -  1157.42011838    KRW
KRW         115742.0 ❷ TRUNCATED          ❸          ❹
KRW         115800     ROUNDED UP TO NEXT   100     - FARES
KRW         115800     ROUNDED UP TO NEXT   100     - TAXES
```

구 분	내 용
①	변환 시 적용 환율값(BSR)
②	변환 계산된 기준값
③	변환된 기준값의 끝자리 처리법(100단위에서 올림처리)
④	운임과 TAX에 따라 끝자리 처리법이 다를 수 있으므로 구분하여 표기

```
>DC#KRW200000/USD
RATE BSR 1KRW - 0.0008653          USD
USD          173.06      TRUNCATED
USD          173.00      ROUNDED TO NEAREST   1       - FARES
USD          173.10      ROUNDED TO NEAREST   0.1     - TAXES
```

* USD의 경우 끝단위 처리 방법이 FARE는 1단위 반올림, TAX는 0.1단위 반올림이고 소숫점 이하 둘째자리까지 표기함

3) NUC와 ROE 정보

(1) 화폐단위별 ROE 조회

FC*	기본 지시어(각 국가별 화폐의 ROE 조회)
FC*KRW	특정 화폐의 ROE 조회
FC*KRW10JUN19	특정 화폐의 날짜 지정 ROE 조회

```
>FC*
NUC - NEUTRAL UNIT OF CONSTRUCTION RATES LISTED -
ENTER FCHELP FOR ADDITIONAL FC NUC FORMATS
  ❶                      ❷          ❸
CURRENCY             NUC RATE   EFF SALE        LAST SALE-TKT
AED                  3.672750   01MAY2018
AFN                 78.074354   01JUN2019       30JUN2019
ALL                111.209684   01JUN2019       30JUN2019
AMD                481.456000   01JUN2019       30JUN2019
ANG                  1.790000   01APR2018
AOA                333.304000   01JUN2019       30JUN2019
ARS                 46.000000   01JUN2019       30JUN2019
AUD                  1.428637   01JUN2019       30JUN2019
AWG                  1.800000   01JAN2018
AZN                  1.700000   01MAY2018
BAM                  1.746744   01JUN2019       30JUN2019
BBD                  2.000000   01DEC2018
BDT                 83.650000   01JUN2019       30JUN2019
```

구 분	내 용
①	화폐단위 코드
②	ROE값
③	해당 ROE값의 유효 시작시점

* 원칙적으로 3개월마다 ICH에서 고지한 값을 사용하나, 일부 국가의 화폐단위의 경우 해당 기준과 상이할 수 있음

(2) NUC 변환

특정 화폐단위의 값과 NUC 간의 변환을 진행하는 기능

FC#KRW250000(FC#KRW250000/NUC) FC#250.00/JPY(FC#NUC250.00/JPY)

```
>FC#KRW250000
NUC - NEUTRAL UNIT OF CONSTRUCTION RATES LISTED -
ENTER FCHELP FOR ADDITIONAL FC NUC FORMATS

RATE 1NUC - 1172.207780      KRW / 26JUN19

NUC 213.27          TRUNCATED
>FC#250.00/JPY
NUC - NEUTRAL UNIT OF CONSTRUCTION RATES LISTED -
ENTER FCHELP FOR ADDITIONAL FC NUC FORMATS

RATE 1NUC - 110.445563       JPY / 26JUN19

JPY 27611.3         TRUNCATED
JPY 27700           ROUNDED UP TO NEXT 100 - INTERNATIONAL FARES

JPY 27611.3         TRUNCATED
JPY 27612           ROUNDED UP TO NEXT 1 - DOMESTIC FARES

JPY 27611.3         TRUNCATED
JPY 27620           ROUNDED UP TO NEXT 10 - OTHER/TAXES
```

4) TAX 정보 조회

TX*SEL TX*KR	도시 및 국가코드를 이용한 조회
TX*2	조회된 결과 중 상세 조회
TX**BP	TAX코드를 이용한 조회

5) 달력 및 사칙연산 기능

T@DEC	특정 월(MONTH) 조회
T@DEC/15	특정 월과 년도 지정 조회
T@23DEC#45	특정 일자 지정 계산
T@100#10 T@100/10 T@100—10 T@100*10	사칙연산 계산

05 공시운임의 조회

1. 공시운임 조회의 개요

- 항공사가 두 구간(출발지/목적지) 사이에 판매를 진행하기 위해 공식적으로 설정해 놓은 항공운임을 말한다.
- 공시운임Gross Fare은 항공사별로 SITA 또는 ATPCO와 같은 운임정보제공사Vendor를 통해 각 GDS에서 조회 가능하도록 등록한다.
- 각 항공사는 공시운임 그대로 판매하기도 하고, 추가적인 할인을 제공하여 판매할 수도 있다.
- 구간별 공시운임 조회 결과에는 순수한 항공운임Fare값만 제공하고 있으며, 승객이 추가적으로 지불해야 하는 공항세, 유류세 등의 세금Tax이나 항공사별로 부여될 수 있는 부가운임Sur-Charges은 다른 기능을 통해서 확인해야 한다.
- 항공사의 판매 방식에 따라 지역별, 여행사별 또는 상용 기업체별로 판매가격이 다를 수 있으며, 항공사가 실제로 판매를 허용하는 대상자에게만 시스템을 통해 운임을 제공하거나 또는 특정 지시어 기능을 통해 별도의 판매가를 조회한다.
- SABRE 공시운임 조회 결과는 저렴한 운임값을 기준으로 먼저 조회가 가능하며, 발권 담당자는 사용할 공시운임의 판매 규정 확인 후 조건에 맞는 운임을 선택한다.

2. 공시운임 조회

1) 운임조회 기본 형태

<u>FQ</u> <u>SELBKK</u> ① ②	① 공시운임 조회 기본 지시어 ② 출발지/목적지(복수공항이 존재하는 경우 공항코드로 사용)

```
SEL-BKK ①      SHOP ②        THU 27JUN19 ③                   KRW ④
VN  0/ 0/18  HX  0/ 0/ 6  CX  0/ 0/ 7  SQ  0/ 0/10  CA  0/ 0/ 4
JL  0/ 0/14  CI  0/ 0/ 4  MH  0/ 0/ 2  CZ  0/ 0/ 7  KE  2/ 0/ 4
GA  0/ 0/ 1⑤BR  0/ 0/ 9  MU  0/ 0/ 5  TG  2/ 1/17  H1  3/ 0/11
OZ  2/ 0/ 4  7C  2/ 0/ 0  ZE  2/ 0/ 0  NX  0/ 0/ 1  PR  0/ 0/ 2
B7  0/ 0/ 0  BI  0/ 0/ 0  KA  0/ 0/ 0  LJ  0/ 0/ 0  MF  0/ 0/ 0
QV  0/ 0/ 0  S7  0/ 0/ 0  TW  0/ 0/ 0  UO  0/ 0/ 0
//SEE FQHELP FOR INFORMATION ABOUT THE NEW FARE DISPLAYS//
  SURCHARGE FOR PAPER TICKET MAY BE ADDED WHEN ITIN PRICED
MULTIPLE SELLING CURRENCIES CONVERTED TO KRW USING CURRENT BSR
** ⑥ SELBKK.EH   ⑨   27JUN19   ⑩        MPM  2743
⑦ V  FARE BASIS  AP FARE-OW     FARE-RT CX BK ⑪SEASON  MINMAX ⑫
  1    TPRKRS ⑧   -              100000 MU T    ---        -/ 3M
  2    IKT        -     60000    120000 TW I    ---        -/  -
  3 @  R15SEL8    -              130000 NX R    ---        2/ 15
  4.@  HB3EKR     -              140000 7C H    ---        -/12M
  5    LRCKR6     -              140000 CA L    ---        -/ 1M
  6    S14TFKR    -              140000 MF S    ---        -/ 14
  7    IKT        -     70000    140000 TW I    ---        -/  -
  8 ⑬  AL1YKR     -              150000 VN A 07JUN-25JUL  1/  -
  9 @  ROWSEL8    -     75000             NX R    ---        -/  -
 10    SK2SP      -     75000    150000 LJ S    ---        -/12M
 11.@  HB3OKR     -     80000             7C H    ---        -/12M#
```

구 분	항 목	내 용
①	SEL-BKK	운임조회 지정구간
②	SHOP	복수항공사 운임이 조회되어 있음을 의미
③	THU 27JUN19	운임조회 기준일과 요일(THU)
④	KRW	운임조회 화폐단위(= 출발지 국가 화폐단위)
⑤	OZ 2/0/4	해당 항공사 항공편 운항 횟수(Non-stop/Direct/Connection)
⑥	**	IATA Fare(YY)와 Carrier Fare가 함께 조회되어 있음을 의미
⑦	V(Vendor)	<운임정보제공사> •(dot) : SITA에서 제공하고 있음 F : 항공사 자체 운임시스템에서 제공하고 있음 Blank : ATPCO에서 제공하고 있음
⑧	FARE BASIS	운임코드 항공사별로 설정한 운임 종류별로 구분되어 있음
⑨	AP	Advanced Purchased, 사전구입 제한조건 규정을 의미 #인 경우 규정 확인이 필요하다는 의미이고, -인 경우 제한이 없다는 의미
⑩	FARE	여정의 항공운임. OW/RT 두 가지로 구분
⑪	CX/BK	Carrier Code(운임등록 항공사)/Booking Class
⑫	MINMAX	최소체류의무기간(Minimum Stay)과 최대체류허용기간(Maximu Stay)이 설정되어 있는 경우 표시됨 #인 경우는 규정 확인이 필요하다는 의미

구 분	항 목	내 용
⑬	@	<개별운임 구분(Negotiated Fare Indicator)> @ : 일정기준의 조건을 가진 여행사가 공동으로 판매할 수 있는 일반 개별운임 (Private Fare) * : 특정 상용기업이나 상용 여행사를 지정하여 판매할 수 있는 상용 개별운임 (Corporate Fare) Blank : 개별 할인운임이 아닌 일반 공시운임(Published Fare)

* Private Fare의 경우 공시운임이면서 실제 판매 가능한 금액으로써 추가할인 없이 발권이 가능한 운임이며, @로 등록한 운임은 항공사의 판매 기준에 따라 특정 지역 또는 특정 여행사에만 조회되도록 설정되어 판매된다.

보 충 학 습

IATA FARE와 CARRIER FARE

공시운임을 등록할 때 각 항공사는 자신들이 사용할 운임을 결정하게 되는데, 이때 여러 항공사가 공통으로 사용할 수 있는 공통 운임이 기존에 설정되어 있는 경우 이런 운임을 IATA FARE 또는 YY FARE라고 한다. 반면에, 특정 항공사가 자신들만의 고유 운임코드와 고유의 규정 등을 제정하여 개별적으로 등록하는 경우 이 운임을 그 항공사만의 CARRIER FARE라고 한다. 해당 항공사가 어떠한 공시운임을 사용할 것인지는 항공사의 선택이며, 사용할 운임을 선택하여 IATA에 승인을 받고 또한 운임정보제공사(VENDOR)에 등록하게 된다.

운임정보제공사(VENDOR)

IATA의 승인을 거친 운임 정보를 각 항공사들이 Vendor사에 등록함으로써 항공사의 공시운임 정보 및 규정 자료를 보관하고, 이 자료를 CRS/GDS 회사에 제공함으로써 사용자가 시스템을 통해 항공사별 공시운임을 조회할 수 있게 된다. 현대 주요 Vendor사로는 SITA(Societe International De Tele-communications Aeronautiques)와 ATPCO(Airline Tariff Publishing Company)가 있다.

Published Fare와 Private Fare

대부분의 Published Fare 등록 시 항공사들은 기본적인 항공운임의 제한사항(Endorsement)을 운임정보에 Filling하는 경우가 많아지고 있으며, 특히 별도의 할인이 추가적으로 제공되는 Private Fare의 경우 ENDS와 TOUR CODE까지 운임정보에 자동 등록한다. Published Fare의 경우 추가적인 할인 제공이 있으면 할인금액과 TOUR CODE 등을 발권자가 별도로 입력해야 하지만, Private Fare의 경우 이러한 항목들이 별도의 필요 없이 공시된 금액 자체를 판매가로 사용하면 된다.

2) 추가조건의 지정

두 구간 사이의 정확한 공시운임을 적용할 때는 출발일자 및 발권항공사, 승객 유형 등 추가조건들이 지정되어야 한다. 추가조건의 지정에 따라 조회 결과가 조금씩 달라질 수 있으므로 사용자는 정확한 조건을 지정해서 정확한 공시운임을 확인한다.

추가조건 지정 지시어	내 용
FQSELHKG-OZ	발권항공사(OZ) 지정
FQSELHKG23NOV-OZ	출발일자(23NOV) 지정
FQSELHKG12DEC-OZ#PCNN	승객유형(CNN) 지정
FQSELHKG15OCT-OZ/NUC	화폐단위(NUC) 지정

(1) 발권항공사

전 여정의 탑승항공사가 동일한 경우, 발권항공사는 탑승항공사와 동일하게 지정할 수 있다. 그러나 전체 여정 중 서로 다른 항공사를 탑승하게 될 경우, 어느 항공사를 발권항공사로 진행할 것인지를 결정하여 정해진 발권항공사의 운임을 기준으로 공시운임을 사용해야 한다. 일반적으로 서울-홍콩 구간은 OZ, 홍콩-서울은 CX를 탑승한다면, 출발지 기준 구간의 탑승항공사를 발권항공사로 지정하는 것이 판매가 적용에 유리하므로 OZ를 발권항공사로 지정하는 것이 보통이다.

이처럼 일반적으로 발권항공사가 사용하고 있는 운임을 전체 여정에 대한 운임으로 적용하는 것이 운임계산의 기본이 된다.

```
SEL-HKG         CXR-OZ ❶     THU 27JUN19                        KRW
VN  0/ 0/11  UA  0/ 0/ 1  KQ  0/ 0/ 3  HX  2/ 0/ 0  CX  1/ 0/ 0
SQ  0/ 0/11  CA  0/ 0/ 8  JL  0/ 0/23  3U  0/ 0/ 1  CI  0/ 0/ 5
MH  0/ 0/ 2  NH  0/ 0/14  CZ  0/ 0/ 4  KE  2/ 0/ 0  BR  0/ 0/ 6
MU  0/ 0/ 9  TG  0/ 0/ 8  H1  1/ 0/ 2  OZ  3/ 0/ 3  7C  1/ 0/ 0
PR  0/ 0/ 2  BX  0/ 0/ 3  UO  2/ 0/ 0  RS  1/ 0/ 0
//SEE FQHELP FOR INFORMATION ABOUT THE NEW FARE DISPLAYS//
 SURCHARGE FOR PAPER TICKET MAY BE ADDED WHEN ITIN PRICED
*FOR AIRPASS/STAR ALLIANCE FARES USE FQQMXQMY-CARRIER CODE*
OZ ❷ SELHKG.EH        27JUN19             MPM  1554
   V  FARE BASIS AP   FARE-OW     FARE-RT BK   SEASON  MINMAX  RTG ❸
  1 @  VLKSS      #               200000 V 08JUN-30JUN -/ 3M EH01
  2    VOKSRS     -    123000            V    ---      -/  - EH01
  3    VKSRS      -               246000 V    ---      -/  - EH01
  4    VLKS       -               300000 V 08JUN-30JUN -/  - EH01
  5    SOKSRS     -    153000            S    ---      -/  - EH01
  6    SKSRS      -               306000 S    ---      -/  - EH01
  7 @  QLKSS      #               330000 Q 08JUN-30JUN -/ 3M EH01
  8    SLKS       -               340000 S 08JUN-30JUN -/  - EH01
  9 @  QLKSS      #               340000 Q 08JUN-30JUN -/ 3M EH01
 10    VLKSHX     -               346000 V 08JUN-30JUN -/  - EH01
```

```
71    JLOKS      -    840000              J 08JUN-30JUN -/  - EH01
72    DOKSHX     -    855600              D    ---      -/  - EH01
73    FRT        -              2079000 F    ---      -/  - EH02
74    FOW        -   1143000              F    ---      -/  - EH02
④
EH01* /WITHIN THE EASTERN HEMISPHERE/ PUBLISHED RTG 2
      OZ ONLY
      TRAVEL MUST BE NONSTOP            ⑤
EH02* /WITHIN THE EASTERN HEMISPHERE/ PUBLISHED MPM 1554
      MILEAGE SYSTEM APPLIES ORIGIN TO DESTINATION
```

구 분	항 목	내 용
①	CXR-OZ	운임조회 항공사코드(= 발권항공사)
②	OZ	조회 항공사가 Carrier Fare를 등록하여 사용함을 의미
③	RTG	운임계산 방식 및 Routing 항공사 조회
④	EH01/EH02	해당 운임에 설정된 Routing 번호
⑤	MUST BE NONSTOP MILEAGE SYSTEM...	EH01 : 반드시 Non-stop 여정의 경우에만 적용 가능 EH02 : 출발지와 목적지 간에 마일리지시스템을 적용하여 운임계산을 진행할 때 사용이 가능한 운임

(2) 출발일자 지정

승객 여정에 적용되는 운임은 국제선 첫 구간 출발일자를 기준으로 적용하는 것이 원칙이다. 출발일에 따라 서로 운임이 다를 수 있기 때문에 정확한 운임을 조회하기 위해서는 정확한 출발일자를 지정해야 한다.

```
>FQSELPEK15AUG-OZ
SEL-BJS       CXR-OZ      THU 15AUG19                      KRW
VN  0/ 0/ 2  EY  0/ 0/ 9  LH  0/ 0/ 1  BA  0/ 0/ 1  ZH  0/ 0/ 4
EK  0/ 0/ 1  HX  0/ 0/ 4  CX  0/ 0/24  SQ  0/ 0/16  CA  8/ 0/50
3U  0/ 0/ 3  CI  0/ 0/ 4  MH  0/ 0/ 1  NH  0/ 0/46  CZ  5/ 0/68
KE  5/ 0/14  SC  0/ 0/14  GA  0/ 0/ 3  BR  0/ 0/ 7  MF  0/ 0/ 6
MU  0/ 0/51  LO  0/ 0/ 1  TG  0/ 0/10  OZ  8/ 0/13  FM  0/ 0/ 3
NX  0/ 0/ 5  PR  0/ 0/ 1
//SEE FQHELP FOR INFORMATION ABOUT THE NEW FARE DISPLAYS//
  SURCHARGE FOR PAPER TICKET MAY BE ADDED WHEN ITIN PRICED
*FOR AIRPASS/STAR ALLIANCE FARES USE FQQMXQMY-CARRIER CODE*
OZ     GMPPEK.EH        15AUG19           MPM   681
   V  FARE BASIS AP  FARE-OW    FARE-RT BK   SEASON   MINMAX  RTG
  1 @  VHKCS      #               240000 V 26JUL-16AUG -/ 3M EH01
  2 @  SHKCS3     #               330000 S 26JUL-16AUG -/ 3M EH01
  3 @  KHKCS3     #               360000 K 26JUL-16AUG -/ 3M EH01
  4 @  QHKCS      #               390000 Q 26JUL-16AUG -/ 3M EH01
  5 @  VHOKCS     #   210000             V 26JUL-16AUG -/  - EH01
  6 @  UKCS       #               440000 U 01JUN-10MAY -/ 1M EH01
  7 @  SHOKCS     #   220000             S 26JUL-16AUG -/  - EH01
  8 @  KHOKCS     #   230000             K 26JUL-16AUG -/  - EH01
  9 @  QHOKCS     #   235000             Q 26JUL-16AUG -/  - EH01
 10 @  UOKCS      #   270000             U 01JUN-10MAY -/  - EH01
```

```
>FQSELPEK11JUL-OZ
SEL-BJS       CXR-OZ      THU 11JUL19                      KRW
VN  0/ 0/ 2  EY  0/ 0/ 9  LH  0/ 0/ 1  BA  0/ 0/ 1  ZH  0/ 0/ 4
EK  0/ 0/ 1  HX  0/ 0/ 4  CX  0/ 0/24  SQ  0/ 0/16  CA  8/ 0/50
3U  0/ 0/ 3  CI  0/ 0/ 4  MH  0/ 0/ 1  NH  0/ 0/46  CZ  5/ 0/68
KE  5/ 0/14  SC  0/ 0/14  GA  0/ 0/ 3  BR  0/ 0/ 7  MF  0/ 0/ 6
MU  0/ 0/51  LO  0/ 0/ 1  TG  0/ 0/10  OZ  8/ 0/13  FM  0/ 0/ 3
NX  0/ 0/ 5  PR  0/ 0/ 1
//SEE FQHELP FOR INFORMATION ABOUT THE NEW FARE DISPLAYS//
  SURCHARGE FOR PAPER TICKET MAY BE ADDED WHEN ITIN PRICED
*FOR AIRPASS/STAR ALLIANCE FARES USE FQQMXQMY-CARRIER CODE*
OZ     GMPPEK.EH        11JUL19           MPM   681
   V  FARE BASIS AP  FARE-OW    FARE-RT BK   SEASON   MINMAX  RTG
  1 @  LKKC       #               160000 L 01JUL-25JUL -/ 1M EH01
  2 @  VKKCS      #               185000 V 01JUL-25JUL -/ 3M EH01
  3 @  LKOKC      #   130000             L 01JUL-25JUL -/  - EH01
  4 @  SKKCS3     #               285000 S 01JUL-25JUL -/ 3M EH01
  5 @  KKKCS3     #               310000 K 01JUL-25JUL -/ 3M EH01
  6 @  VKOKCS     #   160000             V 01JUL-25JUL -/  - EH01
  7 @  SKOKCS     #   170000             S 01JUL-25JUL -/  - EH01
  8 @  QKKCS      #               340000 Q 01JUL-25JUL -/ 3M EH01
  9 @  KKOKCS     #   175000             K 01JUL-25JUL -/  - EH01
 10 @  QKOKCS     #   180000             Q 01JUL-25JUL -/  - EH01
 11 @  UKCS       #               440000 U 01JUN-10MAY -/ 1M EH01#
```

(3) 승객 유형별 조건 지정

공시운임 조회 시 기본적으로 조회되는 운임은 성인의 운임이다. 사용자가 소아나 유아 등 다른 승객 유형에 대한 공시운임을 조회하고자 하는 경우에는 해당 승객유형코드PTC : Passenger Type Code를 지정하여 공시운임을 조회해야 한다. 자주 사용하는 승객 유형코드는 다음과 같다.

승객유형코드(PTC)	내 용	승객유형코드(PTC)	내 용
ADT(Adult)	성인	CNN(Child)	소아
INF(Infant)	유아	GIT(Group Inclusive Tour)	단체
STU(Student)	학생	SEA(Seaman)	선원
YTH(Youth)	청소년	MIL(Military)	군인
VAC(Visit USA Adult)	미주 VUSA 성인	VNN(Visit USA Child)	미주 VUSA 소아

```
>FQSELSIN22OCT-OZ#PCNN
SEL-SIN        CXR-OZ        TUE 22OCT19                  KRW
VN  0/ 0/14  UA  0/ 0/ 5  DL  0/ 0/ 1  EK  0/ 0/ 2  CX  0/ 0/23
SQ  5/ 0/ 0  CA  0/ 0/25  JL  0/ 0/18  3U  0/ 0/ 1  CI  0/ 0/ 3
MH  0/ 0/10  NH  0/ 0/56  CZ  0/ 0/ 9  KE  2/ 0/ 0  GA  0/ 0/11
BR  0/ 0/14  MF  0/ 0/ 2  MU  0/ 0/10  TG  0/ 0/12  OZ  5/ 0/ 0
BI  0/ 0/ 1  PR  0/ 0/ 4  9W  0/ 0/ 1
//SEE FQHELP FOR INFORMATION ABOUT THE NEW FARE DISPLAYS//
  SURCHARGE FOR PAPER TICKET MAY BE ADDED WHEN ITIN PRICED
*FOR AIRPASS/STAR ALLIANCE FARES USE FQQMXQMY-CARRIER CODE*
OZ       SELSIN.EH        22OCT19           MPM  3459
  CNN-ACCOMPANIED CHILD PSGR
   V  FARE BASIS AP  FARE-OW     FARE-RT BK   SEASON  MINMAX  RTG
  1 @   VLKSS3/CH2 #              255000 V 07OCT-31OCT -/ 3M EH01
  2 @   VLKSS14/CH #              270000 V 07OCT-31OCT -/ 3M EH01
  3 @   VLKSS7/CH2 #              292500 V 07OCT-31OCT -/ 3M EH01
  4 @   SLKSS3/CH2 #              307500 S 07OCT-31OCT -/ 3M EH01
  5 @   SLKSS14/CH #              322500 S 07OCT-31OCT -/ 3M EH01
  6 @   SLKSS3/CH2 #              337500 S 07OCT-31OCT -/ 3M EH01
  7     VLKS/CH25  -              337500 V 07OCT-31OCT -/  - EH01
  8 @   KLKSS3/CH2 #              345000 K 07OCT-31OCT -/ 3M EH01
  9 @   KLKSS3/CH2 #              360000 K 07OCT-31OCT -/ 3M EH01
 10     SLKS/CH25  -              367500 S 07OCT-31OCT -/  - EH01
```

* FARE BASIS상에 표시되는 /CH25는 일반적으로 소아가 성인운임의 25% 할인됨을 의미한다. 운임값은 소아에 해당되는 값으로 할인되어 조회되며, BOOKING CLASS나 사용기간 등의 기본적인 운임 규정은 동일한 종류의 성인운임 규정과 동일하게 적용된다. 생략된 FARE BASIS 코드 부분은 운임규정 조회 시 확인할 수 있다.

(4) 기타 조건 및 연속지정 조회

지시어	내 용
FQSELTYOALL	모든 승객유형(ALL)운임
FQSELPAR.TS	방향지표 지정(TS)
FQ*	가장 최근 조회운임 재조회
FQ*-SQ	항공사 조건 변경 연속조회
FQ*22DEC	출발일 조건 변경 연속조회

3) 추가정보의 조회

(1) 운임 규정 조회RD : Rule Display

조회된 구간 공시운임에 대한 상세 규정 확인을 통해 사용자는 해당 운임의 사용 가능 여부를 결정해야 한다. 대표적으로 사전 구입조건이나 체류기간, 체류가능 횟수, 예약 및 발권 제한시점, 환불 및 여정변경 가능 여부 등이 필수적으로 확인해야 하는 규정이라고 볼 수 있다.

지시어	내 용
RD1	1번 운임규정 전체 조회
RD1*M	1번 운임규정 카테고리 메뉴 조회
RD1*5	1번 운임규정 중 5번 카테고리 조회
RD1*5/8/16	1번 운임규정 중 복수 카테고리 동시 조회
RD*	운임규정 재조회

▶ 구간 공시운임 조회 결과상의 Line 번호를 지정하여 규정 전체를 등록된 순서대로 조회

```
OZ      SELHKG.EH        27JUN19          MPM  1554
   V  FARE BASIS AP  FARE-OW    FARE-RT BK   SEASON  MINMAX  RTG
  1 @  VLKSS      #              200000 V 08JUN-30JUN -/ 3M EH01
  2    VOKSRS     -   123000            V    ---      -/  - EH01
  3    VKSRS      -              246000 V    ---      -/  - EH01
  4    VLKS       -              300000 V 08JUN-30JUN -/  - EH01
  5    SOKSRS     -   153000            S    ---      -/  - EH01
  6    SKSRS      -              306000 S    ---      -/  - EH01
  7 @  QLKSS      #              330000 Q 08JUN-30JUN -/ 3M EH01
  8    SLKS       -              340000 S 08JUN-30JUN -/  - EH01
  9 @  QLKSS      #              340000 Q 08JUN-30JUN -/ 3M EH01
 10    VLKSHX     -              346000 V 08JUN-30JUN -/  - EH01
 11    KLKS       -              380000 K 08JUN-30JUN -/  - EH01
 12    KOKSRS     -   193000            K    ---      -/  - EH01#
>RD1
   V  FARE BASIS AP  FARE-OW    FARE-RT BK   SEASON  MINMAX  RTG
  1 @  VLKSS      #              200000 V 08JUN-30JUN -/ 3M EH01
PASSENGER TYPE-ADT                 AUTO PRICE-YES
FROM-SEL TO-HKG    CXR-OZ    TVL-27JUN19  RULE-K013 TPFGRPV/884
FARE BASIS-VLKSS             SPECIAL FARE  DIS-L   VENDOR-ATP
FARE TYPE-XES      RT-SPECIAL EXCURSION FARE
KRW   200000  0002  E12JUN19 D31OCT19   FC-VL0GN19  FN-67
SYSTEM DATES - CREATED 11JUN19/0223  EXPIRES INFINITY

50.RULE APPLICATION AND OTHER CONDITIONS
   NOTE - THE FOLLOWING TEXT IS INFORMATIONAL AND NOT
   VALIDATED FOR AUTOPRICING.
```

▶운임규정 메뉴 조회 : 등록된 운임규정의 카테고리(RULE 번호)를 조회할 수 있는 메뉴를 구성

```
>RD1*M
   V  FARE BASIS AP  FARE-OW   FARE-RT BK   SEASON  MINMAX  RTG
  1 @  VLKSS      #            200000 V 08JUN-30JUN -/ 3M EH01
PASSENGER TYPE-ADT                  AUTO PRICE-YES
FROM-SEL TO-HKG    CXR-OZ    TVL-27JUN19  RULE-K013 TPFGRPV/884
FARE BASIS-VLKSS             SPECIAL FARE  DIS-L   VENDOR-ATP
FARE TYPE-XES      RT-SPECIAL EXCURSION FARE
KRW   200000  0002  E12JUN19 D31OCT19   FC-VL0GN19  FN-67
SYSTEM DATES - CREATED 11JUN19/0223  EXPIRES INFINITY

 *50.RULE APPL            01.ELIGIBILITY        02.DAY/TIME
 *03.SEASONS             *04.FLIGHT APPL       *05.ADV RES/TKTG
  06.MIN STAY            *07.MAX STAY           08.STOPOVERS
 *09.TRANSFERS           *10.COMBINATIONS       11.BLACKOUTS
  12.SURCHARGES           13.ACCOMP TRAVEL     -14.TRAVEL RESTR
 /15.SALES RESTR         *16.PENALTIES          17.HIP/MILEAGE
 *18.TICKET ENDO         *19.CHILDREN DISC      20.TOUR COND DISC
  21.AGENT DISC           22.ALL OTHER DISC     23.MISC PROVISIONS
  25.FARE BY RULE         26.GROUPS             27.TOURS
  28.VISIT A COUNTRY      29.DEPOSITS          *31.VOLUNTARY CHGS
 *33.VOLUNTARY RFNDS     *35.NEGOTIATED FARES
  90.AGENCY RETAILER INFORMATION
  IC.INTERNATIONAL CONSTRUCTION
```

*	FARE RULE DATA를 반영하고 있다.
#	GENERAL RULE DATA를 반영하고 있다.
-	FOOTNOTE DATA를 반영하고 있다.
/	FARE RULE/GENERAL RULE/FOOTNOTE DATA 등이 조합되어 있다.
I	완성되지 않은 RECORD3 DATA를 반영하고 있다.
U	유효하지 않은 RECORD3 DATA를 반영하고 있다.

* 카테고리(Category)별로 표시된 기호의 의미

(2) 운임규정 세부항목 지정조회

세부항목Category을 개별적으로 지정하여 조회할 수 있다.

```
>RD1*4/5/18/35
   V  FARE BASIS AP  FARE-OW    FARE-RT BK   SEASON  MINMAX  RTG
  1 @  VLKSS      #               200000 V 08JUN-30JUN -/ 3M EH01
PASSENGER TYPE-ADT                      AUTO PRICE-YES
FROM-SEL TO-HKG     CXR-OZ     TVL-27JUN19  RULE-K013 TPFGRPV/884
FARE BASIS-VLKSS               SPECIAL FARE  DIS-L    VENDOR-ATP
FARE TYPE-XES      RT-SPECIAL EXCURSION FARE
KRW   200000  0002  E12JUN19 D31OCT19    FC-VL0GN19  FN-67
SYSTEM DATES - CREATED 11JUN19/0223  EXPIRES INFINITY

04.FLIGHT APPLICATION
   OUTBOUND -
     THE FARE COMPONENT MUST BE ON
         ONE OR MORE OF THE FOLLOWING
          OZ FLIGHT 745.
   AND - INBOUND -                                ❶
     THE FARE COMPONENT MUST BE ON
         ONE OR MORE OF THE FOLLOWING
          OZ FLIGHT 746.
05.ADVANCE RESERVATIONS/TICKETING
   CONFIRMED RESERVATIONS ARE REQUIRED FOR ALL SECTORS.
   WAITLIST NOT PERMITTED.                                  ❷
   TICKETING MUST BE COMPLETED WITHIN 3 DAYS AFTER
   RESERVATIONS ARE MADE.                                         #

18.TICKET ENDORSEMENTS
   THE ORIGINAL AND THE REISSUED TICKET MUST BE ANNOTATED
   - NON ENDS/NO MILE UG/MAX 3M - AND - REFER TO RULE -
   IN THE ENDORSEMENT BOX.      ❸
35.NEGOTIATED FARES
   TICKETS MUST BE ISSUED ON THE PLATE/STOCK OF OZ.
   FARES MAY BE VIEWED/PRICED/TICKETED BY Z60D.
   NO COMMISSION IS ALLOWED.
   PLACE THE FOLLOWING INFORMATION ON THE AUDITORS
   COUPON:
      TOUR CODE 9KCHD1F7. ❹
   PLACE THE FOLLOWING INFORMATION ON THE PASSENGER
   COUPON:
      TOUR CODE 9KCHD1F7.
```

04. FLIGHT APPLICATION : 항공편 적용 제한
① OZ745/OZ746을 탑승하는 경우에 한해 해당 운임 적용 가능

05. ADVANCE RESERVATIONS/TICKETING : 사전예약/발권 제한
② 모든 구간의 예약이 확약되어야 함. 그리고 좌석이 확약된 시점으로부터 3일 이내에 발권이 완료되어야 함

18. TICKET ENDORSEMENTS : 항공권 제한사항
③ EDNS란에 'NON ENDS/NO MILE UG/MAX 3M'라는 항목을 포함하여 기타 지정된 내용이 항공권에 표기되어야 한다.

35. NEGOTIATED FARES : 개별운임에 대한 조건(TOUR CODE 입력여부)
④ 해당 운임을 사용하는 경우 항공권상에 TOUR CODE '9KCHD1F7'이 표기되어야 한다.

(3) BOOKING CLASS 상세 조회

FQ로 조회된 구간 공시운임 정보 중 CLASS 정보상에 #이라는 기호가 표시되어 있는 경우는 Prime Booking Code 외에 추가로 허용되는 Class가 있다는 의미이므로, 상세 조회를 통해 확인한다.

지시어	내 용
RB1	1번 운임 CLASS 정보 상세 조회

```
 21    PRT          -          3291000 P#    ---        -/  - EH02
 22    POW          -  1810100         P#    ---        -/  - EH02

EH01*  /WITHIN THE EASTERN HEMISPHERE/ PUBLISHED RTG 6000
       1. SEL-SIN
EH02*  /WITHIN THE EASTERN HEMISPHERE/ PUBLISHED MPM 3459
       MILEAGE SYSTEM APPLIES ORIGIN TO DESTINATION
.
>RB21
CXR  FARE CLASS    MARKET              TICKET DATE    TRAVEL DATE
KE   PRT           SELSIN                27JUN19        27JUN19

KE  PRIME BOOKING CODE                                      P/F
```

06 마일리지제도의 이해

1. 마일리지제도의 개요

1) 운임 구성의 이해

승객의 항공 여정은 출발 지점으로부터 다른 한 지점(목적지)까지의 단순편도 혹은 단순왕복인 경우도 있지만, 출발지와 최종 목적지 사이에 중간 지점을 경유하는 여정의 형태도 있다. 이렇듯 중간 지점을 경유하는 여정의 항공운임을 계산하기 위해서는 어떻게 해야 할까? 가장 단순한 계산 방법은 각 구간별로 운임을 더하는 것이다. 예를 들어, SEL-HKG-SIN 구간의 편도 여정을 가진 승객의 전체 운임을 산정하기 위해서 각 구간별(SEL-HKG, HKG-SIN) 운임을 더하는 것이며, 다음과 같이 계산될 수 있을 것이다.

① SEL-HKG 구간 공시운임 : FQSELHKG23SEP-OZ/NUC ⇒ 439.30

```
SEL-HKG         CXR-OZ          MON 23SEP19                      NUC
EY  1/ 0/ 0  VN  0/ 0/10  UA  0/ 0/ 3  KQ  0/ 0/ 3  AI  1/ 0/ 0
HX  4/ 0/ 0  CX  4/ 1/ 3  SQ  0/ 0/15  CA  0/ 0/50  JL  0/ 0/55
CI  0/ 0/13  MH  0/ 0/ 8  NH  0/ 0/24  CZ  0/ 0/ 2  KE  5/ 0/ 0
BR  0/ 0/22  MU  0/ 0/16  TG  0/ 0/14  H1  2/ 0/ 4  OZ  5/ 0/ 9
7C  2/ 0/ 0  ZE  1/ 0/ 0  PR  0/ 0/ 6  BX  0/ 0/ 9  UO  3/ 0/ 0
RS  1/ 0/ 0
//SEE FQHELP FOR INFORMATION ABOUT THE NEW FARE DISPLAYS//
  SURCHARGE FOR PAPER TICKET MAY BE ADDED WHEN ITIN PRICED
*FOR AIRPASS/STAR ALLIANCE FARES USE FQQMXQMY-CARRIER CODE*
KRW CONVERTED TO NUC USING ROE 1181.635240 - 1 NUC
OZ       SELHKG.EH         23SEP19            MPM  1554
 19      HLOKSHX    -    347.82            H 15SEP-01OCT -/  - EH01#
 20      YOKSRS     -    376.59            Y    ---      -/  - EH01
 21      YLOKS      -    439.30            Y 15SEP-01OCT -/  - EH02
 22      YOW        -    439.30            Y#   ---      -/  - EH02
 23      MLOKSHX    -    446.83            M 15SEP-01OCT -/  - EH01
 24      ULOKS      -    499.30            U 15SEP-01OCT -/  - EH01
 25      BLOKSHX    -    534.68            B 15SEP-01OCT -/  - EH01
```

② HKG-SIN 구간 공시운임 : FQHKGSIN23SEP-CX/NUC ⇒ 703.68

```
SEL-SIN          CXR-OZ        MON 23SEP19                          NUC
VN  0/ 0/14  UA  0/ 0/ 5  DL  0/ 0/ 1  EK  0/ 0/ 2  AI  0/ 0/ 1
CX  0/ 0/18  SQ  5/ 0/ 0  CA  0/ 0/31  JL  0/ 0/18  CI  0/ 0/ 3
MH  0/ 0/16  NH  0/ 0/55  CZ  0/ 0/ 9  KE  2/ 0/ 0  GA  0/ 0/11
BR  0/ 0/12  MF  0/ 0/ 2  MU  0/ 0/10  TG  0/ 0/12  OZ  5/ 0/ 0
PR  0/ 0/ 4  9W  0/ 0/ 2
//SEE FQHELP FOR INFORMATION ABOUT THE NEW FARE DISPLAYS//
  SURCHARGE FOR PAPER TICKET MAY BE ADDED WHEN ITIN PRICED
*FOR AIRPASS/STAR ALLIANCE FARES USE FQQMXQMY-CARRIER CODE*
KRW CONVERTED TO NUC USING ROE 1181.635240 - 1 NUC
OZ      SELSIN.EH         23SEP19            MPM  3459
 10     BLOKS        -    543.31             B 14SEP-01OCT -/   - EH03#
 11     YLOKSSQ      -    610.17             Y 14SEP-01OCT -/   - EH02
 12     YLOKS        -    660.10             Y 14SEP-01OCT -/   - EH03
 13     YOW          -    703.68             Y#   ---      -/   - EH03
 14     ULOKS        -    787.04             U 14SEP-01OCT -/   - EH01
```

③ 전 구간 운임의 합 : 439.30 + 703.68 = 1142.98(YOW)

이렇게 각 구간별 운임을 더한 값을 전체 여정의 운임으로 사용하는 것은 가장 단순하고 쉬운 방법일 순 있지만, 여행구간이 많아지는 경우 전체 운임의 값은 정비례적으로 한없이 증가하게 될 것이다. 마일리지제도는 이러한 단순 방식의 운임 구성에서 좀 더 저렴하면서도 효율적인 운임을 산정하기 위해 보완정책을 사용하여 항공운임을 구성하도록 하고 있다.

2) 마일리지제도의 3요소

마일리지제도Mileage System는 거리제도라고도 말하며 기본적으로 승객이 여행한 도시 간 이동거리를 기준으로 운임을 산정하는 방식을 의미한다. 즉 승객이 중간 지점을 포함한 실제로 여행한 거리TPM의 합과 최대허용거리MPM를 비교하여 출발지에서 목적지까지의 운임을 그대로 적용할 것인지 아니면 운임을 할증하여 추가로 더 받을 것인지를 계산하는 방식이다. 일반적으로 거리제도에 의한 계산 방식에서는 이동거리의 합이 짧은 여정이 이동거리의 합이 긴 여정보다 운임이 저렴하게 책정될 수 있다.

마일리지제도에서 사용되는 세 가지 구성요소로는 발권구간거리TPM, 최대허용거리MPM, 초과거리할증EMS가 있다.

(1) 발권구간거리TPM : Ticketed Point Mileage

- 구간별로 승객이 실제 이동한 거리를 의미하며 이것의 합계를 산출하여 MPM과 비교하게 된다.
- TPM값은 항공편이 실제 운항 중인 노선에 대해서만 설정되어 있으며, 해당 여정의 구간별 방향지표GI에 해당하는 TPM값을 사용해야 한다.

(2) 최대허용거리MPM : Maximum Permitted Mileage

- 출발지에서 최종 목적지인 두 도시 간의 공시운임을 사용할 수 있는 최대허용거리를 의미한다.
- 일반적으로 최대허용거리는 두 도시 간의 실제 이동거리인 TPM의 값보다 1.2배 정도 높게 책정되어 있어서 중간 도시를 경유하더라도 중간 이동거리에 따라서는 추가운임을 지불하지 않고 동일한 운임으로 사용할 수 있도록 탄력적으로 구성되어 있다.
- MPM은 실제 운항하지 않는 노선에 대해서도 설정되어 있으며, 구간별 방향지표GI에 해당하는 MPM값을 사용해야 한다.

(3) 초과거리할증EMS : Excess Mileage Surcharge

- 출발지부터 최종 목적지 사이에 하나 혹은 여러 개의 중간 지점을 경유하는 경우에 승객이 실제 이동한 거리인 총 TPM의 합이 출발지와 최종 목적지 사이에 설정되어 있는 최대허용거리인 MPM의 합보다 크게 될 경우에는 출발지와 목적지 간에 설정되어 있는 공시운임을 그대로 사용할 수는 없게 된다. 따라서 특정한 비율의 할증을 적용하게 되는데, 이것을 초과거리할증, 즉 EMS라고 한다.
- 할증이 허용되는 값은 최대 5단계이며 각 5%, 10%, 15%, 20%, 25%까지의 할증이

허용될 수 있다. 25%를 초과하는 할증의 경우, 출발지와 목적지 사이의 공시운임을 할증하여 사용할 수 없게 되며, 이 경우 각 구간 공시운임을 더하여 진행하는 방식을 사용해야 하므로 전체 운임이 상승하게 된다.

- 초과거리할증을 사용하는 이유는 각 구간별 공시운임을 더하여 운임을 산출하는 것보다 마일리지를 비교하여 출발지와 목적지 간의 공시운임을 할증하여 계산하는 것이 총 운임을 산정하는데 더 저렴하게 책정되기 때문이다.

(4) 할증률EMS 계산방법

할증률을 결정하는 방법은 할증률 FACTOR를 구한 뒤 다음 기준에 따라 할증률을 표시하고, 최종적으로 그에 따른 운임의 할증 여부를 적용하게 되는데, 0M에서 최대 25M까지의 할증을 허용하고 있다.

▶ 할증률 Factor = Total TPM ≒ MPM

측정 범위			할증률(EMS)	운임 적용
		1.00	0M	할증 없이 그대로 적용
1.00		1.05	5M	×1.05
1.05		1.10	10M	×1.10
1.10	< 할증률 Factor ≤	1.15	15M	×1.15
1.15		1.20	20M	×1.20
1.20		1.25	25M	×1.25
1.25			EXC	운임마디 분리계산

위의 예에서 구해진 할증률 Factor값이 1.03으로 결정되어 5M로 할증률이 정해진 구간이 있다면, 운임의 계산은 출발지와 목적지 간의 공시운임에 1.05배를 곱하여 산정하게 된다. 10M인 경우에는 1.10배, 15M이 적용된 경우에는 1.15배를 곱하는 방식으로 계산한다. 최종적으로 할증률이 25M을 초과하는 경우의 EXC로 결과가 나온 경우에는 해당 지점의 직전구간을 기준으로 운임마디를 분리하여 계산해야 한다.

2. 지시어를 이용한 할증률 계산

전체 여정이 AAA-BBB-CCC-DDD로 이동하는 편도 여정이 있다고 가정할 때, 운임을 저렴하게 구성하기 위해서는 마일리지 할증을 최대한 적용할 수 있는 지점을 찾아서 운임마디를 나누는 작업을 해야 한다. 이때 어느 지점까지 마일리지 할증 적용이 가능한가를 확인하기 위해서 다음의 기능을 이용할 수 있다.

WN SELHKGBKK ① ②	① 기본 지시어 ② 여정

1) 전체 여정이 EMS 허용범위 이내인 경우

```
>WNSELHKGBKK

 WN SEL YY HKG YY BKK /02JUL19
*****************************************************************

    CTY   GI   TPM    CUM    MPM   EMS    DED   LAST   NEXT    25M
                ❶      ❷      ❸     ❹
    SEL  3
 1. HKG  3 EH  1295   1295   1554   0M     0      0    259   1942
 2. BKK  3 EH  1049   2344   2743   0M     0      0    399   3428
```

구 분	항 목	내 용
①	TPM	각 개별 구간의 실제 이동거리
②	CUM	구간별로 누적된 TPM의 합
③	MPM	출발지로부터 각 구간까지의 최대허용거리
④	EMS	TPM의 합인 CUM과 MPM을 비교한 결과인 할증률

2) 여정 중 일부 구간이 EMS를 초과하는 경우

SEL - FUK - TYO - OSA, YOW

3) 왕복 여정 형태의 경우(RT, CT, NOJT)

SEL - HKG - BKK - SIN - HKG - SEL, YRT

- 1단계 OUT-BOUND 여정 : Fare Break Point를 기준으로 EMS 확인
- 2단계 IN-BOUND 여정 : 여정의 운임 적용 방향성을 고려하여 EMS 확인

3. EMS를 이용한 공시운임 계산절차

다음의 사례를 이용하여 EMS를 활용한 공시운임 계산절차를 진행해 보자.

(사례 1)
- 여정 : SEL - OZ - FUK - NH - TYO - NH - OSA
- 출발일 : 10월 20일
- 적용운임 : 일반석(Economy) 기준

다음과 같은 단계에 따라 운임을 계산한다.

1단계	EMS 할증 여부 CHECK	WNSELFUKTYOOSA
2단계	SEK-FUK-TYO 구간운임 조회	FQSELTYO20OCT-OZ/NUC
3단계	TYO-OSA 구간운임 조회	FQTYOOSA20OCT-NH/NUC
4단계	운임마디별 운임값 더하기	
5단계	NUC로 구한 값을 KRW로 환산하기	

① 1단계 : EMS 할증 여부 CHECK

```
>WNSELFUKTYOOSA

 WN SEL YY FUK YY TYO YY OSA /02JUL19
*************************************************************

    CTY   GI   TPM    CUM    MPM  EMS   DED  LAST  NEXT   25M

    SEL  3
 1. FUK  3 EH  347    347    416   0M    0     0    69    520
 2. TYO  3 EH  567    914    909   5M    0     5    40   1136
 3. OSA  3 EH  280   1194    630  EXC    0   406   EXC    787
```

② 2단계 : SEL-FUK-TYO 구간운임 조회하기

```
>FQSELTYO20OCT-OZ/NUC
SEL-TYO          CXR-OZ          SUN 20OCT19                      NUC
EY  3/ 0/ 0  ET  1/ 0/ 0  S7  0/ 0/ 1  UA  0/ 0/ 2  HX  0/ 0/ 5
CX  0/ 0/25  CA  0/ 0/28  JL 10/ 0/88  NZ  2/ 0/ 2  CI  0/ 0/ 9
NH 10/ 0/92  QR  0/ 0/ 1  CZ  0/ 0/ 5  KE 12/ 0/28  BR  0/ 0/13
MU  0/ 0/14  TG  0/ 0/ 3  H1  4/ 0/ 0  OZ 12/ 0/ 9  7C  3/ 0/ 1
ZE  3/ 0/ 0  NX  0/ 0/ 2  BX  0/ 0/ 8  RS  2/ 0/ 0
//SEE FQHELP FOR INFORMATION ABOUT THE NEW FARE DISPLAYS//
  SURCHARGE FOR PAPER TICKET MAY BE ADDED WHEN ITIN PRICED
*FOR AIRPASS/STAR ALLIANCE FARES USE FQQMXQMY-CARRIER CODE*
KRW CONVERTED TO NUC USING ROE 1181.635240 - 1 NUC
OZ     SELTYO.EH        20OCT19          MPM   909
   V  FARE BASIS AP  FARE-OW    FARE-RT BK   SEASON  MINMAX  RTG
   1    YRT       -              566.92 Y#   ---       -/  - EH01
   2    YOW       -   311.43            Y#   ---       -/  - EH01
   3    CRT       -              833.75 C#   ---       -/  - EH01
   4    COW       -   458.17            C#   ---       -/  - EH01
   5    JRT       -              917.20 J    ---       -/  - EH01
   6    FRT       -             1006.23 F    ---       -/  - EH01
   7    JOW       -   504.47            J    ---       -/  - EH01
   8    FOW       -   553.04            F    ---       -/  - EH01
```

③ 3단계 : TYO-OSA 구간운임 조회하기

```
>FQTYOOSA20OCT-NH/NUC
TYO-OSA       CXR-NH        SUN 20OCT19                     NUC
ZH  0/ 0/ 1  JL 24/ 0/99  NH 29/ 0/99
//SEE FQHELP FOR INFORMATION ABOUT THE NEW FARE DISPLAYS//
  SURCHARGE FOR PAPER TICKET MAY BE ADDED WHEN ITIN PRICED
*FOR AIRPASS/STAR ALLIANCE FARES USE FQQMXQMY-CARRIER CODE*
JPY CONVERTED TO NUC USING ROE 108.210074 - 1 NUC
NH-NHA/ECONOMY - ECONOMY
NH       TYOOSA          20OCT19
   V  FARE BASIS AP  FARE-OW    FARE-RT BK   SEASON  MINMAX  RTG
  1    KNNDJ      #    73.58     147.16 K    ---        -/ -    1
  2    SNNDJ      #    90.70     181.40 S    ---        -/ -    1
  3    VNNDJ      #   123.21     246.42 V    ---        -/ -    1
  4    QRNDJ      #   140.32     280.64 Q    ---        -/ -    1
  5    BRNDJ      #   188.24     376.48 B    ---        -/ -    1
  6    YLNHE      -   260.13     520.26 Y 01SEP-26OCT -/        1
  7    YLNHI      -   260.13     520.26 Y 01SEP-26OCT -/        1
```

④ 4단계 : 운임마디별 운임값 더하기

(SEL-FUK-TYO 구간운임) 311.43 + (TYO-OSA 구간운임) 260.13 = 571.56 NUC

⑤ 5단계 : NUC로 구한 값을 KRW로 환산하기

FC#571.56/KRW	KRW675,400

▶ 다음의 사례로 계산해 보자.

(사례 2)
- 여정 : SEL-OZ-HKG-CX-DEL-OZ-SEL
- 출발일 : 12월 1일,
- 체류기간 : 1개월 이내
- 적용운임 : 일반석 기준, Normal Fare

(사례 3)
- 여정 : SEL-OZ-HKG-TG-BKK
- 출발일 : 1월 10일 ~ 1월 13일
- 적용운임 : 편도(OW), 성인

07 루팅제도의 이해

1. 루팅제도의 개요

1) 루팅제도Routing System의 설립 배경

마일리지제도에 의한 운임계산 방식을 통해 대부분의 노선들이 공시운임을 계산하도록 되어 있는 반면에, 북미 지역을 이용하는 경우에는 미국 내 국내선 노선을 포함하여 이동하면 마일리지제도만으로는 운임을 책정하기에는 상대적으로 높은 운임이 계산될 수밖에 없다. 이에 한국 내 국적 항공사들은 미국 내 주요 거점도시를 경유하여 이원구간OAL : Other Air Line을 사용하는 경우 좀 더 저렴한 항공운임을 산출해 내기 위해 마일리지제도가 아닌 루팅제도라는 새로운 방식을 고안하게 되었다.

항공사가 자신들이 보유하고 있는 한국 출발노선을 위주로 미국 내 지역별 도시들을 최종 목적지로 이동하는 승객에 대하여 정해진 특정 경유도시와 이원구간 사용 항공사를 각 경우의 수에 따라 설정하고 이를 준수하는 경우에는 저렴한 운임을 사용할 수 있도록 규칙을 정하였으며, 이것을 루팅제도라고 한다.

판매항공사가 정해 둔 루팅 규정을 준수하지 않는 경우에는 마일리지제도 방식을 사용하게 되어 상대적으로 훨씬 높게 책정되는 운임을 지불하게 되므로, 승객은 루팅으로 설정된 조건을 준수해야만 하는 것이다. 따라서 루팅제도는 북미노선의 특성을 감안한 항공사들이 좀 더 저렴한 운임을 책정하여 판매함으로써 더 많은 고객을 확보하기 위해 고안된 일종의 판촉용 제도라고 볼 수 있다.

2) ROUTING 운임의 사용 조건

① 발권항공사가 설정해 놓은 경유도시를 거쳐야 한다.
② 이원구간에 대한 탑승항공사도 별도로 설정되어 있는 항공사를 이용해야 한다.
③ 이원구간 탑승항공사에 대한 Booking Class도 별도로 지정되어 있는 CODE를

반드시 사용해야 한다.

④ 루팅운임에 설정된 조건을 충족할 수 없는 경우에는 마일리지 계산방식으로 적용 가능한 상위운임을 사용해야 한다.

2. 루팅운임의 사용절차

- 여정 : SEL - NYC - SEL(LAX 경유 기준)
- 탑승일자 : 11월 5일 ~ 1월 5일(3개월 체류)
- 발권항공사 : OZ 기준
- 이원항공사 : 루팅조건 기준

1) 1단계 : 공시운임 확인

먼저 출발지에서 최종 목적지까지 설정되어 있는 공시운임을 확인한다. 이때 중간 경유지가 존재하더라도 최종 목적지까지의 운임을 조회해야 하며, 발권항공사를 기준으로 공시운임을 확인한다.

FQSELNYUC05NOV-OZ

```
>FQSELNYC05NOV-OZ
SEL-NYC          CXR-OZ          TUE 05NOV19                   KRW
EY  0/ 0/ 7  HA  0/ 0/ 1  ET  0/ 0/ 1  AA  0/ 0/ 7  LH  0/ 0/ 1
BA  0/ 0/ 4  AC  0/ 0/ 6  UA  1/ 0/28  DL  2/ 0/75  EK  0/ 0/ 7
KL  0/ 0/ 4  TK  0/ 0/ 2  CX  0/ 0/19  SQ  1/ 0/10  CA  0/ 0/ 9
JL  0/ 0/ 9  CI  0/ 0/ 2  NH  0/ 0/10  CZ  0/ 0/ 7  KE  2/ 0/28
AF  0/ 0/ 3  BR  0/ 0/ 4  MU  0/ 0/ 6  LO  0/ 0/ 2  TG  0/ 0/ 1
OZ  1/ 0/ 9  PR  0/ 0/ 1
//SEE FQHELP FOR INFORMATION ABOUT THE NEW FARE DISPLAYS//
  SURCHARGE FOR PAPER TICKET MAY BE ADDED WHEN ITIN PRICED
*FOR AIRPASS/STAR ALLIANCE FARES USE FQQMXQMY-CARRIER CODE*
OZ      SELNYC.PA         05NOV19          MPM   8238
   V  FARE BASIS AP   FARE-OW    FARE-RT BK    SEASON   MINMAX  RTG
  1 @   VLXAKUS14  #              860000 V#11OCT-23DEC -/ 3M PA01
  2     VLXAKU21   #              900000 V#13SEP-23DEC -/  - PA02
  3 @   SLXAKUS7   #              930000 S#11OCT-23DEC -/ 3M PA01
  4     SLXAKU21   #              950000 S#13SEP-23DEC -/  - PA02
  5     SLXAKU14   #             1000000 S#13SEP-23DEC -/  - PA02
  6 @   VLWAKUS14  #             1010000 V#11OCT-23DEC -/ 3M PA01
  7     VLWAKU21   #             1050000 V#13SEP-23DEC -/  - PA02
  8 @   SLWAKUS7   #             1080000 S#11OCT-23DEC -/ 3M PA01
  9     SLWAKU21   #             1100000 S#13SEP-23DEC -/  - PA02
 10     SLXKU      -             1110000 S 13SEP-23DEC -/  - PA03
 11     SLWAKU14   #             1150000 S#13SEP-23DEC -/  - PA02#
```

2) 루팅 조회와 경유지 확인

```
PA01*  /VIA THE PACIFIC/ PUBLISHED RTG 2
       TRAVEL MUST BE NONSTOP ①
PA02*  /VIA THE PACIFIC/ PUBLISHED RTG 670
       1. SEL-NYC ②
PA03*  /VIA THE PACIFIC/ PUBLISHED RTG 640
       1. SEL-LAX-AS-NYC ③
       2. SEL-SEA-AS-NYC
       3. SEL-SFO-AS-NYC
       4. SEL-CHI-B6-NYC
       5. SEL-LAX-B6-NYC
       6. SEL-SEA-B6-NYC
       7. SEL-SFO-B6-NYC                                  #
>MD
       8. SEL-CHI-OZ-NYC                                  #
       9. SEL-LAX-OZ-NYC
      10. SEL-SEA-OZ-NYC
      11. SEL-SFO-OZ-NYC
      12. SEL-NYC
PA04*  /VIA THE PACIFIC/ PUBLISHED RTG 610
       1. SEL-LAX-AS-NYC
       2. SEL-SEA-AS-NYC
       3. SEL-SFO-AS-NYC
       4. SEL-CHI-B6-NYC
       5. SEL-LAX-B6-NYC
       6. SEL-SEA-B6-NYC
       7. SEL-SFO-B6-NYC
       8. SEL-CHI-OZ-NYC
       9. SEL-LAX-OZ-NYC
      10. SEL-SEA-OZ-NYC
      11. SEL-SFO-OZ-NYC
      12. SEL-NYC
PA05*  /VIA THE PACIFIC/ PUBLISHED RTG 600
       1. SEL-LAX-AS-NYC
       2. SEL-SEA-AS-NYC
       3. SEL-SFO-AS-NYC
       4. SEL-CHI-B6-NYC                                  #
```

구 분	내 용
①	반드시 NON-STOP 여정인 경우에만 사용이 가능한 루팅
②	SEL-NYC인 경우에만 사용 가능
③	허용하는 경유지와 이원항공사를 설정해 놓은 값을 보여줌 주어진 여정 조건과 루팅 조건을 맞추어 LAX를 경유하고자 하는 루팅값을 찾으면, PA03/PA04/PA05이다. 이원구간 항공사로는 AS, B6 등이 있다.

* 위의 경우, 결과적으로 가장 저렴한 운임 사용을 위해서는 공시운임 중 LAX 경유가 가능한 PA03에 해당하는 'SLXKU'를 선택할 수 있다.

3) 이원구간 RBDReservation Booking Designator 확인

루팅으로 설정되어 있는 이원구간 탑승항공사의 경우 발권항공사인 OZ와 특별정산협정인 S.P.ASpecial Proration Agreement 계약 체결에 의해 관련 규정을 지키는 경우에만 상호간 비용절감의 효과를 누릴 수 있기 때문에 반드시 Class 사용 규정, 즉 RBD 조건을 지켜야 한다.

RB 10 LAXNYC-B6 ① ② ③ ④	① RBD 조회 기본 지시어 ② 사용운임의 LINE 번호 ③ 이원구간 출/도착도시 ④ 이원구간 탑승항공사

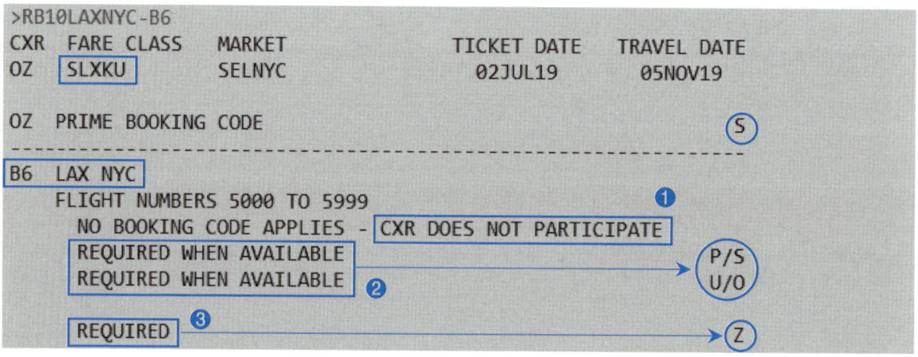

구 분	내 용
①	해당 항공편명에 대해서는 사용이 불가하다는 의미
②	P/S, U/O의 두 가지 경우가 허용되는데, P와 S간에는 좌석 잔여 여부와 관계없이 둘 중의 하나를 사용하는 것이 무방하다. 만약 P/S 모두 좌석이 불가능한 경우에는 다음 순위의 U/O 둘 중 어느 것이든 선택하여 사용 가능
③	위의 4개 CLASS 좌석이 모두 불가능하다면 Z-CLASS 사용 가능

4) 루팅운임 사용 시 유의사항

① 사용하고자 하는 운임의 루팅을 조회함에 따라 마일리지제도 적용 여부를 확인할 수 있으며, 마일리지제도를 적용받는 운임의 경우, 경유지나 항공사 사용에

제한을 받지 않는다.

② 루팅값으로 특정 경유지와 경유항공사가 설정되어 있는 루팅운임을 사용하는 경우에는 마일리지 할증 여부를 확인하지 않아도 된다.

③ 루팅 조건으로 제시되어 있는 경유도시 및 항공사는 한쪽 방향으로 설정되어 있지만, 여정의 순서상 반대방향으로 사용하는 것도 가능하다.

④ 루팅 조건으로 제시되어 경유도시나 항공사는 사용자 임의로 선택하여 사용할 수 없으며, 항공사 간의 정산협정Proration Agreement에 따라 결정되고 변경될 수 있다.

⑤ 루팅운임 종류에 따라 경유지가 허용되지 않고 NON-STOP 여정에만 사용 가능한 경우도 있다.

08 여정운임계산

1. 여정운임계산의 특징

① PNR 없이 주어진 여정 조건을 이용하여 항공운임 및 적용된 TAX 금액까지를 함께 계산해 준다.

② 조건 지정 시 기본적으로 공항코드를 사용해야 올바른 TAX를 반영하여 결과를 계산할 수 있다.

③ 탑승항공사와 발권항공사를 모두 지정할 수 있으나, 발권항공사는 생략이 가능하다.

④ 정확한 여정의 계산을 위해서는 항공사, 탑승일 등의 여행 조건을 상세하게 기재해야 하므로 PNR 작성을 이용한 PNR 자동계산 기능과 비교해 볼 때 정확도가 상대적으로 낮을 수 있다.

2. 여정운임계산 기본절차

1) 기본 형태

WQ ICNNRTICN - AOZ ① ② ③	① 여정운임계산 기본 지시어 ② 탑승구간 지정 ③ 탑승항공사 지정(필수)

```
>WQICNNRTICN-AOZ
PSGR TYPE  ADT
ATTN*VERIFY BOOKING CLASS          ❺        ❻          ❼
❶ FARE BASIS BOOK CODE ❹     FARE TAX/FEES/CHGS  TOTAL ❽
01@VLKJS ❷   V/V ❸     KRW     160000     88300      248300 ADT
02@VLKJS-SLK* V/S      KRW     185000     88300      273300 ADT
03@VLKJS-VKJ* V/V      KRW     205000     88300      293300 ADT
04@ULKJS      U/U      KRW     630000     88300      718300 ADT
05 YRT        Y/Y      KRW     669900     88300      758200 ADT
06@ULKJS-ULKJ U/U      KRW     670000     88300      758300 ADT
07 FRT        F/F      KRW    1189000     88300     1277300 ADT
*01-06*FLIGHT RESTRICTIONS APPLY
*01-04,06*ADV RES/TICKETING REQUIRED
*01-04,06*CONFIRMED RES REQUIRED
*01-04,06*MIN/MAX STAY REQUIREMENTS APPLY
*05*VERIFY BLACKOUT DATES                                  ❾
*01,02*SURCHARGES MAY APPLY
*01-04,06*TRAVEL RESTRICTIONS MAY APPLY
*01-07*VERIFY TKT STOCK RESTRICTIONS
*01-06*PAYMENT/TKT RESTRICTIONS APPLY
ATTN*BOOK OPTION OF CHOICE IN APPLICABLE BOOKING CLASS

** TOTALS INCLUDE KNOWN TAXES AND FEES **
** TOTAL FARE, TAXES AND FEES MAY CHANGE ONCE FLIGHTS ARE        #
```

구 분	항 목	내 용
①	항목번호(LINE Number)	계산결과의 순서번호
②	FARE BASIS	운임종류 코드(@는 해당 운임이 PRIVATE FARE라는 의미임)
③	BOOK CODE	Booking Class Code. 실제예약 시 사용해야 하는 Class
④	CURRENCY	출발지국 화폐단위(계산운임 기준 화폐단위)
⑤	FARE	항공운임값
⑥	TAX/FEES/CHGS	TAX를 비롯한 추가비용(항공사 징수분)
⑦	TOTAL	항공운임과 TAX 및 추가비용의 합계
⑧	PASSENGER TYPE	운임계산 결과에 적용된 승객 유형
⑨	RULE NOTES	각 운임별로 적용된 규정에 대한 요약표기

2) 추가상세 조회

계산 결과로 조회된 LIST상에 있는 운임 중에서 특정운임을 지정하여 추가적으로 상세 조회하기 위한 기능이다.

항목별 상세 조회(1 : LINE 번호)	WQ#1
항목별 운임구성 상세 조회(1 : LINE 번호)	WQ#DF1

(1) 특정운임 상세 조회

여정운임계산 결과로 조회된 운임 중 1번 운임에 대한 상세 내용을 조회하고자 하는 경우 다음과 같이 조회한다.

WQ#1	WQ#2/10

```
>WQ#1
PSGR TYPE  ADT - 01
     CXR RES DATE  FARE BASIS      NVB   NVA    BG
 SEL
 TYO OZ  V   02JUL VLKJS                02AUG 01P
 SEL OZ  V   OPEN  VLKJS                02AUG 01P
FARE  KRW    160000
TAX   KRW     28000BP KRW      22500SW KRW      37800XT
TOTAL KRW    248300
ADT-01  VLKJS                                  ❷      ❶
 SEL OZ TYO67.70OZ SEL67.70NUC135.40END ROE1181.63524
XT KRW56000I KRW21400YQ KRW10800TK
ENDOS*SEG1/2*NONENDS/MAX1M/MILE UG J/C/D/Y/B/M ONLY ❸
ATTN*FLIGHT RESTRICTIONS APPLY SEG 1,2
ATTN*ADV RES/TICKETING REQUIRED SEG 1,2
ATTN*CONFIRMED RES REQUIRED SEG 1,2
ATTN*MIN/MAX STAY REQUIREMENTS APPLY SEG 1,2
ATTN*SURCHARGES MAY APPLY SEG 2
ATTN*TRAVEL RESTRICTIONS MAY APPLY SEG 1,2
ATTN*VERIFY TKT STOCK RESTRICTIONS SEG 1,2
ATTN*PAYMENT/TKT RESTRICTIONS APPLY SEG 1,2
ATTN*PRIVATE FARE APPLIED - CHECK RULES FOR CORRECT TICKETING
ATTN*PRIVATE @
ATTN*VALIDATING CARRIER - OZ                               #
```

구 분	항 목	내 용
①	TAX	적용된 TAX별 코드와 금액 단 TAX 항목에는 최대 3개까지 표기 가능 3개 이상의 TAX가 적용된 경우에는 2개 코드를 제외한 나머지 TAX를 XT로 묶어서 잔여 합계금액 표시 XT에 대한 상세 항목은 FARE CALCULATION 항목에 표기
②	FARE CALCULATION	운임마디 분리지점이 TYO으로 적용되면서 SEL-TYO 구간의 운임값이 NUC67.70으로 적용되었고, TYO-SEL 구간도 동일 전 여정의 운임값이 NUC로 표기됨
③	ENDORSEMENT	양도 제한사항에 대한 표기 제한사항 및 규정 적용 여부 표기

(2) 운임구성 내역FARE CALCULATION의 해석

① EMS 할증 없이 운임계산이 진행된 경우

```
FARE  KRW    850000
TAX   KRW     28000BP KRW     26600TS KRW     83600XT
TOTAL KRW    988200
ADT-01  BKKS VKKS
 SEL OZ BKK TG SIN M495.07OZ SEL224.26NUC719.33
 END ROE1181.63524
XT KRW1200G8 KRW2800E7 KRW9300L7 KRW53000P KRW65000YQ
```

SEL OZ BKK TG SIN M485.07	Fare Break Point는 SIN이며, EMS 할증 없이 계산된 SEL~SIN까지 OUT-BOUND 운임마디의 운임값은 485.07NUC이다.
(SIN) OZ SEL 224.26	SIN~SEL로 돌아오는 IN-BOUND 운임마디의 운임값은 260.22NUC이다.
NUC719.33 END ROE1181.63524	전체 여정에 적용된 운임 합계는 719.33NUC이며, 적용된 ROE값은 1181.63524이다.
XT KRW1200G8 KRW2800E7 KRW9300L7...	TAX로 표기된 값 중에서 XT로 묶여있는 TAX 종류를 풀어서 표기해 준다.

② EMS 할증이 적용되어 운임계산이 진행된 경우

```
FARE  KRW    794500
TAX   KRW     28000BP KRW      12500LI KRW      69900XT
TOTAL KRW    904900
ADT-01  BKKS VKKS
 SEL OZ MNL OZ BKK10M460.80OZ SEL211.57NUC672.37
 END ROE1181.63524
XT KRW26600TS KRW1200G8 KRW2800E7 KRW39300YQ
```

SEL OZ MNL OZ BKK 10M460.80	Fare Break Point는 BKK이며, EMS 할증이 10M으로 적용되었으며, 계산된 SEL~SIN까지 OUT-BOUND 운임마디의 운임값은 460.80NUC
(BKK) OZ SEL 211.57	BKK~SEL로 돌아오는 IN-BOUND 운임마디의 운임값은 211.57NUC이다.
NUC7672.37 END ROE1181.63524	전체 여정에 적용된 운임 합계는 672.37NUC이며, 적용된 ROE값은 1181.63524이다.
XT KRW1200TS KRW1200G8 KRW2800E7...	TAX로 표기된 값 중에서 XT로 묶여있는 TAX 종류를 풀어서 표기해 준다.

③ 구간별로 운임마디가 분리되어 운임계산이 진행된 경우

```
FARE  KRW   1601700
TAX   KRW     28000BP KRW      71500JP KRW      47200XT
TOTAL KRW   1748400
ADT-01  YRT YKJL YRT
 SEL OZ TYO283.46JL FUK351.68JL SDJ417.57OZ SEL302.71NUC1355.42
 END ROE1181.63524
XT KRW6500SW KRW7300HJ KRW1200OI KRW21400YQ KRW10800TK
```

SEL OZ TYO283.46JL FUK351.68JL SDJ417.57OZ SEL302.71	Fare Break Point는 TYO, FUK, SDJ이며 각 구간 공시운임(SECTOR FARE)을 징수하여 더하는 방식으로 운임 계산된다.
NUC1355.42END ROE1181.63524	전체 여정에 적용된 운임 합계는 1355.42NUC이며, 적용된 ROE값은 1181.63524이다.

(3) 운임구성 내역 상세 조회Details Fare Construction

여정운임 계산결과 항목 중에서 운임구성 내역 및 TAX에 대한 추가정보를 확인할 수 있는 기능이다.

WQ#DF1

```
>WQ#DF1
WQ#DF1
PSGR TYPE ADT
FARE  KRW   1090000
TAX   KRW     28000BP KRW     43200US KRW    114600XT
TOTAL KRW   1275800
SEL OZ LAX461.22OZ SEL461.22NUC922.44END ROE1181.63524
XT KRW6700YC KRW8200XY KRW4600XA KRW6600AY KRW83200YQ
XT KRW5300XFLAX4.5
/////////////// TRAFFIC DOCUMENT ISSUED IN SEL ///////////////
PU -FARE BASIS-CUR  NUC AMT ELEMENT DESCRIPTION ----------- GI
01 VKXKU ①      KRW ② 461.22 SEL-LAX OZ /HR RTG ③           PA ④
01 VKXKU        KRW   461.22 SEL-LAX OZ /HR RTG             PA
                      922.44    -    TOTAL NUC
-TAX AMT/KRW/-- CUR  CODES  DESCRIPTION-----TAX TYPE/SEQUENCE--
       83200         /YQF SERVICE FEE - FUEL
   ⑤     41600:KRW    41600 *ICN* *OZ*                17191
          41600:KRW    41600 *LAX* *OZ*                17191
       28000         KR/BP  INTERNATIONAL PSC DEPARTURE TAX AND
          28000:KRW    28000 *ICN* *OZ*         001     20000
        6600         US/AY  PASSENGER CIVIL AVIATION SECURITY SE
           6600:USD     5.60 *LAX*              001    733212 ⑥
       43200         US/US2 TRANSPORTATION TAX INTERNATIONAL DEP
          21600:USD    18.60 *LAX* *OZ*         014    205000  #
```

구 분	항 목	내 용
①	FARE BASIS	적용된 운임종류 코드
②	NUC AMT	운임마디(PU : Pricing Unit)별로 적용된 NUC값
③	ELEMENT DESCRIPTION	적용된 운임 구성요소에 대한 추가 설명 SEL-LAX 구간운임의 1/2(HR)이 적용됨 ROUTING 운임이 적용됨
④	GI PA	적용된 방향지표 종류
⑤	TAX AMT/KRW/--CUR 83200	실제 지불화폐단위 기준의 TAX 금액
⑥	US/AY PASSENGER CIVIL... USD 5.60 *LAX*	TAX 징수 국가/TAX코드 적용된 TAX 유형 또는 성격 TAX 설정 기준금액(원래 만들어져 있는 기준금액)

3. 여정운임계산의 활용

1) 추가조건 지정

지시어	조건지정 유형
WQICN23MARNRT25JUNICN-AOZ	탑승일자 지정
WQICN12NOVHKG30NOVICN-AOZ WQICN22NOV/AOZHKG30NOV/ASQSIN13DEC/AOZICN	탑승항공사 지정
WQICN11DECPEK-AOZ/PSEA WQICN22DECPEK30DECICN-AOZ/PCNN/PINF	승객유형 지정

2) 기타 조건의 지정

지시어	조건지정 유형
WQICN/AOZNRT/ANHICN-VOZ	발권항공사 지정
WQICNHKG/XBKKICN-AOZ	경유지(BKK) 지정
WQICNHKG/-BKKICN-AOZ	비항공 운송구간(HKG-BKK ARNK) 지정
WQICNFRA/BFAMSPARFRAICN-AOZ	운임마디 임의 지정
WQICN10SEPLAX20SEPICN-AOZ/L	최저운임만 지정 계산

09 PNR 자동운임계산

1. PNR 자동운임계산 기능의 특징

- PNR에 작성된 여정, Booking Class, 탑승일자 및 항공사 정보 등을 반영하여 적용 가능한 단 하나의 최저 운임Single Lowest Fare을 계산해 주는 기능이다.
- 비항공 운송구간을 포함하여 최대 24개 구간까지 운임계산이 가능하다.
- 계산된 운임 결과 중 한 번에 최대 7개까지 선택 및 저장이 가능하며, 하나의 PNR에 저장 가능한 운임의 개수는 최대 99개이다.

- 정확한 승객 유형이 반영되어 있는 경우, 승객 유형에 따른 운임계산 지시어 한 번으로 동시에 진행이 가능하다.
- 동시에 운임계산이 가능한 승객 유형의 종류는 최대 4개이다.
- 운임 규정 및 RBD 조건에 맞지 않는 경우 대체 선택이 가능한 복수의 운임을 시스템이 조회하여 주나, RBD 조건이 맞지 않는 운임을 선택하여 발권하는 경우 발권자가 운임 오류의 책임을 져야 한다.
- 운임계산 방식에 따라 FARE RECORD 유형이 AUTO RPICED/MODIFIED/RATE DEST PRICED로 구분된다.

2. PNR 자동운임계산 진행

1) 올바른 PNR 작성

- 여정 조건을 이용하여 FQ 구간운임 조회 기능을 통해 어떤 운임을 사용하는 것이 저렴한지를 확인하여 알맞은 CLASS를 선택한다.
- 필수 입력사항인 여정, 이름, 전화번호를 입력한 후 PNR을 생성한다.
- 저장된 PNR에 SABRE 예약번호 및 항공사 예약번호, 항공권 발권시한 정보가 정상적으로 회신된 상태에서 PNR 자동운임계산 절차를 진행해야 한다.
- 승객이름 입력 시 소아나 유아의 나이 입력이 정상적으로 진행되어야 올바른 승객 유형으로 인식된다.

▶ 다음의 조건을 이용하여 PNR 자동운임계산을 실행해보자.

(예제)	(진행단계)
• 여정 : ICN-OZ-NRT-OZ-ICN • 탑승일자 : 12월 5일 ~ 12월 15일 • 승객 : 성인 1명	1) Booking Class 선택(FQ) 2) PNR 작성 3) 자동운임계산 하기

```
>FQICNNRT05DEC-OZ
SEL-TYO        CXR-OZ         THU 05DEC19                     KRW
EY  3/ 0/ 0  UA  0/ 0/ 2  HX  0/ 0/ 7  CX  0/ 0/24  GS  0/ 0/ 1
CA  0/ 0/22  JL 10/ 0/68  NZ  2/ 0/ 2  CI  0/ 0/11  NH 10/ 0/74
CZ  0/ 0/ 5  KE 10/ 0/31  BR  0/ 0/ 7  MU  0/ 0/14  TG  0/ 0/ 2
OZ 10/ 0/10  7C  3/ 0/ 0  NX  0/ 0/ 2  BX  0/ 0/10
//SEE FQHELP FOR INFORMATION ABOUT THE NEW FARE DISPLAYS//
  SURCHARGE FOR PAPER TICKET MAY BE ADDED WHEN ITIN PRICED
*FOR AIRPASS/STAR ALLIANCE FARES USE FQQMXQMY-CARRIER CODE*
OZ      ICNNRT.EH        05DEC19          MPM   909
  V  FARE BASIS AP  FARE-OW    FARE-RT BK   SEASON  MINMAX  RTG
  1 @  VKKJS     #              200000 V 01DEC-18DEC -/ 1M EH01
  2 @  SKKJS     #              250000 S 01DEC-18DEC -/ 1M EH01
  3    VKJRS     -              250000 V#    ---       -/  - EH01
  4    SKJRS     -              286000 S#    ---       -/  - EH01
  5 @  KKKJS     #              290000 K 01DEC-18DEC -/ 1M EH01
  6 @  VKOKJS    #   150000            V 01DEC-18DEC -/  - EH01
  7    VKKJ      -              300000 V#01DEC-18DEC -/  - EH01
  8    KKJRS     -              326000 K#    ---       -/  - EH01
```

* 주어진 조건에 맞는 최저 운임은 1번 운임(VKKJS)이며, Booking Class는 V임을 확인하였고, PNR 필수 입력 사항을 입력하여 올바른 PNR을 완성하면 된다.

2) 자동운임계산의 진행

- 저장된 PNR이 계산하고자 하는 항공운임의 기본 규정 및 RBD 조건을 준수하였다면, PNR 자동운임계산 과정에서 단 하나의 최저 운임만을 조회시키게 되고, 사용자는 해당 운임을 선택하고 PNR상에 저장한다.
- 발권을 진행하기 위해서는 PNR 생성과 PNR 조건에 맞는 올바른 운임 DATA가 PNR에 저장되어 있어야 한다.
- 만약 PNR 자동운임계산 과정에서 복수의 여러 운임이 조회된다면, 그 PNR의 작성된 상태가 어떤 운임과도 규정 및 RBD 조건에 맞지 않기 때문이다. 이런 경우에는 사용자가 다시 올바른 규정과 조건을 확인하여 계산하고자 하는 항공운임 조건에 맞도록 여정을 수정해서 다시 운임을 재계산해야 한다.

단 계	지시어	내 용
1단계	*LTAJWH	PNR 조회
2단계	WP	PNR 자동운임계산
3단계	WTFR	계산된 운임의 선택
4단계	ER(혹은 E & *RR)	PNR저장 및 재조회
5단계	**W	저장된 운임 조회

(1) 1단계 : 저장된 PNR 조회

발권하고자 하는 PNR을 조회하여 예약번호와 좌석코드 확약 상태 등을 확인한다.

```
 < PNR - LTAJWH >
 1.1HONG/GILDONGMR
 1 OZ 106V 05DEC 4 ICNNRT HK1  1510  1720  /DCOZ*RTRWOM /E
 2 OZ 101V 15DEC 7 NRTICN HK1  1230  1510  /DCOZ*RTRWOM /E
TKT/TIME LIMIT
  1.TAW/
PHONES
  1.SELT*02-123-4567
  2.SELM*010-1234-5678
PASSENGER DETAIL FIELD EXISTS - USE PD TO DISPLAY
GENERAL FACTS
  1.SSR OTHS 1B OZ RSVN IS 0687-8808
  2.SSR ADTK 1B TO OZ BY 06JUL 1500 OTHERWISE WILL BE XLD
RECEIVED FROM - P
Z60D.Z60D*AAA 0008/03JUL19 LTAJWH H
```

좌석코드의 확약

항공사 예약번호 회신

발권사한 정보 회신

(2) 2단계 : PNR 자동운임계산 진행

작성된 PNR의 Class 조건이 계산하고자 하는 운임의 조건과 맞는 경우 WP는 단 하나의 최저 운임을 계산하게 된다. PNR 자동운임계산 시 발권항공사를 지정하지 않는 경우, 국제선 첫 구간의 항공사를 기준으로 시스템이 자동으로 발권항공사로 인지하여 운임계산을 진행하며, 여정의 형태에 따라 태평양 횡단구간의 탑승항공사를 발권항공사로 인지하는 경우도 있다.

WP 또는 WPAOZ

```
>WP
PSGR TYPE  ADT - 01 운임규정조회
     CXR RES DATE  FARE BASIS      NVB   NVA    BG
 SEL
 TYO OZ  V    05DEC VKKJS                 05JAN 01P
 SEL OZ  V    15DEC VKKJS                 05JAN 01P
FARE  KRW     240000
TAX   KRW      28000BP KRW     22500SW KRW     37800XT

TOTAL KRW     328300
ADT-01  VKKJS
 SEL OZ TYOQ8.46 84.62OZ SEL Q25.38 84.62NUC203.08
 END ROE1181.63524
XT KRW5600OI KRW21400YQ KRW10800TK
ENDOS*SEG1/2*NONENDS/MAX1M/MILE UG J/C/D/Y/B/M ONLY
TKT/TL06JUL19/2359
ATTN*PRIVATE FARE APPLIED - CHECK RULES FOR CORRECT TICKETING
ATTN*PRIVATE @
ATTN*VALIDATING CARRIER - OZ

ATTN*AIR EXTRAS AVAILABLE - SEE WP*AE
ATTN*BAGGAGE INFO AVAILABLE - SEE WP*BAG
```

(3) 계산결과 확인 및 운임 선택

계산된 결과를 선택하면, 해당 승객 유형에 대한 운임 기록FARE RECORD이 생성되고 PRICE QUOTE RECORD 형태를 갖추게 되어 각 항목들이 발권 진행 시 활용된다.

WTFR

```
>WTFR
PRICE QUOTE RECORD RETAINED

FARE RECORD-ADT-AUTO PRICED ❶   -ATPC
PQ1  LAST DAY TO TICKET TKT/TL 06JUL19/2359     INPUT PTC - ADT
❷
1.1HONG/GILDONGMR
VALIDATING CARRIER - OZ
 1 OICN OZ 106V 05DEC 1510 VKKJS           OK        05JAN20 01P
 2 ONRT OZ 101V 15DEC 1230 VKKJS           OK        05JAN20 01P
    ICN

      BASE FARE              TAXES/FEES/CHARGES       TOTAL
      KRW240000 ❸         ❹    88300XT         KRW328300
   XT         28000BP        22500SW        5600OI       21400YQ
              10800TK
TOUR CODE  9KJHD36S ❺
SEL OZ TYO Q8.46 84.62OZ SEL Q25.38 84.62NUC203.08END ROE1181.6
3524

NONENDS/MAX1M/MILE UG J/C/D/Y/B/M ONLY ❻

PRICING TRAILER MSG
PRIVATE FARE APPLIED - CHECK RULES FOR CORRECT TICKETING
VALIDATING CARRIER - OZ
PRIVATE @ ❼


WP

Z60D Z60D *AAA 1422/03JUL19                          SYSTEM ❽

.
FUEL/기타 Q 40000 ❾
```

구 분	내 용
①	저장된 승객 유형과 운임계산 유형
②	저장된 운임번호
③	항공운임 금액(공시운임)
④	TAX 합계
⑤	TOUR CODE
⑥	양도/제한사항
⑦	선택한 운임이 PRIVATE FARE임을 표기
⑧	SYSTEM TAG(SYSTEM/AMENDED/MANUAL)
⑨	F/C에 Q로 표시된 Sur-charge 금액을 지불화폐 단위인 KRW로 변환한 금액

(4) 운임 선택 후 PNR 저장

운임이 저장된 PNR에는 'PRICE QUOTE RECORD'라는 배너가 생성되며, 올바른 자동운임계산 결과의 의미로 'AUTOPRICED'라고 표시된다. 이 표시는 발권이 완료되었을 때 항공운임이나 TAX값에 오류가 있는 경우 SABRE에서 오류에 대한 보상 Guarantee 하는 기준이 된다.

E 또는 ER

```
>ER
 < PNR - LTAJWH >
 1.1HONG/GILDONGMR
 1 OZ 106V 05DEC 4 ICNNRT HK1  1510  1720  /DCOZ*RTRWOM /E
 2 OZ 101V 15DEC 7 NRTICN HK1  1230  1510  /DCOZ*RTRWOM /E
TKT/TIME LIMIT
  1.TAW/
PHONES
  1.SELT*02-123-4567
  2.SELM*010-1234-5678
PASSENGER DETAIL FIELD EXISTS - USE PD TO DISPLAY
PRICE QUOTE RECORD - AUTOPRICED
GENERAL FACTS
  1.SSR OTHS 1B OZ RSVN IS 0687-8808
  2.SSR ADTK 1B TO OZ BY 06JUL 1500 OTHERWISE WILL BE XLD
  3.OSI 1B PLEASE TICKET FARE AS PER TKT/TL IN PQ
RECEIVED FROM - P
Z60D.Z60D*AAA 0008/03JUL19 LTAJWH H
```

(5) 저장운임의 조회

**W는 저장된 전체운임을 조회하는 기능이다. 복수운임인 경우에는 PQ번호를 이용하여 **W1, **W2 등으로 조회가 가능하다.

****W 또는 **W1(복수운임의 경우)**

```
>**W
FARE RECORD-ADT-AUTO PRICED      -ATPC
PQ1  LAST DAY TO TICKET TKT/TL 06JUL19/2359     INPUT PTC - ADT

1.1HONG/GILDONGMR
VALIDATING CARRIER - OZ
 1 OICN OZ 106V 05DEC 1510 VKKJS          OK       05JAN20 01P
 2 ONRT OZ 101V 15DEC 1230 VKKJS          OK       05JAN20 01P
   ICN

     BASE FARE                    TAXES/FEES/CHARGES     TOTAL
     KRW240000                         88300XT         KRW328300
   XT        28000BP         22500SW         5600OI        21400YQ
             10800TK
TOUR CODE  9KJHD36S
SEL OZ TYO Q8.46 84.62OZ SEL Q25.38 84.62NUC203.08END ROE1181.6
3524

NONENDS/MAX1M/MILE UG J/C/D/Y/B/M ONLY

PRICING TRAILER MSG
PRIVATE FARE APPLIED - CHECK RULES FOR CORRECT TICKETING
VALIDATING CARRIER - OZ
PRIVATE @


WP

Z60D Z60D *AAA 1422/03JUL19                               SYSTEM

FUEL/기타 Q 40000
>**W
PQ      PTC     FARE RECORD        UPDATE TKT RECORDS
 1       ADT    AUTO PRICED
 2       INF    AUTO PRICED
>**W1
FARE RECORD-ADT-AUTO PRICED      -ATPC
PQ1                                            INPUT PTC - ADT

1.1HONG/GILDONGMR
VALIDATING CARRIER - OZ
 1 OICN OZ 106V 05DEC 1510 VKKJ          OK       05DEC20 01P
 2 ONRT OZ 101V 15DEC 1230 VKKJ          OK       05DEC20 01P
   ICN

     BASE FARE                    TAXES/FEES/CHARGES     TOTAL
     KRW300000                         88300XT         KRW388300
   XT        28000BP         22500SW         5600OI        21400YQ
             10800TK
SEL OZ TYO126.94OZ SEL126.94NUC253.88END ROE1181.63524
```

3) 특별 승객 유형(선원, 학생, 단체 등)의 자동운임계산

(1) 승객 유형의 변경

특별운임 중에는 신분/자격에 의해 구분되는 운임 종류가 있는데 선원이나 학생, 단체, 이민자 등의 경우이다. 항공사마다 특별 승객 유형에 대한 할인을 제공하는데 이러한 운임을 적용하기 위해서는 운임계산 전에 다음 절차를 이용하여 해당 승객 유형으로 변경하는 작업이 필요하다.

승객 유형 변경 작업을 한 후 저장(E)하지 않은 상태로 운임계산은 가능하지만, 중간에 오류가 발생하는 경우 다시 원래의 승객 유형으로 되돌아갈 수도 있기 때문에 승객 유형 변경 후에는 저장을 하는 것이 좋다.

승객 유형 확인 →	승객 유형 변경(선원) →	승객 유형 재확인
PD	**PDT**SEA-1	PD

```
>PD
                        PASSENGER DETAIL

     NAME               PT
 1.1 HONG/GILDONGMR     ADT
>PDTSEA-1 *
>PD
                        PASSENGER DETAIL

     NAME               PT
 1.1 HONG/GILDONGMR     SEA
```

* 기본적으로 성인인 경우 ADT로 승객 유형이 생성되며, 선원이나 학생운임 등으로 적용하고자 하는 경우에는 위와 같이 해당되는 승객 유형으로 수정한 후 운임계산을 진행해야 한다.

4) PQ RECORD의 조회와 삭제

(1) 운임(PQ RECORD)의 조회

지시어	내 용
**W(*PQ)	전체운임 조회
**W1(*PQ1)	특정운임 지정 조회
*PQS	PQ Record Summary 조회
*PQD	삭제된 PQ Record 조회
*PQH	PQ Record의 변경사항 조회

(2) PQ RECORD의 삭제

삭제 기능의 경우 반드시 PNR 저장(E)을 실행해야 최종적으로 반영된다.

```
>**W
PQ      PTC     FARE RECORD       UPDATE TKT RECORDS
 1      ADT     AUTO PRICED
 2      INF     AUTO PRICED
>*PQS
        PRICE QUOTE RECORD - SUMMARY BY NAME NUMBER

                 RETAINED FARE
NAME                                PQ PTC BA IT  DATE CUR STA
 1.1 HONG/GILDONGMR                  1 ADT  A  I 03JUL KRW
 2.1 I/1KANG/AGAMISS*I10             2 INF  A  I 03JUL KRW


DELETED RECORD EXISTS - *PQD
```

W#D	전체운임 삭제
W#D1	특정운임 지정 삭제

(3) PQ RECORD의 변화

운임이 저장된 상태에서 여정을 변경하는 경우에는 기존에 저장되어 있던 PQ RECORD를 그대로 사용할 수가 없다. 따라서 이런 경우에는 기존 운임을 삭제하고 올바른 여정을 다시 반영하여 자동운임계산을 재진행해야 한다.

(4) PQ RECORD에 포함되어 있는 발권 DATA

저장된 운임에는 항공사가 운임 등록 시 자동으로 반영되도록 포함한 발권 정보가 존재할 수 있다. PRIVATE FARE인 경우에는 운임 정보에 TOUR CODE와 ENDORSEMENT를 자동 입력해 놓음으로써 발권 시 해당 항목의 지시어 입력을 생략하고 발권할 수 있기 때문에 용이한 것이다.

다음과 같이 TOUR CODE나 ENDORSEMENT 존재 여부를 확인해 본다.

```
>**W1
FARE RECORD-ADT-AUTO PRICED      -ATPC
PQ1  LAST DAY TO TICKET TKT/TL 06JUL19/2359     INPUT PTC - ADT
                               운임조건상 발권시한(7월 6일)
1.1HONG/GILDONGMR
VALIDATING CARRIER - OZ
 1 OICN OZ 106V 05DEC 1510 VKKJS          OK        05JAN20 01P
 2 ONRT OZ 101V 15DEC 1230 VKKJS          OK        05JAN20 01P
    ICN

      BASE FARE                    TAXES/FEES/CHARGES      TOTAL
      KRW240000                        88300XT          KRW328300
   XT       28000BP         22500SW        5600OI       21400YQ
            10800TK
TOUR CODE   9KJHD36S  발권 시 자동입력
SEL OZ TYO Q8.46 84.62OZ SEL Q25.38 84.62NUC203.08END ROE1181.6
3524

NONENDS/MAX1M/MILE UG J/C/D/Y/B/M ONLY  발권 시 자동입력

PRICING TRAILER MSG
PRIVATE FARE APPLIED - CHECK RULES FOR CORRECT TICKETING
VALIDATING CARRIER - OZ
PRIVATE @


WP

Z60D Z60D *AAA 1522/03JUL19                          SYSTEM

FUEL/기타 Q 40000
```

10 항공권 관리와 항공사 정보조회

1. IATA와 BSP의 이해

1) IATA(국제항공운송협회)

- IATA는 여객/화물운송과 관련된 규정의 표준화를 목표로 항공운임의 결정 및 관련 규정 제정 등을 수행한다. IATA 회의에서 결정되는 운임 및 서비스의 조건, 운송 절차, 대리점에 관한 규정 등은 전 세계 IATA 항공사와 대리점에 대하여 구속력이 있으며 각국 정부가 이를 인정하고 있다.

2) BSPBilling & Settlement Plan

- 항공사와 대리점 간의 항공권 배포, 항공권 발권, 항공권 판매 보고, 항공권 판매 대금 정산을 간소화, 표준화한 절차를 말한다.
- BSP 표준항공권으로 BSP 가입항공사의 항공권 발권이 가능하다.
- 항공권 발권, 항공권 배포, 항공권 판매 보고 등의 비용이 절감된다.

3) BSP 표준항공권의 이해

- BSP 여행사에서 사용하는 항공권의 번호는 항공사 Numeric Code인 3자리 숫자를 제외한 10자리의 숫자로 구성되며, 항공권 발권 이전까지는 특정 항공사의 항공권이 아닌 중립항공권의 개념으로 존재한다.
- 발권자가 발권항공사를 지정하여 항공권 발권을 완료하게 되면, 그때 생성되는 전자항공권 기록상에 항공사를 나타내는 Numeric Code 3자리가 포함된 총 13자리의 항공권번호가 구성된다.
- 표준항공권의 종류로는 전자항공권인 ETElectronic Ticket와 항공권 지불증 역할을 하는 EMDElectronic Miscellaneous Document가 있다.

2. 항공권 신청과 배정

BSP여행사로 인가를 받은 경우 항공권 발행 기능에 대한 자격을 부여받았다 하더라도 실제로 항공권STOCK을 보유하고 있어야 발권이 가능하다. 여행사별로 보고된 발권 실적 및 담보금액 등을 기준으로 항공권 신청을 하도록 절차가 제공되어 있으며, BSP여행사는 항공권을 신청한 후 정해진 규정에 따라 승인받은 항공권 수량을 다시 발권을 진행할 시스템GDS을 이용하여 발권항공사별로 배정Capping하는 절차를 거쳐야 한다.

순 서	내 용
1	BSP Link 사이트로 접속(www.bsplink.iata.org)
2	사용하고자 하는 항공권 신청 매수 입력
3	BSP가 항공권 제공 수량을 심사한 후 여행사의 WEB STORAGE 메뉴로 승인 수량 전달
4	승인받은 수량을 확인하고 필요한 시기에 발권 수량을 GDS별로 배정(Capping)
5	미배정된 항공권 잔여 수량은 여행사의 WEB STORAGE 메뉴상에 보관되며, 기존 수량이 소진될 경우 추가로 GDS로 배정하여 사용

3. 발권을 위한 준비

1) 작업장 상태 조회와 발권 가능 매수 확인

작업장 상태 조회	발권 가능 매수	STOCK 확인
DI	W/TLM* W/TLM*OZ	DN*PTR

2) 항공사 예약번호의 입력

발권을 진행하기 전 좌석 상태코드, 항공사 예약번호 회신 여부, ET 발권 가능 여부 등의 PNR 정보 확인이 필요하다. 좌석의 확약 여부는 운임계산 결과에 영향을 미치고, ET 발권 가능 여부가 부정확하게 반영되어 있는 경우 발권이 불가할 수도 있기 때문이다.

또한 항공사 예약번호 정보가 존재하지 않는 경우에도 발권 진행이 불가능하다. 따라서 항공사 예약번호가 SABRE PNR 정보에 반영이 되지 않은 경우에는 다음과 같은 기능으로 항공사 예약번호를 수동 입력한 뒤 발권을 진행해야 한다.

지시어	내 용
.1HK*/YYABCDEF	확약(HK) 구간에 대한 예약번호(ABCDEF) 입력
.1HL*/YYABCDEF	대기(HL) 구간에 대한 예약번호(ABCDEF) 입력
.1GK*ABCDEF	PASSIVE 구간에 대한 예약번호 입력
.1DS*ABCDEF	편명 지정 OPEN 구간에 대한 예약번호 입력

4. ET 항공사 정보조회

2005년부터 한국 지역에서는 전자항공권제도가 시행되었고, 2018년 현재 대부분의 항공사가 받아들여 전자항공권을 발행하고 있다. 그러나 여전히 영세 항공사나 특정 국가의 국내선 항공노선만을 소유한 일부 항공사 중에는 전자항공권을 사용하지 않는 경우도 있다.

따라서 여행사는 항공권을 발권하기 전에 해당 항공사가 전자항공권 발권이 가능한지 여부와 함께 발권 가능한 지역, 규정, 동반 발권이 가능한 정산 가능 항공사 등을 확인할 필요가 있다. 또한 일부 항공사의 경우 특정 여행사만 지정하여 판매를 허용하도록 설정하는 경우도 있으므로, 발권 담당자는 다음의 정보를 발권 이전에 확인할 필요가 있다.

1) 여행사별 ET 발권 가능 항공사 조회

W/TA*Z60D
(여행사 점소코드 : PCC)

```
CARRIERS- ❶
AA AC AF AI AM AT AY AZ BA BR BT BX B7 CA CI CX CZ DL EK EY
FJ GA GF HA HM HR HU HX JJ JL KC KL KQ K6 LA LH LX LY MD MH
MK MR MU NH NZ OK OS OZ PG PR PS QF QR QV RA RJ SB SC SK SQ
SU TG TK TP TR TZ UA UN VN VV WY XF 3U 7C 7G 8M 9B 9W
ETR CARRIERS - ❷
AA AC AF AI AM AT AY AZ BA BR BT BX B7 CA CI CX CZ DL EK EY
FJ GA GF HA HM HR HU HX JJ JL KC KL KQ K6 LA LH LX LY MD MH
MK MR MU NH NZ OK OS OZ PG PR PS QF QR QV RA RJ SB SC SK SQ
SU TG TK TP TR TZ UA UN VN VV WY XF 3U 7C 7G 8M 9B 9W
PSA CARRIERS - ❸
AF AI AM AY BI CA CX EK EY GA GF HA KA KC KL LH LO LX MH NZ
OS OZ PR QF RJ SK TP UA WY 9W                                 #
>MD
EMD CARRIERS - ❹                                              #
AA AC AF AI AM AT AV AY AZ BA BR CA CI CX CZ DL EK ET EY GA
GF HA HR JJ JL KC KL KQ LH LX MH MK NH NZ OM OS OZ PG PR PS
QF QR RJ SK SQ SU S7 TG TK TP UA WY ZH 9W
```

구 분	내 용
①	CARRIERS- : 실물항공권 발권 가능 항공사
②	ETR CARRIERS- : 전자항공권(ET) 발권 가능 항공사
③	PAS CARRIERS- : EMS로 PSA(Pay for Seat). 좌석 판매비용을 징수하는 항공사
④	EMD CARRIERS- : EMD 발행 가능 항공사

2) 한국 지역 BSP ET 발권 가능 항공사 조회

W/BSPKR*

```
JL*EOD  KQ*EOD  K6*EO   LA*EO   LQ*EO   LY*EOD  MH*EOD       #
OZ*EO   PG*EO   PR*EOD  QD*EO   QF*EOD  SB*EO   SQ
TR*EO   UA*EOD  UO*EO   VA*EOD  VN*EO   VT*EO   ZH*EOD
3U*EO   9W*EOD
ABACUS ELECTRONIC TICKETING CARRIERS - *E AUTO ET ENABLED
                                       *O ET ONLY
                                       *D EMD ENABLED
AA*EOD AC*EOD AD*EO  AF*EOD AI*EOD AM*EOD AT*EOD
AV*EOD AY*EOD AZ*EOD BA*EOD BI*EOD BR*EOD BT*EO
BX*EO  B7*EO  CA*EOD CI*EOD CX*EOD CZ*EOD DL*EOD
DT*EO  EK*EOD ET*EOD EY*EOD FI*EO  FJ*EO  GA*EOD
GE*EO  GF*EOD GP*EOD GS*EO  G3*EO  HA*EOD HM*EO
HO*EO  HR*EOD HU*EOD HX*EO  HY*EO  JD*EO  JJ*EOD
JL*EOD KC*EOD KE*EO  KK*EOD KL*EOD KQ*EOD K6*EO
LA*EO  LH*EOD LO*EOD LQ*EO  LX*EOD LY*EO  MD*EO
MF*EO  MH*EOD MK*EOD MU*EO  NH*EOD NX*EO  NZ*EOD
OK*EO  OM*EOD OS*EOD OZ*EOD PG*EOD PR*EOD PS*EOD
PX*EOD QD*EO  QF*EOD QR*EOD QV*EO  RJ*EOD RS*EO
SA*EOD SB*EO  SC*EO  SK*EOD SQ*D   SU*EOD S7*EOD
TG*EOD TK*EOD TP*EOD TR*EO  UA*EOD UL*EOD UO*EO
VA*EO  VN*EO  WY*EOD W2*EOD ZE*EO  ZH*EOD 3U*EO
7C*EO  8M*EO  9B*EO  9W*EOD
END OF DATA
```

3) 항공사별 ET PROFILE(전자항공권 발권 규정) 조회

전자항공권 발행이 가능한 각 항공사들은 전자항공권 발행의 규정을 갖추고 허용범위를 제한하고 있다. 예를 들면, 전자항공권 발행이 허용되는 구간이 개수나 동시 발권 가능승객 수, 지불수단의 종류 등 그 규정에 따라 사용자가 전자항공권 발행을 요청할 경우 규정을 올바르게 지키고 있는지의 여부에 대한 시스템적인 검증을 통해 최종적으로 발권에 대한 승인을 진행하게 된다.

만약 사용자가 전자항공권 발권 규정을 지키지 않았다면 발권에 대한 승인 요청이 거절되는 경우도 있을 수 있다. 따라서 사용자는 각 항공사가 가지고 있는 전자항공권 발행의 기본 규정을 인지하고 허용범위 내에서 발권 기능을 사용해야 한다.

WETP*OZ(조회항공사)

```
>WETP*OZ
            ELECTRONIC TICKETING ASSOCIATE PROFILE
AIRLINE -                      OZ - ASIANA AIRLINES
PARTICIPATION LEVEL -          INTERACTIVE
STATUS -                       ACTIVE
MAX COUPONS PER ETR -          16            ❶
NAME CHANGE ALLOWED -          YES
NAME SELECT RESTRICTIONS -     NONE
AUTOMATIC ELEC TKTG -          BY COUNTRY
TWO CC FOP ALLOWED -           YES
OPEN SEGMENTS ALLOWED -        YES           ❷
BULK FARE TICKETING -          YES
CHECK /N ETR INDICATOR -       NO
CHECK /E ETR INDICATOR -       NO
NET TICKETING -                YES  BSP ONLY
EXCHANGE PAPER FOR ETR -       YES
ETR REVALIDATION ALLOWED -     YES           ❸
RFND/EXCH AUTHORIZATION -      YES  ARC ONLY
INFANT ET ALLOWED W/ADULT -    YES           ❹
SSR FOID REQUIRED -            NO   - FOR SABRE/ABACUS ONLY
SSR FOID REQUIRED -            NO   - FOR INFINI ONLY
EXTENDED ET SEARCH -           YES
SEND AGENT DATA -               YES - FOR INFINI ONLY
PERMITTED ET INTERLINE CARRIERS              ❺
   * DENOTES BETA
   # DENOTES OZ IS NOT REQUIRED IN HOSTED INTERLINE ITINERARY
   P DENOTES OZ IS NOT REQUIRED IN PSEUDO INTERLINE ITINERARY
   S DENOTES OZ IS NOT REQUIRED IN SUPER PSEUDO INTERLINEITIN
   Y DENOTES SSR TKNE MESSAGE SENT
   N DENOTES SSR TKNE MESSAGE NOT SENT
   R DENOTES INTERLINE REVALIDATION SUPPORTED
   E DENOTES INTERLINE EMD SUPPORTED
    AA-Y      AC-Y      AE-Y      AF-Y      AH-Y      AI-Y      #
>MD
    AM-Y      AS-Y      AT-Y      AV-Y      AY-Y      AZ-Y      #
    A3-Y      BA-Y      BG-Y      BI-Y      BR-Y      BX-Y
    B6-Y      B7-Y      CA-Y      CI-Y      CM-Y      CX-Y
    CZ-Y      DL-Y      EK-Y      ET-Y      EY-Y      FI-Y
    FJ-Y      FM-Y      FV-Y      GA-Y      GF-Y      HA-Y
    HO-Y      HR-Y      HU-Y      HX-Y      HY-Y      HZ-Y
    IB-Y      IE-Y      JD-Y      JJ-Y      JL-Y      JP-Y
    J2-Y      KA-Y      KC-Y      KE-Y      KK-Y      KL-Y
    KM-Y      KQ-Y      KU-Y      K6-Y      LA-Y      LG-Y
    LH-Y      LO-Y      LP-Y      LR-Y      LX-Y      LY-Y
    ME-Y      MF-Y      MH-Y      MI-Y      MK-Y      MS-Y
    MU-Y      NH-Y      NX-Y      NZ-Y      OA-Y      OM-Y
    OS-Y      OU-Y      O6-Y      PG-Y      PK-Y      PR-Y
    PS-Y      PX-Y      PZ-Y      QF-Y      QR-Y      QV-Y
    RA-Y      RJ-Y      RS-Y      SA-Y      SB-Y      SC-Y
    SK-Y      SN-Y      SQ-Y      SU-Y      SV-Y      S7-Y
    TA-Y      TG-Y      TK-Y      TN-Y      TP-Y      TU-Y
    T0-Y      UA-Y      UK-Y      UL-Y      VA-Y      VN-Y
    VR-Y      VS-Y      VX-Y      VY-Y      WF-Y      ZH-Y
    2K-Y      3U-Y      8M-Y      9B-Y      9W-Y
POINT OF SALE COUNTRY   * DENOTES BETA
```

구 분	내 용
①	최대 발행 가능한 쿠폰(구간) 개수
②	오픈 여정 발권 가능 여부
③	발권 이후 여정변경 일치기능 사용 여부
④	성인동반 유아 발권 가능 여부
⑤	OZ와 동반 발권 시 정산 가능한 항공사

11 항공권의 발행

1. 항목별 기능 입력 형태

- 항공사가 가지고 있는 각종 발권 규정에 따라 승객의 조건에 필요한 여러 가지 항목을 그 기능에 맞게 입력해야 하며, 각각의 항목은 #으로 연결하여 사용한다.
- 첫 시작은 W#T이며, 그 이하의 항목별 입력 지시어의 순서는 구애받지 않으며 최소 필수항목은 발권항공사(A), 지불수단(F), 발권수수료(KP)이다.

조건 내용		입력 형태
필수항목		
저장운임 및 승객 지정	모든 승객 발권 1번 운임과 2번 승객 지정 발권 1번 운임과 1~3번 승객 지정 발권	W#T W#T1N2(T : 운임번호/N : 승객번호) W#T1N1-3
발권항공사 지정		AOZ
지불수단	현금 신용카드(승인번호 동시 입력)	FCASH F*CN9410111122223333/1022*E03*Z12345678
발권수수료(COM) 지정	공시운임 기준 5% 지급 판매가(NET) 기준 5% 지급 발권수수료가 지급되지 않는 경우	KP5 KPN5 KP0
선택항목		
할인금액 입력	(할인금액 = 공시운임 – 판매가)	NET/D35000
양도 및 제한사항 (최대 147자 가능)	운임별 제한사항 및 생년월일(DOB) 정보 저장된 제한사항 외 추가 입력	EO/NON ENDS/RRT/DON15JAN18 CNJ988123 4567890 ED DOB15JAN18
TOUR CODE		UN*SP001 또는 UN*98OZLWH0123

2. 세부 항목별 기능

1) 저장운임 및 승객 지정

- PNR에 저장된 승객 유형에 따라 각 승객에게 알맞은 운임이 저장되어 있어야 하

며, 발권 시 승객번호와 그에 맞는 운임을 지정해서 발권해야 한다.
- 동일 운임을 사용하는 동일 승객 유형의 경우 동시에 발권이 가능하다.

2) 발권항공사 지정

- 여정 중에 운항항공사가 하나만 존재하는 경우, 해당 항공사를 발권항공사로 지정한다.
- 여정 중에 복수의 항공사가 존재할 경우에 항공권 발행의 권한과 책임을 가지게 될 그리고 승객이 운임을 지불하게 되는 항공사를 별도로 발권항공사로 지정한다.
- 일반적으로 서울을 출발하여 해외로 나가는 OUT-BOUND 구간에 대한 운송을 책임지는 항공사(할인 제공이 가능)를 발권항공사로 지정한다.
- 미주노선의 경우 태평양 횡단노선을 운행하는 항공사를 발권항공사로 지정한다.

3) 지불수단 지정

- 승객의 항공운임 지불수단은 크게 두 가지(현금, 카드)이며, 경우에 따라서는 이 두 가지 지불수단을 혼합(현금+카드)하여 사용한다.
- 카드로 지불하는 경우, 발권 시점에 시스템이 운임 정보와 할인 여부를 확인하여 계산된 금액을 카드사로 전송하여 자동 승인받는 과정을 취하거나, 카드로 지불할 금액에 대한 승인을 먼저 수동으로 진행하고 해당 승인번호를 발권 지시어에 함께 입력하는 경우도 있다.

FCASH	전체 금액을 현금으로 지불
F*CN9410111122223333/1022*E03*Z12345678 유효기간/할부기간/승인번호	전체 금액을 신용카드로 지불 (카드승인 선처리 시)

4) 발권수수료 입력

- 항공사를 대신하여 승객의 항공권 발권 업무를 대행하는 여행사는 발권 금액에

대한 수수료를 발권 시점에 공제한다.

- 발권수수료는 순수한 운임FARE 및 항공사가 허용하는 부가적인 비용에 대해서만 계산된다.
- 노선 및 항공사에 따라 제공되는 수수료가 달라질 수 있으며, 한국에서는 현재 OZ와 KE의 경우 발권수수료 지급을 폐지하였다.
- 외항사의 경우 발권수수료가 제공되고 있지만, 향후에는 폐지될 수도 있다.

KP7	할인이 제공되지 않는 공시가(GROSS)에서 수수료 지급
KPN7	할인이 제공된 이후의 판매가(NET)에서 수수료 지급
KP0	발권수수료가 지급되지 않는 경우

* 판매가에서 지급되는 경우 반드시 할인금액(NET/D) 입력 기능과 함께 사용해야 하며, PRIVATE FARE 발권의 경우 공시가 지급 기준으로 사용한다.

5) 할인금액 입력

- 항공권을 판매하는 항공사에서 노선에 따라 공시운임을 그대로 판매하는 경우도 있고, 공시운임에서 할인을 제공하여 별도로 판매가격을 설정해 놓는 경우도 있다.
- 할인이 제공되는 경우 할인금액에 대한 정보를 입력해야만 올바른 수수료 및 지불금액이 계산될 수 있다.
- 성인 기준의 판매가가 존재하는 경우, 동반하는 소아는 일반적으로 성인 판매가의 75%를 적용받지만, 유아의 경우는 성인 공시운임의 10%를 징수하므로 판매가 적용을 받지 않는다(단, 운임 종류에 따라 소아의 할인비율은 달라질 수 있음).
- 판매가격이 공시운임보다 높게 설정되어 있는 경우에는 공시운임을 초과하여 판매가를 징수할 수는 없으므로 공시운임 그대로 발권하고 발권수수료도 그에 맞게 적용한다.

6) 양도 및 제한사항 입력

- 항공사의 할인 제공 여부 또는 항공운임의 종류에 따라 타 항공사로의 양도 가능

여부, 여정 변경, 환불 등의 제한사항이 다르게 적용된다. 만약 사용하는 운임이 제한사항을 적용받는 경우라면 항공권 발권 시 Endorsement Box에 해당사항을 반드시 표기해야 한다.

- 좌석을 점유하지 않는 유아인 경우에는 동반하는 성인 항공권번호나 생년월일 등을 입력하기도 한다.
- 기본적으로 147글자의 내용을 입력할 수 있으며, 항공사별 입력 제한이 다를 수 있다.
- 항공사가 등록한 자동운임 정보에 제한사항 내용이 자동으로 반영된 경우에는 수정하지 않고 사용할 수 있으나, 사용자가 정보를 추가하고자 하는 경우에는 ED라는 기능을 활용할 수 있다.

EO/NON NEDS/RFND	양도 및 제한사항 입력
EO/NON ENDS/DOB 22DEC18 CNJ988123456789	발권 제한사항 입력 및 유아 생년월일, 동반 항공권번호 입력
ED DOB22DEC18	승객의 생년월일 정보를 기존 정보에 추가

7) TOUR CODE 입력

- 공시운임을 기준으로 추가 할인이 제공되는 경우, 항공사는 할인 적용에 대한 승인번호인 TOUR CODE 혹은 AUTH NO.(승인번호)라는 것을 항공권에 반드시 표기하도록 하고 있다. 이는 할인 제공에 대한 증빙의 역할을 하므로 누락되는 경우 발권 오류에 해당된다.
- 소아나 유아도 판매가 할인을 적용받는 경우 성인과 동일하게 TOUR CODE를 입력해야 한다.
- 항공사별로 TOUR CODE/AUTH NO.를 입력하는 기능이 다를 수 있으므로 사전에 확인해야 하며, 최대 15자리까지 입력이 가능하다.
- 공시운임이자 판매가로 사용되는 PRIVATE FARE인 경우에는 자동으로 운임 정보에 TOUR CODE가 등록되어 입력할 필요가 없으며, 이때는 유아에게도 자동입력 된다.

3. 항공권 발행절차와 사례

올바른 항공권 발행을 위해서는 발권에 앞선 각 절차가 올바르게 진행되어 있어야 한다. 항공권 발행을 위한 중 절차는 다음의 표와 같으며, 발권 담당자는 각각의 단계가 올바르게 진행되었는지 반드시 확인한 후에 발권을 진행해야 한다.

1) 기본절차

순 서	지시어	내 용
1단계	FQSELBKK22DEC-TG	여정 조건에 맞는 구간운임 및 Booking Class 확인
2단계	*AABBCC	Booking Class에 맞게 PNR 완성
3단계	WP(혹은 WPATG) WTFR ER	PNR 자동운임계산 및 저장
4단계	**W(**W1)	저장운임 조회 및 확인
5단계	W#T#ATG#FCASH#KP0#EO/NON ENDS	발권 조건에 맞는 발권 지시어 실행
6단계	*RR	PNR 재조회
7단계	*T→ WETR*2	Ticketing Field 조회 및 ETR 확인

2) 항공권 발행 사례

다양한 승객 유형 및 사례별 발권 실전연습을 통해 발권 지시어를 익히고 올바른 항공권을 발행해 보자.

(1) 단일승객 유형

다음의 주어진 조건을 이용하여 사용 가능한 가장 저렴한 운임을 선택하여 PNR 작성 및 발권을 진행하시오.

- 여정 : SEL - TG - BKK - TG - SEL
- 승객 : 성인 1명
- 지불수단 : 현금
- 발권수수료 : 판매가의 3%
- 탑승일자 : 10월 15일 ~ 11월 20일
- 발권항공사 : TG
- 판매가 : 350,000원
- TOUR CODE : 5SELTG

① 1단계 : 구간운임 조회를 이용하여 여정 조건에 맞는 운임과 BOOKING CLASS 선택하기

```
SEL-BKK        CXR-TG        TUE 15OCT19                        KRW
EY  0/ 0/ 7  VN  0/ 0/31  ZH  0/ 0/ 3  UA  0/ 0/ 5  EK  0/ 0/ 3
KQ  1/ 0/ 0  HX  0/ 0/10  CX  0/ 0/20  SQ  0/ 0/15  CA  0/ 0/21
JL  0/ 0/24  3U  0/ 0/ 1  CI  0/ 0/ 8  MH  0/ 0/ 6  NH  0/ 0/59
CZ  0/ 0/19  KE  3/ 0/10  SC  0/ 0/ 8  GA  0/ 0/ 1  BR  0/ 0/26
MU  0/ 0/17  TG  5/ 1/20  H1  3/ 0/18  OZ  3/ 0/ 7  7C  2/ 0/ 0
ZE  2/ 0/ 0  NX  0/ 0/ 3  PR  0/ 0/ 5  QV  0/ 0/ 1  9W  0/ 0/ 1
//SEE FQHELP FOR INFORMATION ABOUT THE NEW FARE DISPLAYS//
  SURCHARGE FOR PAPER TICKET MAY BE ADDED WHEN ITIN PRICED
*FOR AIRPASS/STAR ALLIANCE FARES USE FQQMXQMY-CARRIER CODE*
TG     SELBKK.EH        15OCT19          MPM  2743
   V  FARE BASIS AP  FARE-OW    FARE-RT BK   SEASON  MINMAX  RTG
  1 @  WMLYKRE    -              200000 W#07OCT-31OCT 2/ 1M EH01
  2 @  VMLYKRE    -              220000 V#07OCT-31OCT 2/ 1M EH01
  3 @  KMLYKRE    -              270000 K#07OCT-31OCT 2/ 1M EH01
  4 @  TMLYKRE    -              320000 T#07OCT-31OCT 2/ 1M EH01
  5    W1LAKR     #              350200 W#01OCT-30NOV 2/ 1M EH02
  6    V1LYKR     -              391400 V#01OCT-30NOV 2/ 1M EH02
  7    K1LYKR     -              412000 K#01OCT-30NOV 2/ 3M EH02
  8    W2LOKR     #   210200            W#01OCT-30NOV 2/ 1M EH02
  9    V1LOKR     -   234900            V#01OCT-30NOV 2/ 1M EH02
 10    T1LYKR     -              473800 T#01OCT-30NOV 2/ 3M EH02
 11    K1LOKR     -   247200            K#01OCT-30NOV 2/ 3M EH02#
```

② 2단계 : PNR 작성하기

```
 < PNR - WTTXUF >
 1.1HONG/GILDONGMR
 1 TG 689K 15OCT 2 ICNBKK HK1  1120  1510  /DCTG*PDJ7Y5 /E
 2 TG 654K 20NOV 3 BKKICN HK1  1240  2005  /DCTG*PDJ7Y5 /E
TKT/TIME LIMIT
  1.TAW/
PHONES
  1.SELT*02-123-4567
  2.SELM*010-1234-5678
PASSENGER DETAIL FIELD EXISTS - USE PD TO DISPLAY
GENERAL FACTS
  1.SSR OTHS 1B TG TICKET TIME LIMIT WILL BE GIVEN LATER
RECEIVED FROM - P
Z60D.Z60D*AAA 2351/10JUL19 WTTXUF H
```

③ 3단계 : PNR 자동운임계산 하기

```
>WP
PSGR TYPE  ADT - 01 운임규정조회
     CXR RES DATE  FARE BASIS       NVB   NVA    BG
 SEL
 BKK TG  K   15OCT K1LYKR                 15JAN 30K
 SEL TG  K   20NOV K1LYKR           17OCT 15JAN 30K
FARE  KRW    412000
TAX   KRW     28000BP KRW     26900TS KRW     32400XT

TOTAL KRW    499300
ADT-01  K1LYKR
 SEL TG BKK174.33TG SEL174.33NUC348.66END ROE1181.63524
XT KRW1200G8 KRW2800E7 KRW28400YQ
ENDOS*SEG1/2*NON ENDORSE/ REISSUE KRW/50000/RSVN CHRG
ENDOS*KRW50000/REFND CHRG KRW50000/RFND/NOT LATER THAN 90DAYS
ENDOS*AFTR/TKT EXPIRY
ATTN*VALIDATING CARRIER - TG
ATTN*BAGGAGE INFO AVAILABLE - SEE WP*BAG
```

```
>WTFR
PRICE QUOTE RECORD RETAINED

FARE RECORD-ADT-AUTO PRICED     -ATPC
PQ1                                          INPUT PTC - ADT

1.1HONG/GILDONGMR
VALIDATING CARRIER - TG
 1 OICN TG 689K 15OCT 1120 K1LYKR          OK        15JAN20 30K
 2 OBKK TG 654K 20NOV 1240 K1LYKR          OK 17OCT1915JAN20 30K
   ICN

      BASE FARE                      TAXES/FEES/CHARGES      TOTAL
      KRW412000                          87300XT          KRW499300
   XT       28000BP       26900TS          1200G8           2800E7
            28400YQ
SEL TG BKK174.33TG SEL174.33NUC348.66END ROE1181.63524

NON ENDORSE/ REISSUE KRW/50000/RSVN CHRG KRW50000/REFND CHRG KR
W50000/RFND/NOT LATER THAN 90DAYS AFTR/TKT EXPIRY
                                         운임정보에 ENDS가 Filling 되어 있음
PRICING TRAILER MSG
VALIDATING CARRIER - TG


WP

Z60D Z60D *AAA 1359/11JUL19                                  SYSTEM
```

```
< PNR - CCFGEL >
 1.1HONG/GILDONGMR
 1 TG 689K 15OCT 2 ICNBKK HK1  1120  1510  /DCTG*SE7VQJ /E
 2 TG 658K 20NOV 3 BKKICN HK1  2310  0635 21NOV 4
                                          /DCTG*SE7VQJ /E
TKT/TIME LIMIT
  1.TAW/
PHONES
  1.SELT*02-123-4567
  2.SELM*010-1234-5678
PASSENGER DETAIL FIELD EXISTS - USE PD TO DISPLAY
PRICE QUOTE RECORD - AUTOPRICED
GENERAL FACTS
  1.SSR ADTK 1B TO SQ BY 30SEP 2300 SEL TIME ZONE OTHERWISE WIL
    L BE XLD
  2.SSR ADTK 1B TO TG BY 28AUG 1300 OTHERWISE WILL BE XLD
RECEIVED FROM - P
Z60D.Z60D*AAA 2203/28JUL19 CCFGEL H
```

④ 4, 5단계 : 저장운임 확인 및 발권 진행

저장되어 있는 FARE(PQ) RECORD를 확인한 후 승객의 발권 조건을 이용하여 항공권 발행을 진행한다.

```
>**W
FARE RECORD-ADT-AUTO PRICED      -ATPC
PQ1                                              INPUT PTC - ADT

1.1HONG/GILDONGMR
VALIDATING CARRIER - TG
 1 OICN TG 689K 15OCT 1120 K1LYKR         OK         15JAN20 30K
 2 OBKK TG 654K 20NOV 1240 K1LYKR         OK 17OCT1915JAN20 30K
    ICN

     BASE FARE                   TAXES/FEES/CHARGES      TOTAL
     KRW412000                       87300XT          KRW499300
   XT        28000BP        26900TS        1200G8         2800E7
             28400YQ
SEL TG BKK174.33TG SEL174.33NUC348.66END ROE1181.63524

NON ENDORSE/ REISSUE KRW/50000/RSVN CHRG KRW50000/REFND CHRG KR
W50000/RFND/NOT LATER THAN 90DAYS AFTR/TKT EXPIRY

PRICING TRAILER MSG
VALIDATING CARRIER - TG


WP

Z60D Z60D *AAA 1359/11JUL19                              SYSTEM

>W#T#ATG#FCASH#KPN3#NET/D62000#UN*5SELTG
OK    499300
ETR MESSAGE PROCESSED
OK 0012 WTTXUF TTY REQ PEND
INVOICED                      - NUMBER 0035378
REQUEST PRINTING - 1 INVOICE
```

⑤ 6, 7단계 : 발권된 PNR 재조회 및 ETR 조회

발권이 완료된 PNR을 재조회하면 PNR 상단에 'E-TKTED'가 표시되고, PNR 하단에 'ACCOUNTING DATA' FIELD가 생성된다. TICKETING FIELD를 이용하여 발권된 ETR Electronic Ticket Record을 조회하면 발권 항목별 기능이 반영되어 있는 전자항공권을 확인할 수 있다.

```
>*RR
 < PNR - WTTXUF E-TKTED >
 1.1HONG/GILDONGMR
 1 TG 689K 15OCT 2 ICNBKK HK1  1120  1510  /DCTG*PDJ7Y5 /E
 2 TG 654K 20NOV 3 BKKICN HK1  1240  2005  /DCTG*PDJ7Y5 /E
TKT/TIME LIMIT
  1.T-11JUL-Z60D*AAA
PHONES
  1.SELT*02-123-4567
  2.SELM*010-1234-5678
PASSENGER DETAIL FIELD EXISTS - USE PD TO DISPLAY
INVOICED
PRICE QUOTE RECORD - AUTOPRICED
GENERAL FACTS
  1.SSR OTHS 1B TG TICKET TIME LIMIT WILL BE GIVEN LATER
REMARKS
  1.XXTAW/
ACCOUNTING DATA
  1.  TG#3457548091/  10500/     412000/  87300/ONE/CA 1.1HONG
      GILDONGMR/1/F/E
RECEIVED FROM - P
Z60D.Z60D*AAA 2351/10JUL19 WTTXUF H
>*T
TKT/TIME LIMIT
  1.T-11JUL-Z60D*AAA
  2.TE 2173457548091-KR HONG/G Z60D*AAA 1412/11JUL*I
>WETR*2
ELECTRONIC TICKET RECORD
INV:                    CUST:                          PNR:WTTXUF
TKT:2173457548091       ISSUED:11JUL19    PCC:Z60D    IATA:99999992
NAME:HONG/GILDONGMR
NAME REF:                                 TOUR ID:5SELTG
FOP: CASH
CPN  A/L  FLT  CLS DATE   BRDOFF  TIME  ST F/B              STAT
1    TG   689  K   15OCT  ICNBKK  1120  OK K1LYKR           OPEN
2    TG   654  K   20NOV  BKKICN  1240  OK K1LYKR           OPEN

FARE       KRW412000    TAX  28000BP TAX  26900TS TAX   1200G8
                        TAX   2800E7 TAX  28400YQ
TOTAL      KRW499300

SEL TG BKK174.33TG SEL174.33NUC348.66END ROE1181.63524

ENDORSEMENT/RESTRICTION:
NON ENDORSE/ REISSUE KRW/50000/RSVN CHRG KRW50000/REFND CHRG KR
W50000/RFND/NOT LATER THAN 90DAYS AFTR/TKT EXPIRY
```

자동 반영된 ENDS

(2) 복수승객 유형

① 승객 유형 1 : 다음의 주어진 조건을 이용하여 사용 가능한 가장 저렴한 운임을 선택하여 발권을 진행하시오.

- 여정 : SEL - SQ - SIN - SQ-SEL
- 탑승일자 : 11월 5일 ~ 11월 11일
- 승객 : 성인 1명, 유아 1명
- 발권항공사 : SQ
- 지불수단 : CN9410111122223333
- 유효기간 : 2025년 10월, 일시불, 승인번호(004673002)
- 판매가 : 320,000원
- 발권수수료 : 지급 없음
- TOUR CODE : 3SELSQ067

② 승객 유형 2 : 다음의 주어진 조건을 이용하여 사용 가능한 가장 저렴한 운임을 선택하여 발권을 진행하시오.

- 여정 : SEL - CI - TPE - CI-SEL
- 탑승일자 : 12월 10일 ~ 12월 15일
- 승객 : 성인 1명, 소아 1명
- 발권항공사 : CI
- 지불수단 : 현금
- 판매가 : 210,000원
- 발권수수료 : 판매가의 3%
- 제한사항 : FARE RECORD 정보 참조

- 여정 : SEL - CX - HKG - CX-SEL
- 탑승일자 : 2월 12일 ~ 2월 17일
- 승객 : 성인 1명, 소아 1명
- 발권항공사 : CX
- 지불수단 : 현금
- 판매가 : 350,000원
- 발권수수료 : 판매가의 3%
- TOUR CODE : 15SELCX0428LWH
- 제한사항 : NON ENDS/RFND CHG KRW50000

* 단, ENDS와 TOUR CODE는 저장운임에 자동반영된 경우 수정 불필요

(3) 특수승객 유형

특수승객 유형의 경우, 구간운임조회(FQ) 단계부터 승객유형코드를 지정하여 조회해야 하며, 자동운임계산 단계에서도 승객 유형 변경 작업을 진행해 주어야 한다. 올바른 운임 저장이 선행되어야 올바른 발권이 가능하기 때문에 특수승객 유형의 발권 시에는 특별히 주의해야 한다.

- 여정 : SEL - OZ - PEK(OW)
- 탑승일자 : 1월 25일
- 승객 : 선원 1명
- 발권항공사 : OZ
- 지불수단 : CN9410111122223333
- 유효기간 : 2025년 10월, 일시불, 승인번호(004673002)
- 판매가 : 공시운임
- 발권수수료 : 지급 없음
- TOUR CODE 및 제한사항 : FARE RECORD 정보 참조

4. ETRElectronic Ticket Record의 조회

- 발권 항목별 지시어를 통해 전자항공권이 올바르게 진행되었다면, 사용자는 발행된 결과에 따라 발권 정보를 조회하고 확인해야 한다.
- 전자항공권인 ET는 사용자에게 실물의 항공권을 제공하는 것이 아니라 시스템의 화면상으로 발권 내역에 대한 DATA를 생성시키는 것이므로, PNR의 여정과 운임 정보가 항공권 기록인 ETR에 올바르게 반영되었는지를 확인해야 한다.
- 발권이 정상적으로 완료된 이후 발권된 항공권번호는 예약된 항공사로 자동 전송되며, 발권된 PNR상에는 발권 기록이 보관되고 ACCOUNTING DATA라는 항목을 생성한다.

1) 발권된 PNR 변화

발권이 정상적으로 완료된 경우 발권된 항공권번호는 시스템을 통해 해당 항공사 측으로 자동 전송되며, 항공사는 발권 기록을 통해 승객의 예약 기록이 취소되지 않도록 자료를 관리한다.

```
 < PNR - WTTXUF E-TKTED >
 1.1HONG/GILDONGMR  2.I/1KIM/UAMISS*I10
 1 TG 689K 15OCT 2 ICNBKK HK1  1120  1510  /DCTG*PDJ7Y5 /E
 2 TG 654K 20NOV 3 BKKICN HK1  1240  2005  /DCTG*PDJ7Y5 /E
TKT/TIME LIMIT
  1.T-11JUL-Z60D*AAA
PHONES
  1.SELT*02-123-4567
  2.SELM*010-1234-5678
PASSENGER DETAIL FIELD EXISTS - USE PD TO DISPLAY
INVOICED
PRICE QUOTE RECORD - AUTOPRICED
GENERAL FACTS
  1.SSR OTHS 1B TG TICKET TIME LIMIT WILL BE GIVEN LATER
  4.SSR INFT TG KK1 ICNBKK0689K15OCT/KIM/UAMISS/20JUL19
  5.SSR INFT TG KK1 BKKICN0654K20NOV/KIM/UAMISS/20JUL19
REMARKS
  1.XXTAW/
ACCOUNTING DATA
  1.   TG#3457548091/  10500/     412000/  87300/ONE/CA 1.1HONG
       GILDONGMR/1/F/E
  2.   TG#3457548113/      0/      41200/   8800/ONE/CA 2.1KIM U
       AMISS INF/1/F/E
RECEIVED FROM - P
Z60D.Z60D*AAA 2351/10JUL19 WTTXUF H
```

2) ETR 조회하기

ETR이란, 실물항공권이 아닌 전자적인 시스템 DATA로 존재하는 전자항공권 기록으로, 발권 담당자의 경우 PNR과 저장된 운임을 이용하여 지시어 혹은 MASK를 통해 발권이 진행된 결과물을 시스템을 통해 확인할 수 있는데, 이것을 ETR이라고 한다.

(1) TICKETING FIELD의 조회

발권이 완료된 PNR에서 TICKETING FIELD를 조회하면 승객별로 발권된 항공권번호를 확인할 수 있다.

```
>*T
TKT/TIME LIMIT
  1.T-11JUL-Z60D*AAA
  2.TE 2173457548091-KR HONG/G Z60D*AAA 1412/11JUL*I
  3.TE 2173457548113-KR KIM/U Z60D*AAA 1508/11JUL*I
>  ❶          ❷          ❸  ❹     ❺           ❻
```

구 분	항 목	내 용
①	TE	ET/TV : VOID/TR : REFUND/ME : EMD
②	2173457548113	항공권번호
③	KR	발행점소 지역(한국)
④	KIM/U	승객명
⑤	Z60D*AAA	발행점소 PCC와 SIGN DUTY 코드
⑥	1508/11JUL	발행일자 및 시간(한국시간)

(2) ETR 조회

TICKETING FIELD에서 발행 항공권 번호가 확인되면 LIST 항목번호를 이용하여 세부내역을 상세 조회할 수 있다.

① 기본형태 조회

***T 조회 후 → WETR*2(항목번호) 또는 WETR*T2173457548091(항공권번호)**

```
>WETR*2
ELECTRONIC TICKET RECORD
INV:                   CUST:                   PNR:WTTXUF ❹
TKT:2173457548091 ❶  ISSUED:11JUL19 ❷ PCC:Z60D ❸ IATA:99999992 ❺
NAME:HONG/GILDONGMR ❻
NAME REF: ❼                           TOUR ID:5SELTG ❾
FOP: CASH ❽
CPN  A/L  FLT  CLS DATE   BRDOFF  TIME  ST F/B          STAT
1    TG   689   K  15OCT  ICNBKK  1120  OK K1LYKR  ❿   OPEN ⓫
2    TG   654   K  20NOV  BKKICN  1240  OK K1LYKR       OPEN

FARE       KRW412000   TAX  28000BP TAX  26900TS TAX   1200G8
                       TAX   2800E7 TAX  28400YQ             ⓬
TOTAL      KRW499300

SEL TG BKK174.33TG SEL174.33NUC348.66END ROE1181.63524 ⓭

ENDORSEMENT/RESTRICTION:
NON ENDORSE/ REISSUE KRW/50000/RSVN CHRG KRW50000/REFND CHRG KR ⓮
W50000/RFND/NOT LATER THAN 90DAYS AFTR/TKT EXPIRY
```

구 분	항 목	내 용
①	TKT	항공권번호
②	ISSUED	발행일자
③	PCC	발행점소
④	PNR	발권 PNR
⑤	IATA	여행사의 IATA(BSP)번호
⑥	NAME	승객명
⑦	NAME REF	승객 중 소아, 유아의 나이 부분
⑧	TOUR ID	항공사 할인에 대한 AUTH NO. 및 TOUR CODE
⑨	FOP	지불수단(Form of Payment)
⑩	CPN A/L FLT...	발행된 구간의 여행 정보
⑪	STAT	발행된 항공권 Coupon의 사용 상태
⑫	FARE, TAX, TOTAL	항공운임/TAX 합계/운임과 TAX 총합계
⑬	SEL TG BKK174.33TG...	운임구성 내역(FARE CALCULATION)
⑭	NON ENDORSE/...	항공권 제한사항(ENDORSEMENT)

② NVB/NVA 정보 포함 조회

***T 조회 후 → WETR*2/E 또는 WETR*2 조회 후 WETR*/E**

```
>WETR*/E
ELECTRONIC TICKET RECORD                                CRS CODE:7766 ❶
INV:                  CUST:                               PNR:WTTXUF
TKT:2173457548091     ISSUED:11JUL19    PCC:Z60D        IATA:99999992
NAME:HONG/GILDONGMR
NAME REF:                               TOUR ID:5SELTG
FORM OF PAYMENT                         FCI: 4 ❷
1    CASH
CPN  A/L  FLT  CLS DATE   BRDOFF  TIME  ST F/B              STAT
1    TG   689   K  15OCT  ICNBKK  1120  OK K1LYKR           OPEN
                                  NVB:        NVA:15JAN20 BAG:30K ❸
2    TG   654   K  20NOV  BKKICN  1240  OK K1LYKR           OPEN
                                  NVB:17OCT19 NVA:15JAN20 BAG:30K ❹

FARE       KRW412000
TOTAL      KRW499300

FARE CALCULATION
SEL TG BKK174.33TG SEL174.33NUC348.66END ROE1181.63524

TAX BREAKDOWN
TAX     28000BP TAX     26900TS TAX      1200G8 TAX       2800E7
TAX     28400YQ

ENDORSEMENT
NON ENDORSE/ REISSUE KRW/50000/RSVN CHRG KRW50000/REFND CHRG KR
W50000/RFND/NOT LATER THAN 90DAYS AFTR/TKT EXPIRY
```

구 분	항 목	내 용
①	CRS CODE	시스템 종류 : SABRE(7766)
②	FCI	Fare Construction Indicator : 운임계산 유형
③	NVB, NVA	최소/최대 체류기간
④	BAG	무료수하물(30KG)

(3) Coupon Status의 종류

- ETR 상세 내역에서 조회되는 STAT는 쿠폰 사용 상태를 표기하는 부분으로, 발행된 항공권을 구간별로 탑승 혹은 사용할 때마다 해당하는 쿠폰이 어떻게 사용되었는지의 상태를 표시해 주는 항목이다.
- 각 Status는 해당 쿠폰이 사용되는 과정에 따라 단계의 변화가 있을 수 있으니 그러한 단계 변화는 항공사시스템에서 각 단계별 사용 처리 작업이 완료되어야 GDS상에 반영이 가능하다.
- 다음의 종류 중에서도 FINAL STATUS로 분류되는 코드는 USED, EXCH, RFND, VOID이며 다른 상태의 코드로 변경되지 않는 최종 상태라고 볼 수 있다.

STATUS CODE	내 용	STATUS CODE	내 용
OPEN	Open for Use/미사용	ACTL	Airport Control/항공사 통제단계로 이관
CKIN	Checked-in/탑승수속 완료	USED	Boarded/탑승 완료
EXCH	Exchanged/재발행	RFND	Refund/환불
VOID	판매 취소	SUSP	Suspended/사용 금지된 항공권 또는 No-Show

12 여정 변경 및 발권내역 관리

1. 여정 변경과 Revalidation

1) Revalidation이란?

승객은 항공권을 발행한 뒤에도 경우에 따라서 승객 스스로 발권된 일자 및 시간, 항공편 등을 변경하는 경우가 발생할 수 있다. 이때 PNR의 여정을 승객이 원하는 대로 변경해 주게 되는데, 이미 발행된 항공권인 ETR은 PNR의 여정이 변경된다고 해서 자동으로 변경된 내용이 반영되지 않는다. 결과적으로 PNR상의 여정과 ETR상의 여정이 다르게 유지되므로 승객이 실제 여행 중에 불편을 겪을 수 있다.

따라서 발권 담당자는 이런 상황이 발생되지 않도록 PNR상의 여정과 ETR상의 여정이 동일하게 일치되도록 관리해야 하는데, 이때 사용되는 기능이 바로 Revalidation이다.

Revalidation이란, 항공권을 발권한 이후에 승객이 탑승 일자나 편명 들을 변경함으로써 발생하는 여정의 변경 내용을 ETR과 동일하게 일치시키는 기능을 말한다. Revalidation 기능은 항공사에 따라 발권 담당자가 직접 처리할 수 있도록 허용하는 경우와 렇지 않은 경우로 나뉘므로 상황에 알맞은 처리를 진행해야 한다.

2) Revalidation 허용범위

- 운임의 변화가 없는 범위 내에서의 여정 변경만이 가능하다(날짜 또는 편명의 변경).
- 운임이 같더라도 발권된 쿠폰의 개수가 변경되는 경우에는 불가하다.
- Revalidation하고자 하는 쿠폰의 상태가 OPEN 상태여야 한다.
- 승객별, 구간별로 나누어서 진행해야 한다.

3) Revalidation 진행 절차

- 1단계 : PNR 여정의 변경 및 저장
- 2단계 : Revalidation을 진행할 ETR 조회
- 3단계 : ETR 내의 CPN STATUS 확인
- 4단계 : 일치시킬 PNR의 구간번호(SEG)와 ETR의 CPN번호 지정하여 Revalidation 실행

WETRL / S2 / C2 ① ②	① 일치시켜야 하는 PNR상의 여정(SEG)번호 ② 일치시켜야 하는 ETR상의 쿠폰(CPN)번호

2. VOID(판매 취소)

1) VOID란?

발권한 이후에 승객이 판매 취소를 요구하는 경우, 혹은 발권자의 실수로 발권오류가 발생한 경우 해당 판매 내역을 취소하는 기능을 말한다.

2) VOID 절차

- PNR에서 TICKETING FIELD를 조회한 후 VOID하고자 하는 항목번호를 지정하여 VOID를 지시하거나, ETR을 상세 조회한 후 VOID를 진행할 수 있다.
- VOID 작업 후 다시 되돌릴 수 없기 때문에 사용자가 VOID를 지시하면 한 번 더 확인하는 차원에서 VOID 지시어를 두 번 입력하도록 시스템이 재확인 메시지를 전송한다.
- VOID가 완료된 후 TICKETING FIELD에서 VOID 처리가 되었음을 TV로 표시하여주며, ETR 화면에서도 쿠폰의 상태코드 표시가 VOID로 표기된다.

*AACCDD → *T → WV2 → WV2
*AACCDD → *T → WETR*2 → WETRV → WETRV

```
>*T
TKT/TIME LIMIT
  1.T-11JUL-Z60D*AAA
  2.TE 2173457548091-KR HONG/G Z60D*AAA 1412/11JUL*I
  3.TE 2173457548113-KR KIM/U Z60D*AAA 1508/11JUL*I
>WV2
#REENT IF 2173457548091 IS TO BE VOIDED-0028#
VOID 완료를 하시려면 다시 한 번 지시어(WV2)를 입력하시기 바랍니다.
>WV2
OK 6.6 VOID MSG SENT IF WITHIN BSP APPROVED GUIDELINES
OK 0233 WTTXUF
>*T
TKT/TIME LIMIT
  1.T-11JUL-Z60D*AAA
  2.TE 2173457548091-KR HONG/G Z60D*AAA 1412/11JUL*I
  3.TE 2173457548113-KR KIM/U Z60D*AAA 1508/11JUL*I
   TV 2173457548091-KR *VOID* Z60D*AAA 1633/11JUL*E
```

3) 유의사항

- 판매 취소는 해당 항공권을 발권한 당일에만 허용된다.
- 실물항공권OPTAT의 경우에는 VOID된 항공권을 별도로 첨부하여 BSP에 보고해야 하는데, 전자항공권인 경우에는 별도의 보고 증빙이 필요 없다.
- VOID 처리 후 해당 ETR 내의 CPN STAT가 OPEN에서 VOID로 변경된다.
- 전자항공권을 발행하는 시점에도 해당 항공사가 ET 규정을 검증하고 발권에 대한 승인을 처리하는 것처럼 VOID의 경우에도 해당 항공사에서 VOID에 대한 승인번호를 전송한다. 이것을 ESACElectronic Settlement Authorization Code이라고 하며, ETR 내에 생성된다.

```
ELECTRONIC TICKET RECORD
INV:                      CUST:                        PNR:WTTXUF
TKT:2173457548091         ISSUED:11JUL19    PCC:Z60D    IATA:99999992
NAME:HONG/GILDONGMR
NAME REF:                                   TOUR ID:5SELTG
FOP: CASH
CPN  A/L   FLT  CLS DATE    BRDOFF  TIME   ST F/B            STAT
1    TG    689   K  15OCT   ICNBKK  1120   OK K1LYKR         VOID
2    TG    654   K  20NOV   BKKICN  1240   OK K1LYKR         VOID

FARE       KRW412000    TAX  28000BP TAX  26900TS TAX    1200G8
                        TAX   2800E7 TAX  28400YQ
TOTAL      KRW499300

SEL TG BKK174.33TG SEL174.33NUC348.66END ROE1181.63524

SETTLEMENT AUTHORIZATION:  2171XH6QTYQEZ  ESAC

ENDORSEMENT/RESTRICTION:
NON ENDORSE/ REISSUE KRW/50000/RSVN CHRG KRW50000/REFND CHRG KR
```

3. REFUND(환불)

1) REFUND란?

승객이 발권된 항공권의 전부 혹은 일부를 미사용했거나 항공권상 표시된 서비스를 제공받지 못한 부분에 대해 해당 운임을 반환 처리하는 것을 의미한다. IATA는 2008년 6월부터 한국 지역에서 기존의 MANUAL 환불 방식을 AUTO REFUND 방식으로 변경하고, 그에 따른 환불 DATA의 정확성을 높이고 보고 절차의 효율성을 증대하고 있다.

2) AUTO REFUND의 특징 및 유의사항

- 환불 작업이 완료된 후에는 해당 항공권에 대한 증빙이 필요하므로 별도의 REA Refund Authorization 양식을 시스템이 발행해 준다. 이는 전자항공권인 경우 실물이 존재하지 않기 때문에 BSP 보고 시 필요한 자료가 된다.
- VOID와 마찬가지로 해당 항공사가 환불에 대한 작업 시에도 승인번호를 전송하

게 되고, 환불 처리된 ETR 내에 ESAC이 입력된다.

- 환불 대상 항공권의 CPN STAT는 OPEN이어야 하며, 부분 환불의 경우 탑승된 구간은 USED로 변경되어 있는 상태에서 잔여 구간의 환불 처리가 가능하다.
- AUTO REFUND 진행이 완료된 항공권에 대한 취소는 당일에 한해, 일부 항공사에 대해서만 허용된다.

```
>*T
TKT/TIME LIMIT
  1.T-11JUL-Z60D*AAA
  2.TE 2173457548091-KR HONG/G Z60D*AAA 1412/11JUL*I
  3.TE 2173457548113-KR KIM/U Z60D*AAA 1508/11JUL*I
    TR 2173457548091-KR *VOID* Z60D*AAA 1633/11JUL*E
ELECTRONIC TICKET RECORD
INV:                 CUST:                        PNR:WTTXUF
TKT:2173457548091    ISSUED:11JUL19    PCC:Z60D    IATA:99999992
NAME:HONG/GILDONGMR
NAME REF:                              TOUR ID:5SELTG
FOP: CASH
CPN  A/L  FLT  CLS DATE   BRDOFF  TIME  ST F/B            STAT
1    TG   689   K  15OCT  ICNBKK  1120  OK K1LYKR         VOID
2    TG   654   K  20NOV  BKKICN  1240  OK K1LYKR         VOID

FARE      KRW412000   TAX  28000BP TAX  26900TS TAX   1200G8
                      TAX   2800E7 TAX  28400YQ
TOTAL     KRW499300

SEL TG BKK174.33TG SEL174.33NUC348.66END ROE1181.63524

SETTLEMENT AUTHORIZATION:  2171XH6QTYQEZ  ESAC

ENDORSEMENT/RESTRICTION:
NON ENDORSE/ REISSUE KRW/50000/RSVN CHRG KRW50000/REFND CHRG KR
```

4. DSR(Daily Sales Report)의 조회

해당 점소에서 발권되거나 판매 취소, 환불이 처리된 내역을 시스템에서 조회할 수 있는 기능이다. 전자항공권인 ET 발권 내역에 대한 기록이 항공권번호별로 승객의 이름과 예약번호, 발권수수료, 발권금액, VOID 여부 등으로 표시된다. 발권 내역의 마지막 화면에는 당일 판매한 전체 판매금액이 현금과 카드로 분리되어 조회된다.

기본 지시어	DQB*(발권 내역 조회) DQB*RF(환불 내역 조회)	
추가기능 지시어	DQB*20JAN	특정일 지정 발권 내역 조회
	DQB*RF/JUN	특정월 지정 환불 내역 조회
	DQB*RF#AOZ	특정항공사 지정 환불 내역 조회

연 습 문 제

01 여행사에서 사용하고 있는 항공권의 일종으로 여정 변경으로 인한 차액을 징수하거나 환불 금액을 발행하기 위한 목적으로 사용되고 있는 항공운송증표의 종류는?

① EMD ② MIT

③ ITR ④ ET

02 다음은 항공권의 일반적인 규정사항을 설명한 것이다. ( ) 안의 내용 중 올바른 것을 각각 고르시오.

> 1) 정상운임을 사용하는 경우 항공권의 유효기간은 여행 개시일로부터 1년, 여행을 개시하기 이전에는(발행일/예약일)로부터 1년으로 산정한다.
> 2) 항공권은 타인에게 양도가 (가능/불가능)하며 항공권의 모든 권한은 항공권상에 명시된 승객에게만 주어진다.

03 다음 중 각 국가들과 해당되는 SUB-AREA를 바르게 연결하지 못한 것은?

① 모로코 - 유럽 ② 이집트 - 중동

③ 브라질 - 남아메리카 ④ 오스트레일리아 - 남아시아대륙

04 다음 여정에 따른 방향지표를 잘못 적용한 것은 어느 것인가?

① SEL-LAX-NYC : PA ② SEL-PAR-LON : EH

③ TYO-HKG-IST : EH ④ SEL-TYO-NYC-PAR : AP

05 항공 여정의 특성상 하나의 여정에 여러 개의 방향지표가 설정될 수 있다. 방향지표 적용에 대한 우선순위를 설명한 내용 중 올바른 것은 어느 것인가?

① 방향지표는 전 여정을 기준으로 설정한다.

② 대양횡단 지표와 그 밖의 지표가 함께 존재할 경우 대양횡단 지표를 우선 적용한다.

③ 서반구 내의 여정 중 TS, FE, RU에 해당되지 않는 여정은 모두 WH로 분류한다.

④ 태평양과 대서양을 동시에 횡단하는 여정의 경우 태평양 횡단을 우선 적용한다.

06 다음 여정의 종류 중 성격이 다른 하나는 어느 것인가?

① SEL – BKK – PUS
② TYO – SEL-TYO
③ PUS – BJS – SEL
④ OSA – PUS-TYO

07 다음 보기에서 설명하고 있는 여정의 종류는 무엇인가?

- 출발지와 도착지가 동일하다.
- 여정 중에 비항공 운송구간이 없다.
- OUT-BOUND 운임과 IN-BOUND 운임이 서로 다르다.

① 왕복 여정
② 일주 여정
③ 가위 벌린 여정
④ 편도 여정

08 다음 여정의 종류를 각각 표기하시오.

( )	( )	( )	( )
① SEL BKK- SEL	② SEL BJS- X HKG SEL	③ SEL LAX NYC	④ TYO SEL- OSA

09 다음 중 1/2RT 운임을 적용할 수 없는 경우의 여정은 어느 것인가?

① SEL OSA- PUS	② PUS BKK- X SIN PUS	③ OSA PAR LON- OSA	④ TYO BJS HKG

10 다음 중 두 도시 간의 항공운임을 결정하는 요소에 대한 설명으로 올바르지 않은 것은?

① 두 도시 간 운항거리와 항공운임의 값은 대체로 반비례하는 편이라고 볼 수 있다.

② 출발지 국가의 통화가치와 경제적 · 사회적 수준도 항공운임의 결정요소에 포함된다.

③ 해당 노선 및 지역의 항공 수요와 탑승 실적 등을 감안하여 고려하기도 한다.

④ 해당 노선운항에 소요되는 유류비, 공항 이용료, 지역세금 등이 요소가 되기도 한다.

11 항공운임과 통화규정에 관련한 설명 중 바르지 못한 것은 어느 것인가?

① 모든 항공운임은 출발지국 화폐단위를 기준으로 표기하는 것이 일반적이다.

② NUC(중립화폐단위)는 서로 다른 화폐단위의 운임을 결합하고 구성하는데 기준이 되는 화폐단위이다.

③ ROE는 LCF와 NUC 간의 변환에 사용되는 환율이며, 매주 1회씩 변경되는 값을 사용한다.

④ NUC는 출발지국 통화운임(LCF)을 ROE로 나눈 값으로 표기한다.

12 구반별 공시운임 조회 기능인 FQSELBKK-OZ를 실행했을 경우, 조회 결과로 확인할 수 없는 항목은 어느 것인가?

① 운임별 공시 운임값 ② 사용 가능한 운임 종류

③ 운임정보 제공사 ④ 두 도시 간에 적용되는 TAX 종류

13 다음 중 마일리지제도의 3요소가 아닌 것은 어느 것인가?

① TPM ② EMS

③ MPM ④ CUM

14 다음 여정에 대한 할증률 계산 결과를 보고 알맞은 내용을 고르시오. ( )

```
WN SEL YY BKK YY SIN /29JUL19
*****************************************************************

   CTY  GI   TPM    CUM    MPM  EMS   DED  LAST  NEXT   25M

   SEL 3
1. BKK 3 EH  2286   2286   2743  0M     0     0   457  3428
2. SIN 3 EH   889   3175   3459  0M     0     0   284  4323
```

① 전체 여정에 대한 공시운임은 SEL-SIN 구간의 공시운임과 동일하게 사용할 수 있다.

② SEL-SIN 구간의 최대허용거리는 3,175이다.

③ SEL-BKK 구간의 발권구간거리는 2,743이다.

④ 할증률 계산을 위해 비교하는 값은 SEL-SIN 간의 발권구간거리의 합인 889와 SEL-SIN 간의 최대허용거리인 3,459이다.

15 다음은 마일리지 제도의 운임 산출방식을 설명한 내용이다. 빈 칸에 들어갈 내용으로 올바르게 짝지어진 것은 어느 것인가?

마일리지제도, 즉 거리제도는 승객이 출발지로부터 중간 지점을 경유하여 목적지까지 이동하는 경우 실제로 여행한 거리인(　　　)의 합과 출발지, 목적지 사이에 설정되어 있는 최대허용거리인 (　　　)을 비교하여 운임의 할증 여부를 결정하여 산정하는 방식을 말한다.

① TPM-MPM　　② MPM-TPM

③ CUM-MPM　　④ TPM-CUM

16 다음은 특정 노선에 대한항공 운임을 설정하는 절차이다. 빈 칸에 알맞은 국제기구는?

항공사의 운임 결정 → (　　　　) 결의를 통한 승인 → 각국 정부의 허가 → 최종 승인 후 등록

17 다음은 루팅제도를 사용하는 경우에 지켜야 할 조건을 설명한 것이다. 올바르지 않은 것은?

① 루팅운임을 사용하기 위해서는 발권항공사가 설정해 놓은 경유 지점을 확인하고 사용해야 한다.

② 루팅운임을 사용하기 위해서는 이원구간에 대한항공사도 별도로 설정해 놓은 항공사로 제한적으로 사용해야 한다.

③ 루팅운임을 사용하기 위해서는 반드시 발권항공사의 사전 승인을 받아야 한다.

④ 루팅운임을 사용하기 위해서는 사용하고자 하는 이원항공사의 BOOKING CLASS로 지정되어 있는 코드로 사용해야 한다.

18 루팅운임을 사용하는 경우의 유의사항을 올바르게 설명한 것은 어느 것인가?

① 루팅으로 설정된 경유지는 조회되는 여정의 방향으로만 사용이 가능하다.

② 루팅으로 설정된 BOOKING CLASS 조건은 동일 항공사 구간이라면 모든 구간에 대해 동일하게 적용된다.

③ 루팅운임을 사용하는 경우에는 거리할증 여부를 확인하지 않아도 된다.

④ 루팅으로 설정된 경유지는 승객의 요청에 따라 가산되기도 생략되기도 한다.

19 각국의 통화 정보를 조회하는 기능의 지시어는 어느 것인가?

① DC*CUR
② SC*CUR
③ TX*CUR
④ FC*CUR

20 다음의 주어진 여정 조건을 이용하여 여정운임 계산을 올바르게 실행한 지시어는?

- 출발일 : 5월 25일
- 여정 : SEL - OZ - PAR X LON - OZ - SEL

① WQICN25MAY/AOZCDG//LHR/AOZICN-VOZ

② WQICN25MAY/AOZCDGLHR/AOZICN-VOZ

③ WQICN25MAYCDG/-LHRICN-AOZ

④ WQICN25MAYCDG/XAOZICN-VOZ

21 다음의 지시어에 대한 설명으로 올바르지 않은 것은 어느 것인가?

WQICN20DECLAX/-JFKICN-AOZ/PADT/PCNN

① LAX-JFK 구간은 항공편을 탑승하지 않는 구간이다.

② 계산하고자 하는 승객 유형은 성인과 소아이다.

③ 전체 여정의 출발일자는 12월 20일이다.

④ 구간별 탑승항공사와 발권항공사는 서로 다르게 설정되어 있다.

22 다음의 조건으로 KRW250,000을 NUC로 변환하고자 한다. 사용할 지시어로 올바른 것은?

① DC*KRW250000/NUC ② FC*KRW250000/NUC

③ DC#KRW250000/NUC ④ FC#KRW250000/NUC

23 다음은 여정운임 계산에서 추가조건을 지정하는 항목들을 나타낸 것이다. 연결된 내용 중 올바르지 않은 것은 어느 것인가?

① 발권항공사 : VOZ ② 비항공 운송구간 : /-

③ 단체운임의 조회 : PGIT ④ 탑승항공사 : BOZ

24 다음은 PNR 자동운임계산 과정의 일반적인 절차이다. 빈 칸에 알맞은 지시어는 어느 것인가?

PNR의 조회 *AABBCC ▶ 자동운임계산 진행 WP ▶ 운임의 선택(　　　　) ▶ 운임의 저장 ER

25 다음은 PNR 자동운임계산을 진행한 결과이다. 화면의 내용 설명이 올바르지 않은 것은?

```
FARE RECORD-ADT-AUTO PRICED      -ATPC
PQ1                                            INPUT PTC - ADT

1.1HONG/GILDONGMR
VALIDATING CARRIER - OZ
 1 OICN OZ 114Y 10NOV 1405 YLKJ           OK        10NOV20 01P
 2 OKIX OZ 115Y 14NOV 0910 YLKJ           OK        10NOV20 01P
    ICN

      BASE FARE                    TAXES/FEES/CHARGES      TOTAL
      KRW554300                        93600XT          KRW647900
   XT       28000BP        29800SW        34000I         21400YQ
            11000TK
SEL OZ OSA234.54OZ SEL234.54NUC469.08END ROE1181.63524

MILE UG J/C/D/Y/B/M ONLY/NONENDS

PRICING TRAILER MSG
VALIDATING CARRIER - OZ


WP

Z60D Z60D *AAA 1230/29JUL19                           SYSTEM
```

① 승객 중 성인에 대한 운임계산 결과이다.

② 계산된 운임 결과의 적용 TAX 종류는 총 다섯 가지이다.

③ 전체 여정에 대한 공시운임은 647,900원이다.

④ 계산된 운임의 사용 CLASS는 Y이며, 운임코드는 YLKJ이다.

26 다음은 PNR 자동운임계산의 특징을 설명한 것이다. 올바르게 설명한 것은 어느 것인가?

① 특별 운임의 경우 체류기간 등의 규정 조건에 대한항공사의 유예 정책을 시스템이 인지하고 있으므로 제한 없이 운임계산 진행이 가능하다.

② 승객 유형이 복수로 구성되어 있다면 승객 유형 종류별로 운임계산을 진행해야 한다.

③ 학생이나 단체운임의 경우 성인이름 입력 형태에서 승객 유형을 추가로 변경해야만 올바른 운임이 계산될 수 있다.

④ PNR 저장이 되기 전이라도 여정과 이름이 입력되어 있는 상태라면 운임계산이 가능하다.

27 다음은 PNR 자동운임계산 운임의 조회와 삭제에 대한 지시어와 내용을 설명한 것이다. 올바르지 않은 것은 어느 것인가?

① W≠D2 : 저장된 운임 중 두 번 운임 삭제

② *PQS : 승객별로 저장된 운임의 SUMMARY 조회

③ **W3 : 저장 운임 중 세 번 유형의 운임 조회

④ *PQD : 저장 운임 전체를 삭제

28 다음 보기의 빈 칸에 해당하는 용어는 무엇인가?

> (   ) 신청이란, 실물항공권 및 전자항공권 발권을 위해서 BSP 여행사가 발권 승인된 수량을 사용하고자 하는 CRS/GDS별로 배정하는 행위를 의미하며, 이러한 배정 작업이 선행되어야만 정상적인 전자항공권 발권이 가능하다.

① STOCK　　② CAPPING

③ ET　　④ PROFILE

29 전자항공권을 발급하기 위해서는 사전에 CAPPING 신청이 되어 있어야만 가능하다고 하는데, 사용자가 온라인으로 CAPPING 신청을 진행한 후 SABRE 시스템에 배정된 발권 가능 매수를 조회하기 위해서는 다음 중 어떤 지시어를 사용해야 하는가?

① W/TLM*　　② DN*PTR

③ DI　　④ WETP*OZ

30 항공권을 발행하기 위한 세부 항목별 기능을 설명한 것이다. 올바르지 않은 것은 어느 것인가?

① AOZ : 발권항공사를 지정

② KPN5 : 발권수수료를 할인된 판매금액에서 5% 징수

③ NET/D30000 : 할인된 판매금액이 30,000원임을 입력

④ FCASH : 지불수단이 현금임을 표시

31 다음의 조건으로 발권하기 위해 기능별 지시어를 올바르게 변환한 것은 어느 것인가?

• 승객번호 : 2번/운임번호 1번 • 발권항공사 : OZ • 발권수수료 : 판매금액에서 5% 징수 • 지불수단 : 현금	• AUTH 번호 : SP005 • 할인금액 : 25000 • 제한사항 : NON-ENDS/RFND

① W#T2N1#AOZ#FCASH#KP5#NET/D25000#EO/NON-ENDS/RFND#UN*SP005

② W#T2N1#AOZ#FCASH#KPN5#NET/D25000#EO/NON-ENDS/RFND#UN*SP005

③ W#T1N2#AOZ#FCASH#KP5#NET/D25000#EO/NON-ENDS/RFND#UN*SP005

④ W#T1N2AOZ#FCASH#KPN5#NET/D25000#EO/NON-ENDS/RFND#UN*SP005

32 전자항공권이 발행된 이후 ETR을 조회하기 위한 과정이다. 빈 칸에 알맞은 지시어를 쓰시오.

발권된 PNR 조회 *AABBCC ▶ Ticketing Field 조회 *T ▶ 3번 ETR 조회( )

33 다음은 발권된 ETR을 조회한 결과이다. 세부 내용에 대한 설명으로 잘못된 것을 고르시오.

```
ELECTRONIC TICKET RECORD
INV:                    CUST:                          PNR:BYCJOM
TKT:9883457563654       ISSUED:29JUL19     PCC:Z60D    IATA:99999992
NAME:HONG/GILDONGMR
FOP: CASH
CPN  A/L  FLT  CLS DATE   BRDOFF  TIME  ST F/B                STAT
1    OZ   114   Y  10NOV  ICNKIX  1405  OK YLKJ               OPEN
2    OZ   115   Y  14NOV  KIXICN  0910  OK YLKJ               OPEN

FARE      KRW554300   TAX  28000BP TAX  29800SW TAX   3400OI
                      TAX  21400YQ TAX  11000TK
TOTAL     KRW647900

SEL OZ OSA234.54OZ SEL234.54NUC469.08END ROE1181.63524

ENDORSEMENT/RESTRICTION:
MILE UG J/C/D/Y/B/M ONLY/NONENDS
```

① 발권된 승객 유형은 소아로 Y-CLASS로 확약된 승객이다.
② 지불수단은 현금이 사용되었고, 티켓은 아직 사용하지 않은 상태이다.
③ 타 항공사로의 양도가 가능하며, 정상운임으로 사용되어 제한규정이 없다.
④ 적용된 공시운임은 554,300원이며, 적용된 TAX는 다섯 가지 종류이다.

34 전자항공권으로 발권된 경우, ETR에는 쿠폰의 사용 상태를 나타내는 COUPON STATUS가 있다. 다음의 설명 중 잘못된 것은 어느 것인가?
① OPEN은 발권 직후에 나타나는 사용하지 않은 상태의 코드이다.
② ACTL은 탑승수속과 같은 절차를 항공사가 진행하기 위해 사전에 해당 쿠폰을 시스템적으로 통제하기 위해 이관한 상태를 의미한다.
③ USED, RFND, VOID, EXCH는 FINAL STATUS에 속하는 코드이다.
④ 발권 이후 정상적인 탑승절차를 거치는 항공권의 경우 코드가 변경되는 과정을 표시한다면, OPEN → USED → ACTL → CKIN이다.

35 다음은 전자항공권의 REVALIDATION 기능에 대한 허용범위의 설명이다. 올바르지 못한 것은?
① 여정 변경으로 인해 운임 변동이 없는 경우에 한해서 가능하다.
② 여정 변경을 진행하고자 하는 구간의 개수가 변동되더라도 운임에 영향을 끼치지 않는 경우라면 REVALIDATION이 가능하다.
③ 쿠폰의 상태가 OPEN이어야 한다.
④ 승객별, 구간별로 나누어 진행해야 한다.

36 VOID, REFUND, REVALIDATION 기능에 대한 설명 중 그 내용이 바른 것은 어느 것인가?
① VOID란 판매를 취소하는 기능을 말하며, 판매 후 2일 이내에는 취소가 가능하다.
② VOID와 RFND의 경우 절차를 모두 진행하게 되면 항공사에서 최종 승인번호를 회신해 주는데, 이것을 ESAC이라고 한다.
③ REVALIDATION 기능은 모든 항공사가 제공하는 기능은 아니므로 경우에 따라서는 진행하지 않아도 무관하다.
④ REVALIDATION이 완료된 ETR의 경우 CPN STATUS가 USED로 변경된다.

37 발권 기록을 DATA로 조회할 수 있는 DSR 내역 조회 지시어를 쓰시오.

1. ① **2.** 발행일/불가능 **3.** ④ **4.** ② **5.** ①
6. ② **7.** ② **8.** 1) RT, 2) TOJT, 3) OW, 4) ONOJ **9.** ④ **10.** ①
11. ③ **12.** ④ **13.** ④ **14.** ① **15.** ① **16.** IATA **17.** ③ **18.** ③ **19.** ① **20.** ③
21. ④ **22.** ④ **23.** ④ **24.** WTFR **25.** ③ **26.** ③ **27.** ④ **28.** ② **29.** ① **30.** ③
31. ④ **32.** WETR*3 **33.** ③ **34.** ④ **35.** ② **36.** ② **37.** DQB*

Tourism and Airlines Practice

APPENDIX
부 록

관 광 항 공 실 무

01 해외여행객을 위한 동 · 식물 검역 안내

1. 동 · 식물 검역이란?

해외 식물병해충과 가축전염병의 국내 유입과 확산을 방지하기 위해 해외여행객이 국내로 반입하는 동물 · 축산물과 생과일 등 농산물을 대상으로 병 · 해충 유 · 무 및 금지품 해당 여부 등에 대해 검역을 실시하고 합격 또는 불합격(소독, 폐기 · 반송) 조치를 취하는 것을 말한다.

※ 관련법 : 「가축전염병예방법」(법률 제14641호), 「식물방역법」(법률 제13383호)

2. 동 · 식물 검역 대상 물품

① 식물 : 망고 · 사과 · 오렌지 등 과일류, 묘목류, 종자류, 쌀, 감자, 고구마, 참깨, 인삼, 건고추, 호두, 흙 등 모든 농산물을 포함한 식물류를 말한다.

② 동물 : 햄, 소시지, 육포 등 식육가공품, 우유, 치즈, 버터 등 유가공품, 쇠고기, 돼지고기 등 육류, 달걀 등 모든 동물 · 축산물을 말한다.

인천공항 입국장 동 · 식물 검역 검사대

수입 금지 품목(예시)

구 분	주요 품목
금지 식물	• 망고, 라임, 사과, 오렌지, 귤 등 모든 종류의 생과실 • 토마토, 고추, 풋콩, 감자, 고구마 등 생채소류 • 사과, 배 등의 과수 묘목류, 종자류 • 껍질이 붙은 호두
흙, 곤충, 병원균	• 흙과 흙이 붙은 식물 • 살아있는 곤충 • 실험용 병원균
금지 동·축산물	• 쇠고기, 돼지고기, 닭고기, 오리고기 등 육류 • 소시지, 햄, 육포 등 식육가공품 • 우유, 치즈, 버터 등 유가공품 • 달걀, 조류알, 난백, 난분 등 알 및 알가공품 • 애완동물 사료·간식류 및 영양제 등

* 주요 품목 이외에도 금지 품목이 있으니, 홈페이지(www.qia.go.kr) 또는 전화(054-912-1000)로 반드시 확인한다.

3. 동 · 식물 검역 신고

① 휴대하는 동 · 식물도 예외 없이 검역을 받아야 한다.

② 외국으로부터 동 · 식물류를 휴대하여 가져오는 사람은 ㉮ 세관 '여행자휴대품신고서'에 검역 대상 물품을 소지하고 있다고 체크하거나, ㉯ 공항만 입국장에 주재하고 있는 농림축산검역본부 동 · 식물 검역관에게 구두로 신고하여 검역을 받아야 한다.

4. 동 · 식물 검역 절차

① 입국 : 여행객은 여행객 통로를 이용하여 공항만 입국장으로 입국하게 되며, 기탁 화물은 X-Ray 검사기를 통과한 후 수하물수취대(컨베이어벨트)로 나온다.

② X-ray 투시 검사 : 세관공무원이 X-ray 검사실에서 투시 검사 후 동 · 식물 검역 대상 물품이 들어있다고 의심이 가는 가방에 전자택(녹색 또는 주황색)을 부착한다.

③ 검역탐지견 검사 : 여행객 휴대 물품에 대해 검역탐지견을 투입하여 동 · 식물 검역 대상 물품 탐지 시 검역 전자택을 부착한다.

④ 동 · 식물 검역 전자택이 붙은 가방 또는 검역 물품 자진신고자는 동 · 식물 검역 검사대로 이동 : 합동검사대와 세관검사대 검사 전까지 여행자휴대품신고서에 검역 대상 물품이 있음을 체크하지 않거나, 직접 검역관에게 동 · 식물류가 있다고 구두로 신고하지 않을 경우 '휴대검역물품 · 미신고'로 현장에서 과태료가 부과된다.

⑤ 반입 금지 검역 대상 물품에 해당되는 품목은 폐기 · 반송 조치되고, 금지품이 아니고 현장 검역에서 병 · 해충 발견이 없을 경우에는 합격 조치하고 종자, 묘목 등 재식용 식물 또는 병 · 해충이 검출될 경우 실험실 정밀 검역을 실시한다.

⑥ 실험실 정밀 검역 결과 병 · 해충 검출이 없는 경우에는 여행객에게 인계되지만, 검역 병 · 해충이 검출된 경우에는 병 · 해충의 종류에 따라 소독 또는 폐기(반송 가능) 조치한다.

5. 동 · 식물 검역 규정 위반자에 대한 과태료 처분

여행자가 동 · 식물류를 소지하였음에도 불구하고 미신고하여 검역을 받지 않거나 허위로 신고하는 등 위반 행위에 대해서는 최소 10만원, 최고 500만원의 과태료가 부과된다.

6. 반려동물과 함께 해외여행을 할 경우

개, 고양이 등 반려동물과 같이 해외여행을 할 경우 방문하려는 국가의 검역 조건을 충족해야 한다. 방문국가별 동물검역 조건은 해당 국가의 동물검역 기관 또는 대사관에 직접 문의하시거나 농림축산검역본부에 확인 요청이 가능하다.

〈개 · 고양이 수출 검역 절차〉

- 방문국 검역 조건에 따른 관련 서류(건강증명서, 예방접종증명서, 광견병항체가 검사서 등)를 준비한 후 각 지역 및 공 · 항만에 위치한 농림축산검역본부 사무실에 방문하여 검역 신청을 해야 한다.
- 국내 출국 전 농림축산검역본부 검역관이 서류 검사와 임상 검사를 거쳐 검역증명서를 발급하며 검역수수료는 신청 건당 1만 원이다.
- 검역증명서를 발급받은 후 출국 전 선사 또는 항공사 데스크로 가서 안내를 받는다.

또한, 해외여행을 마치고 반려동물과 함께 국내로 입국하는 경우, 다음의 조건을 준수해야 한다.

〈개 · 고양이 수입(반입) 검역 절차〉

- 수입(반입)되는 개 · 고양이는 마이크로칩을 이식(외장 또는 내장)해야 한다.
- 생후 90일령 이상은 광견병 중화항체가 검사 결과 0.5IU/ml 이상이 되어야 하며, 광견병 중화항체가 검사는 수출국 정부기관 또는 광견병 국제공인검사기관에서 선적 전 24개월 이내에 실시하면 된다. 다만, 생후 90일령 미만과 광견병 비발생 지역산 개 · 고양이는 광견병 중화항체가 검사 기준 적용을 제외할 수 있다.
- 국내 도착 시 수출국 정부기관이 증명한 '검역증명서'를 제출하며, 검역증명서에는 마이크로칩 이식 식별번호 및 광견병 중화항체가 검사 결과가 기재되어야 한다.

7. 동 · 식물류 휴대 출국 시 검역 문의

해외여행객이 입국 시 우리나라의 동 · 식물 검역 규정을 준수해야 하듯이, 동 · 식물류를 휴대하여 출국하는 경우 해당 국가의 검역 규정에 따라 수입이 허용되는지 확인해야 한다. 출국 전에 농림축산검역본부 홈페이지를 통해 수출 가능 품목 여부를 확인하거나 공항만 사무소에 문의한 후 출국해야 한다.

※ 문의전화 : 054-912-1000(대표), (동물)054-912-0424/(식물)054-912-0616

8. 축산관계자 해외여행 시 출입국 신고 및 방역 준수사항

「가축전염병예방법」 개정에 따라 2017.6.3일부터 축산관계자는 구제역 · AI 등 가축전염병 발생 국가를 여행하는 경우 반드시 출국 및 입국신고를 해야 한다. 가축전염병발생국가 목록은 농림축산검역본부 홈페이지(http : //www.qia.go.kr → 동물 검역 → 축산관계자 출국신고 → 가축전염병 발생국가)를 통해 확인이 가능하다.

출국신고와 입국신고를 하지 않을 경우 각각 300만 원 이하와 1,000만 원 이하의 과태료가 부과될 수 있으니, 축산관계자에 해당될 경우 반드시 아래의 출입국신고 방법을 준수해야 한다.

해외가축전염병의 국내 유입 방지를 위해 가축전염병발생국 여행 축산관계자는 해외여행 시 축산농가, 가축시장 방문 및 동물이나 동물 분변과의 접촉을 자제하며 귀국 후 5일간 가축사육시설 출입을 금지한다.

9. 축산관계자의 범위 및 출입국신고 방법

〈축산관계자의 범위〉

① 가축의 소유자와 그 동거가족(가축 소유자에게 고용된 사람과 그 동거가족 포함)

② 수의사(동물병원 종사자, 수의 · 축산 관련 공무원 · 교수 · 강사 · 대학원생, 공중방역수의사, 기타 수의 · 축산분야 종사자 등)

③ 가축방역사 및 가축인공수정소 개설자 및 고용된 사람

④ 동물약품(동물약국, 동물용의약품 제조 · 수입판매업 · 도매업자와 고용된 자)

및 사료판매자(사료제조 · 판매업자와 고용된 자)

⑤ 가축분뇨 및 원유를 수집 · 운반하는 자, 가축시장 및 도축장 종사자

〈축산관계자 출입국신고 방법〉

① ㉮ 출발하는 공 · 항만 소재 농림축산검역본부에 전화 및 방문 신고

㉯ 출국장 내 축산관계자 출국신고함 및 키오스크 이용

㉰ 농림축산검역본부 홈페이지 및 스마트폰 모바일 웹접속(eminwon.qia.go,kr/m)

㉱ 자동응답시스템(ARS, 1670-2870)

② 국내 도착 시에는 도착하는 공 · 항만 소재 농림축산검역본부를 방문하여 소독 등의 조치를 받아야 함

02 필수 항공실무 용어

- Agent : 여행사, 항공권판매 대리점, 화물운송 대리점
- Air Fare : 항공요금
- Airport Tax : 공항세
- Audio Service : 음악감상 설비
- Attendant : 동반자
- Aisle Seat : 통로편의 좌석(반) ↔ Window(Seat 창가 좌석)
- Baby Bassinet : 기내용의 유아 요람, 항공기 객실 앞의 벽면에 설치하여 사용하는 것
- Baggage : 관광객이 관광할 때 소지한 짐으로써 Checked Baggage와 Unchecked Baggage가 있음
- Baggage Check : 관광자의 위탁화물 운송을 위해 항공권의 일부로 발행된 부분을 말하며 항공회사가 관광자의 위탁화물 영수증으로 발행한 것
- Boarding Pass : 탑승권. 공항에서 탑승수속 시 항공권과 교환하여 관광객에게 주는 탑승표로서 비행기 편명, 관광객 성명, 좌석번호, 목적지, 탑승시간, 탑승게이트 등이 적혀 있음
- Beverage : 식 · 음료수
- Carrier : 항공회사
- Counter : 여행사에서는 항공권 예약, 발권업무 항공사에서는 항공카운터의 업무를 나타냄
- Commission : 수수료
- Confirm Sheet : 현지 여행 일정과 포함 내역이 표시되어 있는 확정서
- Confirmation : 예약의 확인
- Complain : 손님들의 불평, 불만의 총칭
- Checked Baggage : 관광객이 항공관광 시 화물로 붙이는 짐
- Connection Time : 연결항공편을 갈아타는데 필요한 시간
- Child Fare : 만 2세 이상, 12세 미만 관광객에게 적용되는 항공요금
- Continuing Itinerary : 여정이 2개의 도시 간으로 끝나는 것이 아니고, 제 3,4로 이어지는 것
- Charter Flight : 대절항공기, 전세항공기

- Day Bed : 낮잠용 침대. 주로 발코니에 설치된 임시 침대
- Delay : 비행기나 열차 등이 예정된 시간보다 늦는 것
- Destination : 관광의 최종 목적지, 관광의 완료 지점
- Domestic Flight : 국내선
- Double Booking : 중복예약
- Down Grade : 등급의 변경, 상위에서 하위등급으로 변경하는 것
- Duplicate Reservation : 줄임말로 듀프라고 하며, 여행자가 중복하여 예약되어 있는 경우. 여행객이 항공권을 끊기 위해 여러 여행사에 예약할 경우 발생함
- Deposit : 예약금
- Direct Flight : 직행편
- Escort : 국외여행인솔자
- Economy Class(E/Y) : 일반적으로 비행기에서 제일 낮은 등급의 좌석
- Fam Tour : 각 관광청, 여행사에서 홍보를 위해 여행업계 직원들을 초청하여 진행하는 투어
- E/D Card(Embarkation/Disembarkation Card) : 출입국기록카드
- Estimated Time of Arrival(ETA) : 예정도착시간
- Estimated Time of Departure(ETD) : 예정출발시간
- Entrance Visa : 입국사증
- Extension : 연장
- First Class(F/C) : 일등실
- Flight : 비행, 항공편
- Free Baggage Allowance : 무료 수화물 허용량 관광객 운임의 지불에 대해 그 이상의 지불을 받지 않고 운송되는 일정량의 수화물. 일반적으로 F/C 운임지불 관광객은 30kg, E/Y 운임지불 관광객은 20kg, 태평양노선은 2개의 짐을 무료로 운송할 수 있음
- Flight Number : 비행기번호
- Fuel Surcharge 유류할증료. 최근 국제 기름값이 치솟은 결과 만들어진 요금제도
- Gate : 탑승구
- Group Fare : 단체운임
- Hand Carry Baggage : 승객이 가방을 가지고 기내에 탑승하는 가방
- Invoice : 여행요금 청구내역서

- Inspection : 여행사 직원들이 여행 일정, 호텔 부대시설, 식사 등을 사전 답사하는 과정
- Incentive Tour : 아는 사람들이 한 그룹을 만들어 여행하는 형태. 일반적으로 맞춤여행, 주문여행의 성격을 띰
- Itinerary : 여행일정표
- IATA : 국제항공운송협회(International Air Transport Association)의 약어로써 시계항공회사의 단체로 1945년 4월에 아바나에서 결성
- Immigration : 출입국심사
- Infant Fare : 유아운임, 국제선에서는 2세 미만으로서 좌석을 확보하지 않은 때에는 보통운임의 10%, 확보할 때에는 50%이다. 국내선에서는 3세 미만은 무료
- Individual : 개별여행객. 흔히 인디비라고 함
- Land : 현지여행사, 지상수배 전문업체
- Land Fee : 현지에 지불할 여행비용으로 지상비라 부름
- Local Guide : 현지외국인 안내원
- Local Time : 현지시간
- Lost and Found : 공항이나 역에 있는 유실물취급소
- Mis-connection : 바꾸어 탑승할 때 접속 지점까지 수송하는 항공편이 지연하거나 결항하여 예정된 항공편에 탑승하지 못하는 것을 말함
- No Guide : 현지에서 가이드 없이 T.C가 가이드 역할을 동시에 하는 형태
- No Record(NOREC) : 관광객이 탑승수속 시 예약된 Ticket을 제시했으나, 항공사 쪽에는 예약을 받은 기록이나 좌석을 확인해 준 근거가 없는 상태를 말함
- No Show(NOSHO) : 여행객이 예약 취소를 하지 않고 탑승하지 않는 것
- Non-Smoking Seat : 금연석
- Ocean View Room : 바다전망 방
- OP : Operator의 약자로 여행상품 상담, 기획, 예약, 섭외 등을 담당하는 사람. 지상수배 직원
- Option : 선택관광, 일정에 포함되지 않아 추가금액을 지불해야 하는 관광 형태
- Open Ticket : 사전 예약이 되어 있지 않는 항공권을 말하며, 왕복티켓 중 돌아오는 날을 지정하지 않았을 때 사용함
- Over Booking : 어떤 비행기나 호텔이 판매 가능한 수보다 더 많은 관광객의 예약을 접수한 상태
- Over-weight Baggage : 초과 화물

- Over Collection : 과징금
- Package Tour : 여행사가 주최로 짜인 일정이며, 서로 모르는 사람끼리 같은 여행지를 같은 여행하는 여행 형태
- Passenger(PAX) : 관광객, 승객, 여객
- Passenger Fare : 여객운임
- Pool View Room : 풀장전망 룸
- Pregnant Woman : 임산부
- Quarantine : 검역
- Reconfirmation : 좌석 예약의 재확인. 관광객이 관광 도중 어느 지점에서 72시간 이상 체재하는 경우, 늦어도 항공기 출발 72시간 전까지 부재 또는 계속편에 대한 예약을 재확인해야 하는 규칙
- Reissue : 항공권의 재발행. 이미 발행된 항공권을 여정 변경, 항공사 변경, 좌석등급 변경 등의 사유로 차액을 징수 혹은 지불하여 재발권을 해주는 행위
- Rooming List : 손님들의 방 배정이 나타나 있는 서류
- Refund : Ticket의 미사용분에 대한 금액을 구매자에게 환불해 주는 것
- Rerouting : 항공권에 기재된 탑승 예정의 경로를 변경하는 것을 말함
- Reservation : 좌석 예약, Booking과 동의어
- Round Trip : 왕복관광
- Seaview Room : 바다전망 방(= Ocean View Room)
- Security Check : 기내에 위험물을 갖고 들어가는 것을 막기 위해 탑승 전에 행하는 검사
- Special Fare : 특별운임
- Stand By : Go Show라고도 하는데, 예약 없이 지정된 Check-in 지역에 나타나서 좌석 상황에 따라 좌석을 배정받게 되는 관광객을 의미
- Stopover : 도중체류 관광객이 항공회사와 사전에 정하여 출발지와 목적지 중간 기착지에서 체류함을 뜻함
- Student Fare : 학생운임
- Travel Certificate : 여행증명서, 임시여권
- T/C : Tour Conductor 해외여행인솔자
- T/L : Tour Leader 해외여행인솔자
- Tour Guide : 모든 여행안내원을 의미한다. 그러나 여행업에 종사하는 사람들은 대부분

외국 현지에 있는 가이드를 지칭

- Transit Passenger : 타국에로의 통과 목적만으로 공항에 입국하는 통과여행객
- Travellers Check : 여행자수표. 만일 도난당해도 재발급할 수 있어 넓게 사용
- Transit Visa : 통과사증
- Transit Without Visa : 무사증통과
- Travel Agency : 항공대리점
- Up Grade : 비행기 좌석이나 호텔 그리고 식사 등 여행을 구성하는 요소를 한 단계 수준을 높여서 진행하는 것
- Voucher : 현금 대신 사용되는 것으로 약속어음과 같은 역할을 한다. 바우처는 업체 간 계약을 맺고 신뢰가 쌓여야만 발행이 가능
- Waiting List : 대기자 명단
- Waiting Room : 대기실
- Window Seat : 창가 좌석
- Intermediate Point(경유지) : 항공기가 운송이나 기술의 목적으로 정기적으로 착륙하도록 지정된 중간 지점. 경유지에서 승객은 자사나 타사의 연결편으로 옮겨 타거나 Stopover를 할 수 있음
- Airport Three Letter Code(공항코드) : 국가나 도시를 분류할 수 있는 코드
- Greenwich Mean Time(GMT; 국제표준시) : 영국 그리니치 천문대를 통하는 자오선에서의 평시를 세계 공통의 표준시각으로 한 것. 항공기 운항이나 항공관제에서 통상적으로 GMT가 사용된다. Z(주르)로 표시됨
- Hand-carry Baggage(기내반입수하물; 휴대 수하물) : 가로, 세로, 높이 합이 115cm 이내 되는 것으로, 승객이 항공기 내로 직접 운반하여 보통 좌석 밑이나 선반에 올려놓을 수 있음
- City Terminal(도심터미널) : 공항 외에 시내에서 이용할 수 있는 공항터미널
- Stop-over(스톱오버; 중간 기착) : 장거리 노선의 경우 비행기의 급유와 승무원 교대, 기체 점검 등으로 약 1시간가량 중간 기착지에 머무른다(국내선 : 4시간/국제선 : 24시간이상). 보통 공항에서 체류하는 시간을 기준으로 24시간 이내면 Transit이고, 그 이상이면 STOP-OVER로 분류되며 Stop-over의 경우 공항이 있는 도시에서 시내관광을 할 수 있는 장점이 있음
- Actual Time of Arrival(ATA; 실제도착시간) : 실제 비행기가 도착하는 시간

- Actual Time of Departure(ATD; 실제출발시간) : 실제 비행기가 출발하는 시간
- Safety Belt(안전벨트; 안전띠) : 기내 좌석에서 승객의 안전을 위한 장치로서 보통 이륙, 착륙, 기상 변동으로 인한 흔들림 시에는 안전벨트 착용 경고등이 뜨며, 안전을 위해 계속 착용하는 것이 좋음
- Over Booking(예약 초과) : 항공사에서 예약 승객이 공항에 나타나지 않는 경우를 대비하고 효율적인 항공 좌석의 판매를 위해 일정한 비율의 승객에 대해 실제 판매가능 좌석수보다 초과하여 예약을 받는다. 이 경우에는 공항에서 먼저 탑승수속을 해야만 안전함
- Open Ticket(오픈티켓) : 보통 돌아오는 날짜를 구체적으로 정하지 않고 예약한 항공권을 오픈티켓이라고 한다. 6개월이나 1년 등 장기 해외여행일 경우 돌아오는 정확한 날짜를 지정하거나 변경하기 힘들기 때문에 돌아오는 날짜를 임의로 지정하여 우선 예약하고, 현지에서 동일한 항공권으로 오픈 기간에 한해 승객이 변경 예약하여 탑승할 수 있음
- Boarding(출국수속) : 자신이 구매한 항공권을 예약한 항공회사의 체크인 카운터에서 항공권을 제시하고 탑승권(Boarding Pass)으로 바꾸는 절차를 말한다. 카운터에서 여권, 항공권과 여행 짐을 제시하면 해당 여행 항공권을 뜯어내고 탑승권과 남은 항공권, 도착지에서 짐을 수거할 수 있는 꼬리표를 받음
- Code Share(코드쉐어; 좌석 공유) : 코드쉐어는 항공사 간에 특정 구간의 좌석을 일정부분 공동으로 사용하는 방법으로 각 항공사가 자사 항공기를 직접 투입하지 않고도 운항하는 것과 같은 운영을 할 수 있다. 아시아나의 경우는 중국남방항공, ANA 등 여러 항공사와 코드쉐어를 하고 있음
- Cargo Aircraft(화물기) : 승객 이송을 위한 여객기가 아닌 상품 또는 화물을 수송하는 항공기
- Transfer(환승; 갈아타기) : 도착지 이전에 중간 기착지에서 다른 비행기로 갈아타는 것을 의미하며, 갈아탈 수 있는 표는 Transfer Ticket이라 한다. 이때 갈아타면서 기내에 두고 온 물건이 없도록 주의하며, 수하물이 없어지는 경우가 있으니 반드시 짐꼬리표(Baggage Tap)를 확인함

03 항공사코드IATA/ICAO

CODE (ICAO)	항공사명(IATA코드)	CODE (ICAO)	항공사명(IATA코드)	CODE (ICAO)	항공사명(IATA코드)
AAA	안셋항공(AN)	DOB	도브렛항공	NWA	노스웨스트항공(NW)
AAL	아메리칸항공(AA)	DUB	두바이항공	OEA	오리엔트타이항공(OX*)
AAQ	아시아아틀란틱항공(HB)	EAK	Euro-Asia(5B*)	OKA	오케이항공(BK)
AAR	아시아나항공(OZ)	EIA	에버그린항공(EZ)	PAC	폴라항공(PO)
ABD	에어아틀란타(CC)	EIN	링거스항공(EI)	PAL	필리핀항공(PR)
ABL	에어부산(BX)	ELY	이스라엘항공(LY)	PCA	피씨항공(GT)
ABW	에어브리지화물항공(RU)	ERG	에비엔어고항공(7U)	PEC	동아시아화물(Q8)
ACA	에어캐나다항공(AC)	ESL	이스트라인에어라인(P7)	PIA	파키스탄항공(PK)
ACI	에어칼린(SB)	ESR	이스타항공(ZE)	PLK	플코보항공(Z8)
ADB	에어포일항공	ETD	에티하드항공(EY)	PRZ	파라다이스국제항공(AD)
AFL	러시아항공(SU)	ETH	이디오피아항공(ET)	QAF	카타르아미리항공
AFR	에어프랑스항공(AF)	EVA	에바항공(BR)	QDR	콰드로투어에어로
AHK	에어홍콩(LD*)	EZD	에어아시아제스트(Z2)	QTR	카타르항공(QR)
AIC	인도항공(AI)	FDX	페더럴익스프레스(FX)	RBA	로얄브루나이항공(BI)
AIH	에어인천(KJ)	FEA	원동항공(EF)	RJA	요르단항공(RJ)
AJX	에어제팬(NQ)	FIN	핀항공(AY)	RKH	로얄크메르항공(RK)
AMU	에어마카오항공(NX)	FRT	에어플라이트에어라인	RMK	루스아비아항공
AMX	멕시코항공(AM)	GAP	필리핀항공(2P)	RUA	르완다항공(9R)
ANA	전일본항공(NH)	GCO	저머니항공(GR*)	RUR	루스항공(NR)
ANG	에어뉴기니(PX)	GCR	중국천진항공(GS)	SAA	SAA항공(SA)
ANZ	뉴질랜드항공(NZ)	GDI	그랜드에어(8L)	SAB	사베나항공(SN)
APJ	에어피치(MM)	GEC	독일화물항공(LH)	SAH	사야하트에어(W7*)
ARG	아르헨티나항공(AR)	GFA	걸프항공(GF)	SAS	스칸디나비아항공(SK)
ASA	알라스카항공(AS)	GIA	가루다항공(GA)	SBI	시베리아항공(SB)
ASV	에어서울(RS)	GTI	아틀라스에어(5Y)	SCO	스쿠트항공(TZ)
AUA	오스트리아항공(OS)	HAL	하와이안에어(HA)	SFJ	스타플라이어(7G)
AWE	미서부항공(HP)	HAN	한성항공(HS)	SHU	사할린스키항공(HZ)
AYZ	아틀란트사유즈(3G)	HDA	드래곤항공(KA)	SIA	싱가폴항공(SQ)
AZA	알리따리아항공(AZ)	HKE	홍콩익스프레스	SKY	스카이마크항공(BC)
AZG	실크웨이웨스트(7L)	HVN	베트남항공(VN)	SLK	실크에어(MI)
AZS	지토트랜스사AV	IAC	인도항공(IC)	SOO	미국남부항공(9S*)
BAL	브리따니아항공(BY)	IBE	이베리아항공(IB)	SQC	싱가폴항공화물
BAW	영국항공(BA)	IKT	야쿠타비아트랜스(K7)	SRT	트랜스아시안에어항공(T7)

CODE (ICAO)	항공사명(IATA코드)	CODE (ICAO)	항공사명(IATA코드)	CODE (ICAO)	항공사명(IATA코드)
BCC	비즈니스항공(8B)	IRA	이란항공(IR)	SVT	사카비아트랜스
BKL	바이칼항공(X3)	JAA	젯아시아항공(JF)	SWM	스카이윙스아시아(ZA)
BOX	아에로로직(3S)	JAL	일본항공(JL)	SWR	스위스항공(SR)
CAL	중국중화항공(CI)	JJA	제주항공(7C)	SYL	야쿠티아항공(R3)
CBJ	북경수도항공(JD)	JNA	진에어(LJ)	TAP	포루투갈항공(TP)
CCA	중국국제항공(CA)	KAL	대한항공(KE)	TAX	타이에어아시아엑스(XJ)
CDG	중국산동항공(SC)	KHV	캄보디아앙코르항공(K6)	THA	타이항공(TG)
CDN	캐나다항공(CP)	KJC	크리스로야르스크(7B)	THY	터키항공(TK)
CEB	세부퍼시픽에어(5J)	KLM	KLM항공(KL)	TKY	타이스카이항공(9I)
CES	중국동방항공(MU)	KOR	고려항공(JS)	TNA	부흥항공(GE)
CHH	하이난항공(HU)	KRI	에비아컴퍼니크릴로	TSX	Trans-Asia
CKK	중국화물항공(CK)	KZA	카자흐스탄항공(K4)	TTW	타이거에어(IT)
CKS	칼리타항공(K4)	KZK	카자흐스탄항공(9Y)	TUP	아비아스타-투(4B)
CLX	카고룩스에어(CV)	KZR	아스타나항공(4L)	TWB	티웨이항공(TW)
CMI	콘티넨탈항공(CS)	LAO	라오스항공(QV)	TWN	아비아리즘항공사(AD*)
CPA	캐세이퍼시픽항공(CX)	LAZ	불가리아항공(LZ)	UAE	에미레이트항공사(EK)
CQH	중국춘추항공(9C)	LKE	럭키항공(8L)	UAL	유나이티드항공(UA)
CRK	홍콩중부항공(HX)	LNI	라이언항공(JT)	UIA	유니항공(B7)
CSA	체코항공(OK)	LOT	롯항공(LO)	UPS	유피에스항공(5X)
CSC	중국사천항공(3U)	LYN	알틴항공(QH)	USA	유에스항공(US)
CSH	중국상해항공(FM)	MAS	말레이시아항공(MH)	UZB	우즈베기스탄항공(HY)
CSN	중국남방항공(CZ)	MDA	만다린항공(AZ)	VAX	브이에어(ZV)
CSW	SW이탈리아항공(IU)	MGL	몽골항공(OM)	VDA	볼가화물항공(VI)
CSZ	중국심천항공(ZH)	MMZ	유로아틀란틱에어웨이즈(MM)	VJC	비엣젯항공(VJ)
CXA	중국하문항공(MF)	MPH	마틴항공(MP)	VKO	브노코프항공(V5)
CXJ	중국신지앙항공(XO)	MSR	이집트항공(MS)	VLK	블라디보스톡항공(XF)
CXN	중국서남항공(SZ)	MVL	마가단에어라인(H5)	VNL	바닐라에어(JW)
CYH	중국운남항공(3Q)	MXA	멕시코항공(MX)	VSP	VASP항공(VP)
CYZ	중국우정항공(CF)	NCA	일본화물항공(KZ)	WAJ	바닐라항공(에어아시아재팬)(JW)
DAH	알제리항공(AH)	NCT	녹스쿠트항공(XW)	WGN	웨스턴글로벌항공(KD)
DAL	델타항공(DL)	NGA	나이지리아항공(WT)	WOA	월드항공(WO)
DKH	중국길상항공(HO)	NLB	노보시빌스크항공(NL)	XAX	에어아시아(D7)
DLH	루프트한자항공(LH)	SVA	사우디아라비아항공(SV)	YZR	중국양쯔강항공(Y8)

REFERENCES

고선희(2015), 항공업무개론, 새로미.

김경숙(2008), 최신항공서비스론, 백산출판사.

김재원 · 박영식 · 임성택 · 정익준 · 허범영(2012), 항공사경영론, 학현사.

서정만 · 이희라(2016), 항공운송서비스개론, 한올.

아시아나세비버(2017), 항공운임과 발권의 기초.

__________(2017), 항공예약의 기초.

오성열 · 김제철(2015), 아시아 지역 항공운송시장 분석과 공항 네트워크 경쟁력 평가 연구, 한국교통연구원.

유광의 · 이강석 · 유문기(2017), 항공산업론, 대왕사.

윤병인(2013), 공항서비스 실무론, 새로미.

이선희(2005), 여행업실무, 대왕사.

이향정 · 고선희 · 오선미(2012). 최신 항공업무론, 새로미.

이현동(2016), 여행항공실무, 한올출판사.

장순자(2014), 최신항공업무의 이해, 백산출판사.

조인환(2007), 항공사실무론, 백산출판사.

한국여행발전연구학회(2012), 해외여행 · 항공업무의 이해, 대왕사.

[인터넷]

국가통계포털, kosis.kr

국제공항협의회(ACI), www.aci.aero

국제민간항공기구(ICAO), www.icao.int

국제항공운송협회(IATA), www.iata.org

국토교통통계누리, www.sta.molit.go.kr

대한항공, www.koreanair.com

스카이트랙스, www.airlinequality.com

스카이팀, www.skyteam.com

스타얼라이언스, www.staralliance.com
아시아나항공, flyasiana.com
원월드, www.oneworld.com
인천국제공항 · 인천국제공항공사, www.airport.kr
한국공항공사, www.airport.co.k